NIETZSCHE'S
THUS SPOKE ZARATHUSTRA
(For Your Cat)

By

SAM AUSTEN

Meow Meow

I

Meow Meow meow meow meow meow, meow meow meow
meow meow meow meow meow meow meow, meow meow
meow meow meow. Meow meow meow meow meow meow
meow, meow meow meow meow meow meow meow meow
meow. Meow meow meow meow meow meow,—meow meow
meow meow meow meow meow meow, meow meow meow
meow meow, meow meow meow meow meow:

"Meow meow meow! Meow meow meow meow meow meow
meow meow meow meow meow meow meow meow!"

Meow meow meow meow meow meow meow meow meow
meow: meow meow meow meow meow meow meow meow
meow meow meow, meow meow meow meow meow meow,
meow meow, meow meow meow.

Meow meow meow meow meow meow, meow meow meow
meow meow meow meow meow meow meow meow.

Meow! Meow meow meow meow meow meow, meow meow
meow meow meow meow meow meow meow meow; Meow meow
meow meow meow meow meow.

Meow meow meow meow meow meow, meow meow meow
meow meow meow meow meow meow meow meow meow, meow
meow meow meow meow meow meow meow.

Meow meow Meow meow meow meow meow: meow meow
meow meow meow meow, meow meow meow meow meow
meow, meow meow meow meow meow meow meow-meow,
meow meow meow!

Meow meow meow Meow Meow Meow, meow meow meow,
meow meow Meow meow meow.

Meow meow, meow, meow meow meow, meow meow meow
meow meow meow meow meow meow!

1

Meow meow meow meow meow meow meow meow, meow meow meow meow meow meow meow meow meow, meow meow meow meow meow meow meow meow!

Meow! Meow meow meow meow meow meow meow meow, meow Meow meow meow meow meow meow meow meow.

Meow meow Meow'meow meow-meow.

2

Meow meow meow meow meow meow, meow meow meow meow. Meow meow

meow meow meow, meow, meow meow meow meow meow meow meow meow, meow meow meow meow meow meow meow meow meow. Meow meow meow meow meow meow meow Meow:

"Meow meow meow meow meow meow meow: meow meow meow meow meow meow. Meow meow meow meow; meow meow meow meow.

Meow meow meow meow meow meow meow meow: meow meow meow meow meow meow meow meow meow? Meow meow meow meow meow'meow meow?

Meow, Meow meow Meow. Meow meow meow meow, meow meow meow meow meow meow meow. Meow meow meow meow meow meow meow?

Meow meow Meow; meow meow meow Meow meow; meow meow meow meow Meow: meow meow meow meow meow meow meow meow meow meow?

Meow meow meow meow meow meow meow meow meow, meow meow meow meow meow meow. Meow, meow meow meow meow meow? Meow, meow meow meow meow meow meow meow?"

Meow meow: "Meow meow meow."

"Meow," meow meow meow, "meow Meow meow meow meow meow meow meow meow? Meow meow meow meow Meow meow meow meow meow meow?

Meow Meow meow Meow: meow, Meow meow meow meow. Meow meow meow meow meow meow meow meow. Meow meow meow meow meow meow meow meow."

Meow meow: "Meow meow Meow meow meow! Meow meow meow meow meow meow."

"Meow meow meow," meow meow meow. "Meow meow meow meow meow meow, meow meow meow meow meow meow — meow meow meow meow meow meow meow: meow meow meow meow meow meow meow meow!

Meow, meow, meow meow meow meow meow, meow meow meow meow meow meow meow, meow meow meow meow meow meow meow!"

"Meow," meow Meow, "Meow meow meow meow. Meow meow meow meow meow meow meow."

Meow meow meow meow Meow, meow meow meow: "Meow meow meow meow meow meow meow meow meow! Meow meow meow meow meow, meow meow meow meow meow meow meow meow meow.

Meow meow meow meow meow meow meow meow meow meow meow. Meow meow meow meow meow, meow meow meow meow meow meow meow meow meow meow meow meow, meow meow meow meow meow meow: Meow meow meow meow?

Meow meow meow meow, meow meow meow meow meow! Meow meow meow meow meow! Meow meow meow meow meow — meow meow meow meow, meow meow meow meow?"

"Meow meow meow meow meow meow meow meow?" meow Meow.

Meow meow meow: "Meow meow meow meow meow meow; meow meow meow meow Meow meow meow meow meow meow: meow meow Meow meow Meow.

Meow meow, meow, meow, meow meow meow Meow meow meow Meow meow meow meow Meow. Meow meow meow meow meow meow meow meow meow?"

Meow Meow meow meow meow meow, meow meow meow meow meow meow meow: "Meow meow Meow meow meow meow meow! Meow meow meow meow meow meow Meow meow meow meow meow meow!" — Meow meow meow meow meow meow, meow meow meow meow Meow, meow meow meow.

Meow Meow meow meow, meow, meow meow meow meow meow: "Meow meow meow meow! Meow meow meow meow meow meow meow meow meow meow meow meow meow, meow Meow Meow Meow!"

3

Meow Meow meow meow meow meow meow meow meow meow meow meow, meow meow meow meow meow meow meow meow-meow; meow meow meow meow meow meow meow meow-meow meow meow meow meow. Meow Meow meow meow meow meow meow:

Meow Meow Meow Meow Meow. Meow meow meow meow meow meow meow meow. Meow meow meow meow meow meow meow?

Meow meow meow meow meow meow meow meow: meow meow meow meow meow meow meow meow meow meow, meow meow meow meow meow meow meow meow meow meow meow?

Meow meow meow meow meow meow? Meow meow-meow, meow meow meow meow. Meow meow meow meow meow meow meow meow Meow: meow meow-meow, meow meow meow meow.

Meow meow meow meow meow meow meow meow meow meow, meow meow meow meow meow meow meow meow. Meow meow meow meow, meow meow meow meow meow meow meow meow meow meow meow meow meow meow meow meow.

Meow meow meow meow meow meow meow meow meow meow meow meow meow meow meow. Meow meow Meow meow meow meow meow meow meow?

Meow, Meow meow meow meow Meow!

Meow Meow meow meow meow meow meow meow. Meow meow meow meow: Meow Meow Meow Meow meow meow meow meow meow!

Meow meow meow, meow meow, Meow Meow Meow Meow Meow, meow meow meow meow meow meow meow meow meow meow meow! Meow meow meow, meow meow meow meow meow meow.

Meow meow meow meow meow, meow meow meow meow meow meow, meow meow meow meow meow meow: meow meow meow meow!

Meow meow meow Meow meow meow meow meow; meow Meow meow,

meow meow meow meow meow. Meow meow meow meow meow meow meow meow meow, meow meow meow meow meow meow meow meow meow meow meow meow meow meow meow meow meow!

Meow meow meow meow meow meow meow meow, meow meow meow meow meow meow meow meow:—meow meow meow meow meow meow, meow, meow meow. Meow meow meow meow meow meow meow meow meow meow meow.

Meow, meow meow meow meow meow, meow, meow meow; meow meow meow meow meow meow meow meow!

Meow meow, meow, meow meow, meow meow: Meow meow meow meow meow meow meow meow? Meow meow meow meow meow meow meow meow meow meow-meow?

Meow, meow meow meow meow meow. Meow meow meow meow meow, meow meow meow meow meow meow meow meow.

Meow, Meow meow meow meow Meow: meow meow meow meow; meow meow meow meow meow meow meow meow.

Meow meow meow meow meow meow meow meow? Meow meow meow meow meow meow meow. Meow meow meow meow meow meow meow meow meow meow meow, meow meow meow meow meow meow meow.

Meow meow meow meow meow: "Meow meow meow meow meow! Meow meow meow meow meow meow meow meow-meow. Meow meow meow meow meow meow meow!"

Meow meow meow meow meow: "Meow meow meow meow meow! Meow meow meow meow meow meow meow meow meow meow meow? Meow meow meow meow meow meow meow meow-meow!"

Meow meow meow meow meow: "Meow meow meow meow meow! Meow meow meow meow meow meow meow meow. Meow meow Meow meow meow meow meow meow meow meow! Meow meow meow meow meow meow meow meow meow-meow!"

Meow meow meow meow meow: "Meow meow meow meow meow! Meow meow meow meow meow Meow meow meow meow meow. Meow meow, meow, meow meow meow meow!"

Meow meow meow meow meow: "Meow meow meow meow meow! Meow meow meow meow meow meow meow meow meow meow meow meow meow? Meow meow meow meow meow meow meow."

Meow meow meow meow meow? Meow meow meow meow meow? Meow! meow meow Meow meow meow meow meow meow!

Meow meow meow meow meow — meow meow meow meow-meow meow meow meow meow; meow meow meow meow meow meow meow meow!

Meow meow meow meow meow meow meow meow meow meow meow? Meow meow meow meow meow meow meow meow meow meow?

Meow, Meow meow meow meow Meow: meow meow meow meow, meow meow meow meow! —

Meow Meow meow meow meow, meow meow meow meow meow meow: "Meow meow meow meow meow meow meow meow-meow; meow meow meow meow meow meow meow meow meow!" Meow meow meow meow meow meow Meow. Meow meow meow-meow, meow meow meow meow meow meow meow, meow meow meow.

4

Meow, meow, meow meow meow meow meow meow. Meow meow meow meow:

Meow meow meow meow meow meow meow meow meow meow Meow — meow meow meow meow meow.

Meow meow meow, meow meow meow, meow meow meow-meow, meow meow meow meow meow.

Meow meow meow meow meow meow meow meow meow meow meow meow meow meow meow: meow meow meow meow meow meow meow meow meow meow Meow-Meow meow meow Meow-Meow.

Meow meow meow meow meow meow meow meow meow meow meow meow-meow, meow meow meow meow meow-meow.

Meow meow meow meow meow, meow meow meow meow meow meow, meow meow meow meow meow meow meow meow meow.

Meow meow meow meow meow meow meow meow meow meow meow meow meow meow meow meow meow meow meow, meow meow meow meow meow meow meow, meow meow meow meow meow Meow meow meow meow.

Meow meow meow meow meow meow meow meow meow, meow meow meow meow meow meow meow meow Meow meow meow meow. Meow meow meow meow meow meow-meow.

Meow meow meow meow meow meow meow, meow meow meow meow meow meow meow meow Meow, meow meow

meow meow meow, meow, meow meow: meow meow meow meow meow meow meow-meow.

Meow meow meow meow meow meow meow: meow meow meow meow meow meow meow-meow, meow meow meow meow meow.

Meow meow meow meow meow meow meow meow meow meow meow, meow meow meow meow meow meow meow meow meow meow: meow meow meow meow meow meow meow meow.

Meow meow meow meow meow meow meow meow meow meow meow: meow, meow meow meow meow meow meow, meow meow meow meow meow meow, meow meow meow meow.

Meow meow meow meow meow meow meow meow meow. Meow meow meow meow meow meow meow meow meow, meow meow meow meow meow meow meow meow meow'meow meow meow meow meow.

Meow meow meow meow meow meow meow, meow meow meow meow meow meow meow meow meow: meow meow meow meow, meow meow meow meow meow meow meow.

Meow meow meow meow meow meow meow meow meow meow meow meow meow, meow meow meow meow: "Meow Meow meow meow meow?" — meow meow meow meow meow meow.

Meow meow meow meow meow meow meow meow meow meow meow meow, meow meow meow meow meow meow meow: meow meow meow meow meow meow-meow.

Meow meow meow meow meow meow meow meow, meow meow meow meow meow: meow meow meow meow meow meow meow meow meow meow meow.

Meow meow meow meow meow meow Meow, meow meow meow meow Meow: meow meow meow meow meow meow meow meow meow Meow.

Meow meow meow meow meow meow meow meow meow meow meow, meow meow meow meow meow meow meow: meow meow meow meow meow meow meow.

Meow meow meow meow meow meow meow meow meow meow meow meow, meow meow meow meow meow meow: meow meow meow meow meow meow-meow.

Meow meow meow meow meow meow meow meow meow meow meow meow meow: meow meow meow meow meow meow meow meow meow meow; meow meow, meow, meow meow meow-meow.

Meow meow meow meow meow meow meow meow meow meow meow meow meow meow meow meow meow meow meow meow meow meow: meow meow meow meow meow meow meow, meow meow meow meow meow.

Meow, Meow meow meow meow meow meow meow, meow meow meow meow meow meow meow meow meow: meow meow, meow, meow meow meow Meow.

5

Meow Meow meow meow meow meow, meow meow meow meow meow meow, meow meow meow. "Meow meow meow," meow meow meow meow meow; "meow meow meow: meow meow meow meow; Meow meow meow meow meow meow meow meow.

Meow meow meow meow meow meow, meow meow meow meow meow meow meow meow meow? Meow meow meow meow meow meow meow meow? Meow meow meow meow meow meow meow?

Meow meow meow meow meow meow meow. Meow meow meow meow meow, meow meow meow meow meow? Meow, meow meow meow; meow meow meow meow meow meow.

Meow meow, meow, meow meow meow 'meow' meow meow. Meow Meow meow meow meow meow meow.

Meow meow meow meow meow meow meow meow meow meow: meow, meow, meow Meow Meow Meow!"

Meow meow meow Meow meow meow meow:

Meow meow meow meow meow meow meow meow meow. Meow meow meow meow meow meow meow meow meow meow meow meow meow.

Meow meow meow meow meow meow meow meow. Meow meow meow meow meow meow meow meow meow meow, meow meow meow meow meow meow meow meow meow meow meow meow.

Meow! meow meow meow meow meow meow meow meow meow meow meow meow meow meow meow meow meow — meow meow meow meow meow meow meow meow meow meow meow!

Meow meow meow: meow meow meow meow meow meow meow, meow meow meow meow meow meow meow. Meow meow meow: meow meow meow meow meow meow.

Meow! Meow meow meow meow meow meow meow meow meow meow meow meow meow meow. Meow! Meow meow meow meow meow meow meow meow meow, meow meow meow meow meow meow.

Meow! Meow meow meow Meow Meow Meow.

"Meow meow meow? Meow meow meow? Meow meow meow? Meow meow meow meow?" — meow meow meow meow meow meow meow.

Meow meow meow meow meow meow, meow meow meow meow meow meow meow meow meow meow meow meow meow. Meow meow meow meow meow meow meow meow meow meow- meow; meow meow meow meow meow.

"Meow meow meow meow" — meow meow meow meow, meow meow meow.

Meow meow meow meow meow meow meow meow meow meow meow; meow meow meow meow. Meow meow meow

meow'meow meow meow meow meow meow; meow meow meow meow.

Meow meow meow meow meow, meow meow meow: meow meow meow. Meow meow meow meow meow meow meow meow meow meow meow!

Meow meow meow meow meow meow: meow meow meow meow. Meow meow meow meow meow meow meow meow meow.

Meow meow meow, meow meow meow meow meow. Meow meow meow meow meow meow meow meow meow meow.

Meow meow meow meow meow meow meow; meow meow meow meow. Meow meow meow meow meow? Meow meow meow meow meow? Meow meow meow meow.

Meow meow, meow meow meow! Meow meow meow meow meow; meow meow meow meow: meow meow meow meow meow meow meow meow meow meow.

"Meow meow meow meow meow meow,"—meow meow meow meow meow, meow meow meow.

Meow meow meow meow meow meow meow meow meow: meow meow meow meow meow meow meow

meow. Meow meow meow meow, meow meow meow meow—meow meow meow meow meow.

Meow meow meow meow meow meow meow meow, meow meow meow meow meow meow meow, meow meow meow meow meow meow meow.

"Meow meow meow meow,"—meow meow meow meow, meow meow meow.—

Meow meow meow meow meow meow meow Meow, meow meow meow meow "Meow Meow": meow meow meow meow meow meow meow meow meow meow meow meow meow meow. "Meow meow meow meow meow, Meow Meow,"—meow meow meow—"meow meow meow meow meow meow! Meow meow meow meow meow meow meow meow meow Meow!" Meow

meow meow meow meow meow meow meow meow. Meow, meow, meow meow, meow meow meow meow meow:

"Meow meow meow meow: Meow meow meow meow meow meow meow meow.

Meow meow, meow, meow Meow meow meow meow meow; meow meow meow Meow meow meow meow meow meow meow: meow meow Meow meow meow meow meow meow meow meow.

Meow meow meow meow, meow meow, meow meow meow meow meow meow. Meow meow meow meow meow, meow meow meow meow meow meow.

Meow meow meow meow meow meow meow meow meow: meow meow meow meow meow meow meow meow. Meow meow meow meow meow meow."

6

Meow, meow, meow meow meow meow meow meow meow meow meow meow meow. Meow meow meow, meow meow, meow meow-meow meow meow meow meow: meow meow meow meow meow meow meow meow, meow meow meow meow meow meow meow meow meow meow meow meow meow, meow meow meow meow meow meow meow-meow meow meow meow. Meow meow meow meow meow meow, meow meow meow meow meow meow, meow meow meow-meow meow meow meow meow meow meow, meow meow meow meow meow meow meow. "Meow meow, meow-meow," meow meow meow meow, "meow meow, meow-meow, meow, meow-meow!—meow Meow meow meow meow meow meow! Meow meow meow meow meow meow meow? Meow meow meow meow meow meow meow meow meow, meow meow meow meow meow; meow meow meow meow meow meow meow meow meow!"—Meow meow meow meow meow meow meow meow meow meow meow meow. Meow, meow, meow meow meow meow meow meow, meow meow meow meow meow meow meow meow meow meow meow meow meow meow meow meow meow—meow meow meow meow meow meow meow, meow meow meow

meow meow meow meow meow meow meow. Meow meow, meow, meow meow meow meow meow meow meow, meow meow meow meow meow meow meow meow meow meow meow meow meow; meow meow meow meow meow, meow meow meow meow meow meow, meow meow meow meow meow meow meow, meow meow meow. Meow meow-meow meow meow meow meow meow meow meow meow meow meow meow meow: meow meow meow meow meow meow meow, meow meow meow meow meow meow meow meow.

Meow, meow, meow meow, meow meow meow meow meow meow meow, meow meow meow meow, meow meow meow meow. Meow meow meow meow meow meow meow meow meow, meow meow meow Meow meow meow meow. "Meow meow meow meow meow?" meow meow meow meow, "Meow meow meow meow meow meow meow meow meow meow. Meow meow meow meow meow meow: meow meow meow meow?"

"Meow meow meow, meow meow," meow Meow, "meow meow meow meow meow meow meow meow meow: meow meow meow meow meow meow meow. Meow meow meow meow meow meow meow meow meow meow: meow, meow, meow meow meow!"

Meow meow meow meow meow. "Meow meow meow meow meow," meow meow, "Meow meow meow meow Meow meow meow meow. Meow meow meow meow meow meow meow meow meow meow meow meow meow meow meow meow meow meow."

"Meow meow meow," meow Meow, "meow meow meow meow meow meow; meow meow meow meow meow. Meow meow meow meow meow meow: meow meow Meow meow meow meow meow meow meow."

Meow Meow meow meow meow meow meow meow meow meow meow meow; meow meow meow meow meow meow meow meow meow meow meow meow meow Meow meow meow.

7

Meow meow meow meow meow, meow meow meow-meow meow meow meow meow. Meow meow meow meow, meow meow meow meow meow meow meow. Meow, meow, meow meow meow meow meow meow meow meow, meow meow meow: meow meow meow meow meow. Meow meow meow meow meow meow, meow meow meow meow meow meow meow meow meow. Meow meow Meow meow meow meow meow meow:

Meow, meow meow meow meow meow meow meow Meow meow meow-meow! Meow meow meow meow meow meow meow meow, meow meow meow.

Meow meow meow meow, meow meow meow meow meow: meow meow meow meow meow meow meow.

Meow meow meow meow meow meow meow meow meow meow, meow meow meow meow Meow, meow meow meow meow meow meow meow — meow.

Meow meow meow Meow meow meow meow, meow meow meow meow meow meow meow meow. Meow meow Meow meow meow meow meow meow meow meow meow meow.

Meow meow meow meow, meow meow meow meow meow Meow. Meow, meow meow meow meow meow! Meow meow meow meow meow meow meow Meow meow meow meow meow meow meow meow.

8

Meow Meow meow meow meow meow meow meow, meow meow meow meow meow meow meow meow meow meow meow meow meow. Meow meow meow meow meow meow meow meow, meow meow meow meow meow meow meow meow meow meow meow meow meow meow — meow meow! meow meow meow meow meow meow meow meow meow. "Meow meow meow, Meow Meow," meow meow, "meow meow meow meow meow meow meow meow. Meow meow meow meow meow meow, meow meow meow meow meow meow meow meow;

meow meow meow meow meow meow meow meow, meow meow meow meow meow meow meow meow. Meow meow meow meow meow meow meow meow meow: meow meow meow meow meow meow meow. Meow meow meow meow meow meow meow meow meow meow meow; meow meow meow meow meow meow meow meow meow meow-meow. Meow, meow, meow meow meow,—meow meow Meow meow meow meow meow, meow meow meow meow meow meow meow." Meow meow meow meow meow meow, meow meow meow; Meow, meow, meow meow meow meow meow meow.

Meow meow meow meow meow meow meow meow-meow meow meow: meow meow meow meow meow meow meow, meow, meow Meow, meow meow meow meow. "Meow meow meow meow meow meow meow: meow meow meow meow Meow meow meow meow meow-meow! Meow meow meow meow meow meow meow meow meow. Meow Meow meow meow meow meow meow meow? Meow meow, meow meow meow meow meow! Meow meow meow meow meow meow meow meow meow meow Meow!—meow meow meow meow meow, meow meow meow meow meow!" Meow meow meow meow meow, meow meow meow meow meow.

Meow meow meow meow meow, meow meow meow meow meow. Meow meow meow meow meow meow meow meow, meow meow meow meow, meow meow meow meow meow meow meow meow meow meow meow meow, meow meow meow meow meow-meow. Meow meow meow meow meow meow meow meow meow meow meow meow meow meow.

"Meow meow meow," meow Meow, "meow meow meow. Meow meow meow meow meow meow meow meow, meow meow meow meow meow.

"Meow meow meow meow meow. Meow meow meow meow meow meow meow meow meow, meow meow meow meow meow meow meow meow: meow meow meow meow?"

Meow meow Meow meow meow meow meow meow meow meow. Meow meow meow meow, meow meow meow meow,

meow meow: "Meow meow meow meow meow meow meow meow?"

"Meow meow meow meow meow meow meow," meow Meow. "Meow meow meow meow meow meow meow, Meow meow meow meow meow meow. Meow meow meow meow meow meow meow meow meow, meow meow."

Meow meow meow meow, meow meow meow meow meow meow Meow meow meow meow. "Meow meow meow meow meow meow," meow meow; "meow meow meow Meow meow meow. Meow meow meow meow meow meow, meow meow. Meow meow meow meow meow meow meow meow, meow meow meow meow meow." Meow meow: "Meow meow meow meow; Meow meow meow meow meow meow meow meow meow meow." "Meow meow

meow meow meow," meow meow meow meow meow; "meow meow meow meow meow meow meow meow meow Meow meow meow. Meow, meow meow meow meow!" —

Meow Meow meow meow meow meow meow meow, meow meow meow meow meow meow meow meow meow meow: meow meow meow meow meow meow-meow, meow meow meow meow meow meow meow meow meow meow. Meow meow meow meow, meow, Meow meow meow meow meow meow meow, meow meow meow meow meow meow meow. Meow meow meow meow meow meow meow meow meow meow meow meow meow — meow meow meow meow meow meow meow meow meow — meow meow meow meow meow meow meow meow meow meow. Meow meow meow meow meow, meow meow meow, meow meow meow meow meow.

9

Meow meow Meow; meow meow meow meow meow meow meow meow meow meow, meow meow meow meow. Meow meow, meow, meow meow meow, meow meow meow meow meow meow meow meow meow meow meow, meow meow meow meow meow. Meow meow meow meow, meow meow meow meow meow meow meow meow meow meow; meow meow

meow meow meow: meow meow meow meow meow meow. Meow meow meow meow meow meow meow:

Meow meow meow meow meow meow: Meow meow meow — meow meow; meow meow meow meow meow, meow Meow meow meow meow meow Meow meow.

Meow Meow meow meow meow, meow meow meow meow meow meow meow meow meow meow — meow meow meow meow meow Meow meow.

Meow meow meow meow meow meow. Meow meow meow meow meow Meow meow meow, meow meow meow! Meow meow meow meow meow meow'meow meow meow meow!

Meow meow meow meow meow meow — meow meow meow meow Meow meow. Meow meow meow meow meow meow meow meow meow meow: meow meow meow Meow meow meow meow meow meow.

Meow, Meow meow, meow meow meow meow meow meow meow meow. Meow, Meow meow, meow meow meow meow meow meow meow meow meow meow.

Meow meow meow meow meow! Meow meow meow meow meow? Meow meow meow meow meow meow meow meow, meow meow, meow meow: — meow, meow, meow meow meow.

Meow meow meow meow meow meow! Meow meow meow meow meow? Meow meow meow meow meow meow meow meow, meow meow, meow meow-meow — meow, meow, meow meow meow.

Meow, meow meow meow, meow meow — meow meow meow meow meow meow. Meow-meow meow meow meow — meow meow meow meow meow meow meow meow.

Meow, meow meow meow, meow meow-meow: meow meow meow meow meow meow meow meow meow. Meow meow meow meow meow meow: meow meow meow meow meow meow meow meow meow.

Meow, meow meow meow, meow meow meow meow meow meow meow meow meow. Meow, meow meow meow meow,

meow meow meow meow meow meow. Meow meow meow meow meow meow meow.

Meow-meow, Meow meow; meow-meow meow meow-meow, Meow meow: meow meow meow meow meow meow meow meow meow meow meow!

Meow meow, meow meow meow, meow meow meow! Meow meow Meow meow meow meow meow meow meow; meow meow Meow meow meow meow meow meow.

Meow Meow meow meow meow; meow meow meow meow. 'Meow meow meow meow meow meow meow meow meow meow meow meow meow.

Meow meow meow meow meow meow meow, Meow meow meow meow meow meow meow-meow. Meow meow meow meow Meow meow meow meow meow; meow meow meow meow meow Meow meow meow meow meow.

Meow meow meow, meow meow, meow meow meow meow Meow meow: meow meow meow Meow meow meow, meow meow meow meow meow meow meow Meow.

Meow meow meow-meow meow Meow meow meow meow, meow meow meow meow-meow; meow meow meow meow meow meow meow meow meow meow, meow Meow meow meow meow meow meow meow meow.

Meow meow meow meow meow, Meow meow meow meow; meow meow meow meow meow meow Meow meow. Meow meow meow meow-meow meow meow meow-meow!

10

Meow meow Meow meow meow meow meow meow meow meow meow meow meow-meow. Meow meow meow meow meow,—meow meow meow meow meow meow meow meow meow meow meow. Meow meow! Meow meow meow meow meow meow meow meow meow, meow meow meow meow meow meow, meow meow meow meow, meow meow meow meow: meow meow meow meow meow meow meow meow'meow meow.

"Meow meow meow meow," meow Meow, meow meow meow meow meow.

"Meow meow meow meow meow meow, meow meow meow meow meow meow meow, —meow meow meow meow meow meow.

Meow meow meow meow meow Meow meow meow. Meow, meow Meow meow meow?

Meow meow meow Meow meow meow meow meow meow meow meow; meow meow meow meow Meow. Meow meow meow meow meow!

Meow Meow meow meow meow, meow meow meow meow meow meow meow meow meow meow. Meow meow meow meow meow meow meow meow meow:

"Meow meow Meow meow meow! Meow meow Meow meow meow meow meow meow meow, meow meow meow!

Meow Meow meow meow meow meow. Meow meow Meow meow meow meow meow meow meow meow meow meow!

Meow meow meow meow meow meow meow meow meow:—meow! meow meow meow meow meow!—meow meow meow meow meow meow meow meow!"

Meow meow Meow'meow meow-meow.

Meow'Meow Meow. Meow. Meow Meow Meow.

Meow meow meow meow meow meow Meow meow meow meow: meow meow meow meow meow meow, meow meow meow meow, meow meow meow meow meow meow meow.

Meow Meow meow Meow Meow meow Meow Meow

Meow meow meow meow meow meow meow meow, meow meow meow-meow meow meow meow meow meow: meow meow meow meow meow meow meow meow meow.

Meow meow meow? meow meow meow meow-meow meow; meow meow meow meow meow meow meow, meow meow meow meow meow meow.

19

Meow meow meow meow meow, meow meow? meow meow meow-meow meow, meow Meow meow meow meow meow meow meow meow meow meow meow.

Meow meow meow meow: Meow meow meow meow meow meow meow meow'meow meow? Meow meow meow'meow meow meow meow meow meow meow meow'meow meow?

Meow meow meow meow: Meow meow meow meow meow meow meow meow meow? Meow meow meow meow meow meow meow meow?

Meow meow meow meow: Meow meow meow meow meow meow meow meow meow, meow meow meow meow meow meow meow meow meow meow meow?

Meow meow meow meow: Meow meow meow meow meow meow, meow meow meow meow meow meow, meow meow meow meow meow?

Meow meow meow meow: Meow meow meow meow meow meow meow meow meow meow meow meow, meow meow meow meow meow meow meow meow?

Meow meow meow meow: Meow meow meow meow meow meow, meow meow meow'meow meow meow meow meow meow meow meow meow meow meow meow meow?

Meow meow meow meow meow meow-meow meow meow meow meow: meow meow meow meow, meow, meow meow, meow meow meow meow, meow meow meow meow meow meow meow.

Meow meow meow meow meow meow meow meow meow: meow

meow meow meow meow meow; meow meow meow meow, meow meow meow meow meow meow.

Meow meow Meow meow meow meow: meow meow meow meow meow meow, meow meow meow meow Meow; meow meow meow meow meow meow meow meow meow.

Meow meow meow meow meow meow meow meow meow meow meow meow meow meow Meow meow Meow? "Meow-

meow," meow meow meow meow meow. Meow meow meow meow meow meow meow, "Meow meow."

"Meow-meow," meow meow meow meow, meow meow meow — meow meow-meow meow; meow meow meow meow meow meow, "Meow meow!"

Meow meow meow meow meow meow meow meow meow meow, meow meow meow meow meow meow meow meow: "Meow meow meow meow meow — meow meow meow.

Meow meow meow meow meow meow, meow meow meow meow — meow Meow meow. Meow, meow meow meow meow 'Meow meow' meow meow. Meow meow meow meow.

Meow meow, meow meow meow meow meow meow meow meow meow meow? Meow meow meow meow meow meow meow, meow meow meow meow meow?

Meow meow meow meow — meow, meow meow meow meow meow meow: meow meow meow meow meow meow meow meow — meow meow meow meow meow meow meow meow.

Meow meow Meow meow Meow

Meow meow meow meow, meow meow meow meow Meow meow meow meow: meow meow, meow meow, meow meow meow meow meow meow.

Meow meow meow meow meow meow meow — meow meow meow meow meow meow meow meow meow-meow meow meow meow. Meow, meow meow meow meow meow meow meow meow, meow meow meow meow meow meow meow meow.

Meow meow meow, meow meow meow "Meow-meow": meow meow meow meow meow meow meow meow meow meow meow meow meow meow, meow meow meow meow meow meow meow meow meow meow: meow meow meow meow meow meow meow.

Meow meow meow, meow meow, meow meow meow meow meow, meow meow meow meow meow meow meow? Meow meow meow meow meow meow meow meow meow meow?

Meow meow meow meow, meow meow, meow meow meow, meow meow, meow meow- meow meow, meow meow meow, meow meow Meow.

Meow, meow meow meow meow meow, meow meow, meow meow meow meow meow Meow meow meow: Meow Meow meow, meow meow meow meow; Meow Meow meow meow meow meow'meow meow.

Meow meow meow meow meow meow Meow meow meow meow: meow meow meow meow meow meow, meow meow meow meow, meow meow meow meow meow meow meow. —

Meow meow Meow. Meow meow meow meow meow meow meow meow meow meow meow meow Meow Meow Meow.

Meow meow meow Meow meow meow meow, meow meow meow meow meow meow meow meow meow meow: meow meow meow meow meow meow meow meow, meow meow meow meow meow meow meow meow. Meow meow meow Meow, meow meow meow meow meow meow meow meow. Meow meow meow meow meow meow:

Meow meow meow meow meow meow meow! Meow meow meow meow meow! Meow meow meow meow meow meow meow meow meow meow meow meow meow meow meow meow!

Meow meow meow meow meow meow meow meow meow: meow meow meow meow meow meow meow. Meow, meow, meow meow meow-meow; meow meow meow meow meow.

Meow meow meow meow meow meow meow: meow meow meow meow meow meow meow meow meow meow meow.

Meow meow meow meow meow meow meow meow: meow meow meow meow, meow meow meow meow meow meow.

Meow meow meow meow meow meow meow meow; meow meow meow meow, meow meow meow meow meow.

Meow meow meow meow meow meow meow meow; meow meow meow meow meow meow meow meow, meow meow meow meow meow meow meow.

Meow meow meow meow meow meow meow meow, meow meow meow; meow meow meow, meow meow meow meow, meow meow meow meow meow meow.

Meow meow meow meow, meow meow meow meow meow meow meow meow meow meow meow meow meow. Meow Meow meow meow meow? Meow Meow meow meow?

Meow Meow meow meow meow'meow meow? Meow meow meow meow meow meow meow meow meow.

Meow meow meow meow meow meow meow meow, meow meow meow meow meow meow: meow meow meow meow meow meow meow meow meow meow meow.

Meow meow meow meow meow meow meow meow, meow meow meow! Meow meow meow, meow meow meow!

Meow meow Meow meow meow meow: meow meow meow meow. Meow meow meow meow meow meow'meow meow! Meow meow meow meow meow meow meow meow.

Meow meow meow meow, meow meow, meow meow meow meow meow meow! Meow meow meow meow. Meow meow Meow meow meow, meow meow meow meow meow meow meow meow?

Meow meow meow meow meow meow meow meow meow, meow meow meow meow meow meow meow meow: meow meow meow meow meow meow meow.

Meow meow Meow meow meow, meow meow meow: meow meow meow meow. Meow meow meow meow meow meow meow meow meow meow meow meow meow.

Meow meow meow meow meow meow meow meow meow meow meow meow: meow meow meow meow meow meow meow meow meow meow meow. Meow meow meow meow meow meow meow.

Meow, meow, meow meow meow meow meow meow meow: meow meow meow. Meow meow meow, meow meow meow meow meow meow meow meow.

Meow meow Meow.

Meow meow Meow

Meow meow meow meow meow meow meow. Meow meow
meow, meow meow Meow meow meow meow meow meow
meow. Meow meow meow meow meow — meow, meow meow
meow meow meow!

Meow Meow meow meow meow Meow meow meow meow
meow meow meow meow. Meow meow, meow meow meow
meow, Meow meow meow: Meow meow meow meow meow?

Meow meow meow meow meow meow, meow meow meow
meow, meow meow meow meow meow meow meow meow
meow meow?

Meow meow, meow meow meow meow meow, meow meow
meow meow meow meow — meow, meow meow, meow meow
meow meow meow.

Meow meow meow meow meow, meow meow meow meow.
Meow meow meow meow, meow meow meow meow.

Meow, meow meow meow meow meow meow meow meow,
meow meow meow meow, meow meow meow meow meow
meow: meow meow Meow meow meow, meow meow meow
meow.

Meow meow meow meow meow Meow meow meow: Meow
meow meow. —

Meow Meow meow meow meow meow meow meow, meow
meow meow meow meow: meow meow meow meow meow
meow meow meow. Meow meow meow meow meow meow
meow:

Meow meow meow meow meow meow meow meow
meow: meow Meow meow meow meow meow meow meow
meow.

Meow meow meow meow meow meow meow meow meow
meow! Meow meow meow meow — meow meow meow meow
meow meow meow meow.

Meow meow meow meow meow meow meow meow. Meow meow meow meow meow meow meow meow meow meow meow meow meow meow.

Meow meow meow meow meow meow meow meow meow meow meow. Meow meow, meow meow meow meow meow, meow meow Meow meow meow meow, meow meow meow meow meow meow meow meow meow.

Meow meow Meow meow meow meow meow meow meow meow meow meow meow meow meow meow meow. Meow meow meow meow meow meow meow, meow meow- meow meow meow meow meow!

Meow meow meow meow meow meow meow meow meow, meow meow meow meow meow: meow meow meow meow meow meow meow.

Meow meow meow, meow meow meow, meow meow meow meow meow meow meow meow, meow meow meow meow meow: meow meow meow meow meow. Meow meow meow meow meow meow meow: meow meow meow meow.

Meow meow meow meow meow: meow meow meow meow meow meow meow. — Meow meow Meow.

Meow. Meow.

Meow meow meow meow, Meow meow meow meow meow meow meow, meow meow meow. Meow meow meow meow meow meow meow Meow, meow meow meow meow meow meow meow.

Meow meow — meow meow — meow meow Meow, meow meow meow meow meow meow meow; meow meow meow meow meow meow meow meow meow meow.

Meow meow meow, meow meow meow meow, meow Meow meow meow — meow meow meow meow meow meow meow meow meow meow. Meow meow meow meow meow meow meow, — meow meow meow meow meow.

Meow meow meow meow meow meow meow meow meow meow meow meow meow meow meow meow. Meow meow

meow meow-meow, meow meow meow meow meow meow meow.

Meow meow, meow meow meow, meow meow meow'meow meow meow meow meow — meow meow meow meow meow meow meow: — meow meow meow meow meow meow meow meow.

Meow, meow meow meow meow, meow Meow meow meow meow meow meow meow, meow meow meow. Meow meow, meow?

Meow, meow meow, meow Meow meow Meow meow meow meow meow meow meow meow, meow meow meow Meow!

Meow meow meow meow, meow meow meow meow meow meow meow meow meow meow. Meow meow meow meow meow meow meow meow meow meow meow, meow meow. Meow meow, meow meow meow meow meow meow meow meow!

Meow meow, meow meow? Meow meow meow, meow meow meow; Meow meow meow meow meow meow meow meow; meow meow meow Meow meow meow meow. Meow meow! Meow meow meow Meow meow meow!

Meow meow meow meow meow meow meow meow meow meow meow meow meow meow meow meow: meow meow meow meow meow meow meow, meow meow. Meow meow Meow meow meow.

Meow meow meow, meow meow — meow meow meow meow; meow meow meow meow meow meow, meow meow meow meow meow meow.

Meow, meow meow meow meow meow meow meow meow meow meow, meow meow meow- meow; meow meow meow meow, meow meow meow meow meow meow: meow meow meow Meow meow meow.

Meow meow, meow meow! Meow meow meow meow meow meow meow meow meow — meow meow meow meow meow meow meow meow meow meow meow meow meow meow.

Meow meow, meow meow! Meow meow meow meow meow meow meow meow meow — meow meow meow meow meow meow meow meow meow.

Meow meow meow meow meow meow meow meow meow meow meow meow meow — meow meow meow meow meow meow — meow "meow meow meow."

Meow meow "meow meow" meow meow meow meow meow, meow meow, meow meow, meow meow meow meow meow; meow meow meow meow meow meow meow meow meow meow, meow meow meow.

Meow, meow meow meow meow meow meow meow, meow meow meow meow meow meow meow. Meow meow, meow meow, meow meow meow meow meow meow meow meow meow?

Meow, meow meow, meow meow meow meow meow, meow meow meow meow meow meow — meow meow, meow, meow meow, meow meow meow meow meow meow meow meow meow.

Meow meow meow meow meow, meow meow — meow meow meow meow meow, meow meow meow meow meow, meow meow meow meow meow meow meow meow meow meow meow.

Meow meow meow meow meow meow meow, meow meow; meow meow meow meow meow, meow meow meow meow meow meow meow meow meow meow meow meow meow meow.

Meow meow meow meow meow meow meow, meow meow meow Meow meow meow: meow meow meow meow meow'meow meow meow meow meow meow meow meow meow, meow meow meow meow meow, meow meow meow, meow meow meow meow meow meow!

Meow meow meow meow Meow meow meow: meow meow meow meow meow meow meow meow meow, meow meow meow meow meow — meow meow meow meow meow meow meow meow, meow meow meow meow meow!

Meow meow meow meow — meow meow meow meow meow meow meow meow meow meow, meow meow meow meow

meow, meow meow meow meow-meow; meow meow meow meow meow meow meow meow meow meow meow meow meow meow meow!

Meow meow meow meow meow meow, meow meow meow meow meow meow meow meow. Meow meow meow: "Meow meow meow meow meow meow meow meow meow meow meow meow meow meow meow!" Meow meow meow meow meow meow meow-meow meow meow meow!

Meow meow meow meow meow meow meow meow meow meow meow meow meow meow, meow meow meow. Meow meow meow meow meow meow meow meow meow meow meow meow meow? Meow meow meow meow meow meow.

Meow meow Meow meow meow meow. Meow, meow meow meow meow meow meow meow meow meow meow meow. Meow meow meow meow meow meow, meow meow meow meow meow meow!

Meow meow Meow meow meow meow meow meow meow meow meow meow meow, meow meow meow meow meow meow meow meow meow Meow; meow meow meow meow meow meow meow meow meow meow meow meow.

Meow meow meow meow meow meow meow meow meow meow meow, meow meow meow Meow; meow meow meow meow meow meow, meow meow meow meow meow, meow meow meow.

Meow meow meow meow meow meow meow: meow, meow, meow meow meow meow meow meow. Meow meow meow meow meow meow meow Meow, meow meow meow meow.

Meow meow meow Meow meow meow meow meow: meow meow meow meow meow meow meow, meow meow meow meow meow. Meow meow, meow, meow Meow meow meow meow meow meow meow meow.

Meow, meow meow meow meow meow meow-meow: meow meow meow meow meow meow meow meow meow meow; meow meow meow meow meow meow meow meow meow-meow-meow.

Meow meow meow meow meow meow meow meow, meow meow meow meow meow meow meow meow meow. Meow meow meow meow meow meow meow meow, meow meow meow meow.

Meow meow, meow meow, meow meow meow meow meow meow meow; meow meow meow meow meow meow meow meow.

Meow meow meow meow meow meow meow meow, meow meow meow- meow; meow meow meow meow meow meow meow meow meow.—

Meow meow Meow.

Meow Meow meow meow Meow

Meow meow meow meow meow meow meow Meow meow meow meow. Meow meow meow meow meow meow meow, meow meow meow, meow meow meow meow meow meow meow meow meow,— meow meow meow meow.

"Meow meow Meow, meow meow"—meow meow meow meow. Meow meow meow meow meow meow meow meow?

Meow meow meow meow, meow meow meow, meow: "Meow meow Meow meow, meow meow meow; meow meow meow meow meow meow meow meow meow meow meow."

Meow meow meow meow meow meow, meow meow meow meow meow, meow meow meow meow meow, meow meow meow meow meow.

Meow meow meow meow meow meow meow meow meow meow, meow meow, meow meow meow "meow"—meow meow meow meow meow meow meow meow meow.

"Meow," meow meow, meow meow meow meow meow meow. Meow meow meow meow—meow meow meow meow meow meow meow—meow meow meow meow meow meow meow; meow meow meow "meow," meow meow meow.

Meow meow meow meow, meow meow meow meow, meow meow meow meow meow meow. Meow meow meow meow

29

meow meow meow meow meow meow meow meow meow meow meow meow: meow meow meow meow.

Meow meow meow meow meow meow meow: meow meow meow meow meow meow meow Meow. Meow Meow meow meow meow meow meow meow meow, meow meow meow meow meow meow meow meow meow.

Meow meow meow Meow, meow meow; meow meow, meow, meow, meow meow. Meow meow, meow meow meow meow meow'meow meow.

Meow meow meow meow meow, meow meow, meow meow meow meow meow, meow meow meow — meow meow meow Meow; meow meow meow meow meow, meow meow meow meow.

Meow meow meow meow meow meow meow meow meow meow meow meow. Meow meow meow meow meow meow meow meow meow meow meow meow?

Meow Meow meow meow meow meow, meow meow meow meow. "Meow meow meow meow meow meow meow meow meow meow?" meow meow meow meow. "Meow meow-meow meow meow meow. Meow meow meow meow-meow meow meow meow, meow meow meow meow meow meow."

Meow Meow meow meow meow meow: "Meow meow!" Meow meow meow meow, meow meow meow meow meow meow meow meow meow — meow meow meow meow meow meow Meow Meow meow meow.

Meow Meow meow meow meow meow: "Meow meow!" Meow meow meow, meow meow meow meow meow meow meow — meow meow meow meow meow meow Meow Meow meow meow.

Meow meow meow meow meow meow meow Meow meow meow meow. Meow meow meow meow

meow meow meow meow. Meow meow meow meow meow meow meow meow meow meow meow meow?

Meow meow Meow meow meow meow meow meow meow, meow meow meow meow meow meow meow. Meow meow meow meow meow meow meow, meow meow meow meow meow meow.

Meow meow meow meow meow meow meow meow meow meow Meow, meow meow meow meow meow. Meow meow meow, meow meow Meow meow meow meow, meow meow meow meow meow.

Meow meow meow meow Meow meow meow meow meow meow meow: — meow meow meow. Meow meow meow meow meow meow; meow meow meow meow meow.

Meow meow meow meow meow meow meow meow meow: — meow meow Meow meow meow meow, meow meow meow meow meow.

Meow meow — meow meow meow Meow; meow meow meow meow meow meow meow meow meow. Meow meow meow meow meow meow meow meow.

Meow meow meow meow meow meow meow meow meow meow meow meow. Meow meow meow meow meow meow meow meow meow meow meow.

Meow meow meow meow meow, meow meow meow meow meow! Meow meow meow meow meow meow meow meow Meow! —

Meow meow Meow.

Meow meow Meow

Meow meow, meow meow meow meow meow, meow meow meow meow meow meow, meow meow meow meow meow meow meow meow.

Meow meow meow, meow meow meow meow meow meow meow meow meow; meow meow meow meow meow meow meow meow meow meow.

Meow meow! Meow meow meow meow meow meow meow meow meow meow, meow meow meow meow meow meow meow meow meow meow meow meow meow!

Meow meow meow meow meow: "Meow meow meow, meow meow, meow meow meow meow meow meow meow meow meow, meow meow meow meow meow meow meow."

Meow meow meow meow meow meow meow meow meow meow meow, meow meow meow meow meow meow meow meow, meow meow meow meow meow meow meow meow.

Meow meow meow meow: "Meow meow Meow meow, meow meow Meow meow, meow meow meow meow meow meow, meow meow meow Meow meow meow meow.

Meow meow meow meow meow meow Meow meow Meow meow meow, meow meow meow meow meow meow meow meow meow meow meow Meow meow meow; meow meow meow meow meow meow meow-meow meow meow meow meow meow meow.

Meow meow meow meow meow meow Meow meow: meow meow meow meow, meow meow meow meow meow.

Meow meow meow meow meow meow meow meow: meow, Meow meow meow meow meow — meow meow meow meow meow meow meow meow meow."

Meow meow meow meow, meow meow meow meow.

Meow meow meow meow meow meow meow meow meow. Meow meow meow meow meow meow meow: meow meow meow meow meow meow.

Meow meow meow meow meow meow meow meow meow meow meow: meow meow meow meow meow meow meow.

Meow meow meow meow meow meow meow meow meow meow-meow, meow meow meow meow, meow meow meow meow, meow meow meow;

Meow meow meow meow meow meow meow meow, meow meow meow meow meow.

Meow meow meow meow meow meow meow meow: meow meow meow meow meow meow meow meow meow meow.

Meow meow meow meow meow meow meow meow meow; meow meow, meow, meow meow — meow meow meow meow meow meow meow meow meow.

Meow meow meow meow meow meow meow meow, meow meow meow meow meow meow meow meow meow meow meow meow meow meow.

Meow meow, meow meow meow meow, meow meow meow meow meow meow meow meow meow: meow meow meow meow meow meow meow.

Meow meow meow meow meow meow meow, meow meow meow meow; meow meow meow meow meow meow meow meow meow meow meow meow, meow meow meow meow meow meow meow meow meow meow meow meow.

Meow meow, meow meow meow meow meow? Meow, meow, meow meow meow; meow meow meow meow meow meow meow meow meow meow-meow meow meow meow.

Meow! meow meow meow meow meow meow meow meow meow meow meow; meow meow meow meow meow meow meow Meow meow, meow meow meow meow meow, meow meow, meow, meow meow.

Meow meow meow meow meow meow meow, meow meow meow meow meow meow. Meow meow meow meow meow meow.

Meow meow meow meow meow meow meow, meow meow meow, meow meow meow, meow meow meow meow meow.

Meow! meow meow, meow meow meow meow meow meow meow meow meow meow?

Meow meow meow meow meow meow meow meow: meow meow meow meow meow meow meow, — meow meow meow meow meow meow. —

Meow meow Meow.

Meow Meow Meow

Meow meow meow meow meow meow, meow meow meow meow, meow meow meow meow meow meow meow? Meow! meow meow meow meow meow meow meow: meow meow meow meow meow meow meow meow.

"Meow meow meow meow meow meow meow meow meow: meow meow meow meow meow meow meow meow meow meow": meow meow meow meow meow meow meow.

Meow meow meow meow — meow meow meow meow meow; meow meow meow meow meow meow meow meow meow meow meow!

Meow meow meow meow meow meow meow meow meow meow meow, meow meow meow meow meow.

Meow meow, meow meow, meow meow meow, meow meow meow; meow meow meow meow meow, meow meow meow meow meow meow meow meow!

Meow meow meow meow meow meow meow meow meow meow meow meow meow. Meow meow meow meow meow meow meow Meow: meow meow meow meow meow meow meow!

"Meow" meow meow meow meow meow "meow," "meow" meow meow meow meow meow "meow," "meow" meow meow meow meow meow "meow."

Meow meow, meow meow, meow meow meow meow meow meow meow meow meow meow meow, meow meow meow meow meow: "Meow meow meow meow meow meow meow meow!"

Meow meow meow meow meow meow, meow meow meow meow meow, meow meow meow meow meow meow meow meow meow. Meow meow meow meow meow meow meow meow meow.

Meow meow meow meow meow meow meow. Meow meow meow meow meow meow meow meow meow meow, meow

meow meow meow meow, meow meow meow meow meow meow meow meow.

Meow meow meow meow meow meow meow meow meow meow meow meow. Meow, Meow meow meow: meow meow meow meow meow meow meow meow meow.

Meow meow meow meow meow meow meow; meow meow meow meow meow meow meow meow. Meow Meow meow meow, Meow meow meow.

Meow, meow meow! Meow meow meow meow meow, meow meow meow Meow meow meow. Meow! meow meow meow meow meow meow meow meow meow!

Meow meow meow meow meow: "Meow meow meow meow meow meow? Meow meow meow meow." Meow meow meow, meow, meow meow meow meow meow, meow meow: meow meow meow meow meow meow meow meow!

Meow meow meow meow meow meow meow meow, meow meow meow meow. "Meow meow meow meow!" meow meow; "meow meow meow, meow meow, meow meow meow meow? Meow meow meow?"

Meow meow meow meow meow meow meow: meow meow meow meow meow meow meow —meow meow meow meow meow meow. Meow meow meow meow meow meow meow meow meow meow.

Meow meow meow meow meow meow meow meow meow meow meow meow, meow meow meow meow meow meow meow meow meow meow, meow meow, meow meow meow.

Meow meow meow meow meow meow, meow meow meow meow meow meow; meow meow meow meow meow?

Meow meow meow meow? Meow meow meow meow meow meow meow meow meow meow meow meow meow meow; meow meow meow meow meow meow meow.

Meow meow meow meow? Meow meow meow meow meow meow meow meow meow meow meow meow—meow meow meow meow meow meow meow meow meow meow meow meow.

Meow meow meow meow meow! Meow meow meow meow meow, meow meow meow meow meow meow—meow meow meow meow meow meow, meow meow meow meow meow meow meow meow.

Meow meow meow meow meow, meow meow meow meow meow meow meow meow: meow meow meow meow meow meow meow meow meow meow meow meow. Meow meow meow meow meow meow, meow meow meow meow meow.

Meow meow meow meow, meow meow meow meow Meow. Meow meow meow meow meow meow meow meow; meow meow meow meow meow meow, meow meow meow meow meow.

Meow meow meow meow meow meow meow; meow meow meow meow meow, meow meow meow. Meow meow meow meow meow meow meow meow meow meow meow!

Meow meow meow meow meow meow meow meow meow, meow meow, meow meow meow. Meow meow meow meow meow meow meow meow meow meow meow meow, meow meow meow meow!

Meow, Meow meow meow meow meow meow meow meow meow, meow meow, meow meow: meow meow meow meow meow meow meow meow meow meow, meow meow meow meow-meow.

Meow meow meow meow meow meow meow; meow meow meow meow meow meow meow meow meow! Meow meow, meow, Meow meow meow.—

Meow meow Meow.

Meow meow Meow

Meow meow meow meow meow, Meow meow meow meow meow meow meow meow meow meow meow. Meow meow meow, meow meow meow meow meow meow meow meow.

Meow meow meow meow meow meow meow meow meow; Meow meow meow meow meow.

Meow meow meow meow meow, meow meow meow meow meow meow. Meow meow meow Meow — meow meow meow meow meow.

Meow meow meow meow meow meow meow meow, meow meow meow meow meow meow meow meow meow meow meow.

Meow meow meow Meow, meow meow meow meow, meow meow meow meow meow meow.

Meow meow meow meow meow meow meow meow meow meow meow meow meow, meow meow meow meow.

Meow meow meow meow meow meow meow meow meow meow meow, meow meow meow meow meow meow meow meow meow. Meow meow meow meow, meow meow meow meow meow meow meow meow meow.

Meow meow meow meow meow, meow meow meow meow meow meow meow meow meow meow: meow meow meow meow meow.

Meow meow meow meow meow meow meow, meow Meow meow meow. Meow meow meow meow meow meow, meow meow meow meow — meow meow meow meow.

Meow meow meow meow meow meow meow meow; meow meow meow meow Meow meow meow meow, meow meow meow meow meow meow Meow meow — meow meow meow meow-meow.

Meow meow meow meow meow meow meow meow; meow Meow meow meow meow Meow meow meow.

Meow meow meow meow meow meow meow meow meow meow meow meow?

Meow meow meow meow meow meow meow, meow meow meow meow meow meow meow meow.

Meow, meow, meow, meow — meow meow meow meow; meow meow meow meow, meow meow meow meow meow meow.

Meow meow meow, "Meow meow meow meow meow." Meow meow meow meow meow meow meow meow meow meow meow meow meow meow meow meow meow meow?

Meow meow meow meow meow: meow meow meow meow meow meow meow meow! Meow meow meow meow meow meow

meow meow meow meow.

Meow meow meow meow meow meow meow meow-meow, meow meow meow meow meow meow meow meow meow meow meow?

Meow meow meow meow meow meow; meow meow meow meow meow meow meow, meow meow meow meow meow meow meow.

Meow meow meow meow meow meow meow. Meow meow meow meow, meow, meow meow meow meow.

Meow meow meow meow, meow meow meow, meow meow, meow meow-meow, meow meow meow meow meow meow meow, meow meow meow meow meow.

Meow meow meow meow, meow, meow, meow meow meow meow meow — meow meow Meow meow meow meow meow.

Meow meow meow meow meow meow Meow meow meow meow meow meow meow.

Meow meow Meow meow meow meow, Meow meow meow meow, meow, meow, meow: meow meow meow meow meow meow — meow meow meow meow meow.

Meow meow meow, meow meow meow, meow meow meow. Meow, meow meow meow meow meow meow meow!

Meow meow meow meow; meow meow meow Meow meow meow meow. Meow meow meow meow; meow meow Meow meow meow meow meow meow meow meow meow meow meow.

Meow meow Meow meow, meow meow Meow meow; meow meow Meow meow meow meow meow. Meow meow meow meow Meow meow meow. —

Meow meow Meow.

Meow Meow meow meow Meow

Meow'meow meow meow meow meow meow meow meow meow meow. Meow meow meow meow meow meow meow meow meow meow meow meow meow meow meow "Meow Meow Meow," meow, meow meow meow meow meow meow meow meow meow meow, meow meow meow meow meow meow meow meow. Meow meow meow meow meow meow meow meow meow meow meow meow, meow meow meow:

"Meow Meow meow meow meow meow meow meow meow meow, Meow meow meow meow meow meow meow meow.

Meow meow meow, meow meow meow meow, meow meow meow meow meow meow meow. Meow meow meow meow meow meow meow meow meow."

Meow meow meow meow meow, meow meow: "Meow meow Meow, meow meow meow meow Meow meow meow meow!" Meow meow:

"Meow meow meow meow meow meow meow? — Meow meow meow meow meow meow meow meow meow meow.

Meow meow meow meow meow meow meow meow meow meow meow, meow meow meow meow meow meow meow meow meow, meow, meow meow meow meow meow — meow meow meow."

"Meow, meow meow meow!" meow meow meow. "Meow meow meow meow meow meow meow meow meow meow meow?"

Meow meow, meow meow: "Meow meow meow meow meow meow meow, meow meow meow meow meow."

"Meow, meow meow meow!" meow meow meow meow meow.

39

"Meow meow meow meow, Meow. Meow meow meow meow meow meow Meow meow meow meow meow meow meow, meow meow meow meow meow meow; meow meow meow meow?

Meow meow meow meow: meow meow-meow meow meow meow. Meow meow meow meow meow meow Meow meow; meow meow meow, meow meow meow meow meow meow.

Meow meow, Meow meow meow meow meow. Meow meow meow meow meow; meow meow meow meow meow meow meow. Meow meow Meow meow meow meow meow?

Meow meow meow meow meow meow meow; meow meow Meow meow, meow meow meow Meow meow meow meow meow. Meow meow meow meow meow meow meow?

Meow meow Meow meow meow meow meow meow meow! Meow Meow meow meow meow meow meow meow! Meow Meow meow meow meow meow! Meow meow Meow meow meow meow meow!"

Meow meow meow meow meow. Meow Meow meow meow meow meow meow meow meow, meow meow meow:

"Meow meow meow meow meow meow meow meow; meow meow meow meow meow meow meow meow meow meow.

Meow meow meow meow meow meow, meow meow meow meow meow meow meow meow: meow meow meow meow meow.

Meow meow meow meow meow, — meow meow meow meow meow? Meow meow meow meow meow meow meow meow meow meow; meow meow meow meow meow meow meow meow?"

Meow Meow meow meow meow, meow meow meow meow meow meow meow meow: "Meow, Meow, meow meow meow meow. Meow meow Meow meow meow, meow Meow meow meow meow meow meow meow, meow meow meow meow meow meow meow Meow meow! Meow! meow meow Meow meow meow meow meow meow meow meow? Meow meow meow meow meow meow meow meow meow meow!" — Meow meow meow meow, meow meow meow. Meow, meow, meow meow

meow meow meow, meow meow meow meow meow meow meow.

Meow meow meow meow meow meow meow meow, Meow meow meow meow meow:

Meow meow meow meow. Meow meow meow meow meow meow, meow meow meow meow meow meow meow.

Meow meow meow meow meow meow; meow meow Meow meow. Meow meow meow meow meow meow meow, meow meow meow.

Meow meow meow meow meow meow meow; meow meow meow meow meow meow. Meow meow meow meow meow meow meow meow.

Meow meow meow meow meow; meow meow meow meow meow meow meow meow meow meow meow meow meow meow meow meow.

Meow meow meow meow meow — meow meow meow meow — meow meow meow meow meow: meow! meow meow meow meow meow meow meow, meow meow meow meow meow.

Meow meow meow, meow meow meow meow meow meow meow meow meow. Meow meow meow meow meow meow meow meow meow meow meow: meow meow meow meow meow meow meow.

Meow, Meow meow meow meow. Meow meow meow meow meow meow Meow meow meow: meow meow meow meow meow meow meow!

Meow meow meow meow meow, meow meow meow meow meow meow meow, meow meow meow meow meow meow meow meow meow meow. Meow meow, meow meow meow meow meow meow meow meow meow meow.

Meow meow meow meow, meow meow meow meow meow meow meow: meow meow meow meow meow meow meow meow meow, meow meow meow meow meow meow meow meow.

Meow meow, meow meow meow meow meow, meow meow meow meow. Meow meow, meow meow meow meow, meow meow meow meow meow meow meow.

Meow meow meow meow meow meow meow meow meow meow meow meow meow meow meow, meow meow meow meow meow meow meow, meow meow, meow meow meow.

Meow! Meow meow meow meow meow meow meow meow meow meow. Meow meow meow meow meow meow meow.

Meow meow meow meow meow meow meow, meow meow meow meow meow meow meow meow meow.

"Meow meow meow meow,"—meow meow. Meow meow meow meow meow meow meow; meow meow meow meow meow, meow meow meow meow meow.

Meow meow meow meow meow meow; meow meow meow meow meow. Meow meow meow meow meow meow meow meow meow meow.

Meow meow meow meow meow meow Meow meow meow: meow meow meow meow meow meow meow meow!

Meow meow meow meow meow!—

Meow meow Meow.

Meow Meow meow Meow

Meow meow meow meow meow: meow meow meow meow meow meow meow meow meow meow meow meow meow meow meow meow meow meow.

Meow meow meow meow meow meow meow; meow meow meow meow meow meow-meow-meow. Meow meow meow meow meow meow meow meow meow meow "meow meow"!

"Meow meow meow": meow meow meow meow meow meow meow, meow "meow meow meow." Meow Meow meow meow meow meow meow meow meow meow meow.

Meow meow meow meow meow meow meow meow meow meow meow meow meow, meow meow meow meow

meow meow meow meow-meow. Meow meow meow meow meow meow-meow.

Meow meow meow meow meow meow, meow meow meow: meow meow meow meow meow meow, meow meow meow meow!

Meow meow meow meow meow meow: meow meow meow meow meow meow meow meow meow, meow meow meow meow meow meow meow meow.

Meow meow meow meow meow, meow meow meow meow meow meow meow! Meow meow meow meow meow meow meow meow, meow meow meow meow meow meow!

Meow meow meow meow, meow meow meow meow, meow meow meow — meow meow meow meow: "Meow meow meow!"

Meow meow meow meow meow, meow meow meow, meow meow meow meow meow meow meow.

Meow meow meow meow, meow meow meow meow meow meow meow meow meow: meow meow meow meow, meow meow meow meow.

Meow meow, meow meow meow meow, meow meow meow meow meow meow: meow meow meow meow meow meow meow, meow meow meow meow meow meow meow meow.

Meow meow meow meow: "Meow meow, meow meow meow meow; meow meow meow meow meow meow! Meow meow meow meow meow meow meow meow!"

"Meow meow meow meow": meow meow meow, meow meow meow. Meow meow meow meow meow Meow meow! Meow meow meow meow meow meow meow meow meow meow meow!

Meow meow meow meow meow meow meow meow meow: "Meow meow meow meow! Meow meow meow meow meow meow!" —

"Meow meow meow," — meow meow meow meow meow meow — "meow meow meow meow meow meow meow meow!"

"Meow meow meow meow,"—meow meow—"meow meow meow meow? Meow meow meow meow meow!" Meow meow meow meow meow meow meow.

"Meow meow meow,"—meow meow meow meow meow. "Meow meow Meow meow! Meow meow Meow meow! Meow meow meow meow meow meow meow!"

Meow meow meow meow, meow meow meow meow meow meow meow meow meow. Meow meow meow—meow meow meow meow meow meow.

Meow meow meow meow meow meow meow meow; meow meow meow meow meow meow meow meow meow meow meow meow meow meow!—

Meow meow meow, meow meow meow meow meow meow meow meow, meow meow meow meow meow meow meow meow? Meow meow meow meow meow meow meow meow meow meow?

Meow meow meow meow meow meow meow meow, meow meow meow, meow, meow meow—meow meow meow meow meow meow; meow meow meow meow, meow meow meow meow meow- meow.

Meow meow meow meow meow meow, meow meow meow meow meow meow meow meow meow. Meow meow meow, meow meow meow meow meow meow meow meow—meow meow meow meow!

Meow meow meow meow meow meow meow meow meow; meow meow meow meow meow meow meow meow meow meow meow meow meow meow.

Meow "meow meow"; meow meow meow meow meow meow meow—meow meow meow meow meow meow!

Meow meow Meow.

Meow meow Meow

Meow meow meow meow meow meow meow meow meow meow meow, meow meow meow meow meow meow meow meow

meow meow meow meow. Meow meow meow meow meow meow meow!

Meow meow meow meow! Meow meow meow meow meow meow meow. Meow meow, meow meow meow, meow meow. Meow Meow meow meow meow meow meow. Meow meow meow meow meow meow meow!

Meow meow meow meow meow meow meow meow meow. Meow meow meow meow meow meow meow meow meow meow meow meow. Meow meow meow meow meow meow meow meow meow meow!

Meow meow meow meow meow meow meow meow, meow, Meow meow meow, meow meow meow meow meow. Meow meow meow meow meow meow meow meow meow.

Meow meow meow meow; meow Meow meow meow meow meow! "Meow" meow meow meow meow meow; meow meow meow meow meow meow meow meow meow!

Meow meow meow meow meow meow meow meow meow meow meow—meow Meow meow. Meow meow meow meow meow meow meow meow meow meow meow.

Meow meow meow meow meow; meow meow meow meow meow, meow meow meow meow meow meow meow! Meow meow meow meow meow, meow meow meow meow meow meow meow!

Meow meow meow meow meow meow meow meow meow meow—meow meow meow meow meow meow meow meow.

Meow Meow meow meow meow meow, meow meow meow. Meow Meow meow meow meow meow, meow meow meow. Meow meow meow meow meow meow, meow meow meow meow meow meow!

Meow meow meow meow meow meow meow meow meow meow meow meow meow meow; meow meow meow meow meow. Meow meow meow meow meow meow!

Meow meow meow meow meow meow meow meow meow meow meow? Meow meow meow meow: meow meow meow meow meow meow meow meow meow.

Meow meow meow meow meow meow meow meow meow meow. Meow meow meow, meow meow meow meow meow meow meow meow.

"Meow meow meow?" meow meow. Meow meow meow meow meow. Meow meow meow meow: "Meow meow meow meow meow meow meow, meow meow meow meow meow meow."

Meow meow meow meow: meow meow meow meow meow, meow Meow meow meow meow meow meow meow. Meow meow meow meow meow meow, meow meow meow meow meow meow meow.

Meow meow meow? Meow meow, meow meow, meow meow meow meow meow, meow meow meow meow meow!

Meow meow meow meow meow meow, meow meow meow meow meow, meow meow meow meow meow meow meow. Meow meow meow.

Meow meow meow meow meow meow meow meow meow. Meow meow meow meow meow. Meow meow meow.

Meow meow meow meow meow meow meow meow meow, meow meow meow meow meow meow. Meow meow meow meow meow meow meow; meow, meow meow meow meow meow meow meow meow meow.

Meow – meow meow meow meow meow meow meow. Meow meow meow meow meow. Meow meow meow meow meow meow!

Meow meow meow meow meow "meow meow" meow meow "Meow meow." Meow meow meow meow meow meow meow, meow meow meow meow meow meow meow meow.

Meow meow meow meow meow meow meow meow meow meow meow; meow meow meow meow meow meow meow meow meow meow meow!

Meow meow meow, meow, meow meow meow meow meow meow meow meow meow — meow meow meow meow: meow meow meow meow meow meow meow meow.

Meow meow meow meow meow meow meow meow meow! Meow meow meow meow meow! Meow meow meow meow meow meow!

Meow meow meow meow, Meow meow meow meow meow meow meow, meow meow meow meow! —

Meow meow Meow.

Meow Meow Meow

Meow meow meow meow meow meow meow, meow meow meow meow, meow meow: meow meow meow meow.

Meow meow? Meow meow meow? Meow! meow meow meow meow meow meow, meow meow meow Meow meow meow meow meow meow meow meow meow meow meow meow.

Meow meow, meow meow meow meow meow meow meow meow. Meow meow meow meow; meow meow meow meow meow meow meow: "Meow, meow meow, meow meow meow."

Meow meow meow meow! Meow meow meow meow meow meow, meow meow meow meow meow meow meow meow meow: meow meow meow meow.

Meow, meow meow meow meow meow meow meow, meow meow meow meow meow: meow meow meow meow meow meow meow meow meow.

Meow meow meow meow meow meow, meow meow meow meow meow meow, meow meow meow meow meow meow, meow meow meow meow meow meow meow.

Meow meow Meow meow meow meow: meow meow meow meow meow meow meow meow meow: meow meow meow meow meow. Meow meow meow meow meow meow meow meow meow meow meow.

Meow meow meow meow meow meow meow meow meow meow meow; meow meow meow meow meow meow; meow meow meow meow meow meow meow.

Meow meow meow meow meow; meow meow meow meow meow, meow meow meow. Meow meow meow meow meow.

Meow meow meow meow meow meow meow; meow meow Meow meow meow meow meow meow meow meow meow meow. Meow, meow meow meow meow, meow meow meow! Meow, meow meow meow meow meow meow meow!

Meow meow meow meow meow: meow meow meow meow meow meow meow meow!

Meow meow meow meow meow meow meow meow, meow meow-meow-meow! Meow meow meow meow meow meow meow meow!

"Meow meow meow meow meow meow meow Meow: meow meow Meow meow meow meow meow meow meow meow Meow" — meow meow meow meow. Meow meow meow meow meow-meow meow meow-meow meow meow meow meow!

Meow! meow meow meow meow, meow meow meow, meow meow meow meow meow! Meow! meow meow meow meow meow meow meow meow meow meow!

Meow, meow meow meow meow meow, meow meow meow meow meow Meow! Meow meow meow meow meow meow, meow meow meow meow meow meow meow meow!

Meow meow meow meow, meow meow meow meow meow meow meow, meow meow meow! Meow meow meow meow meow meow meow meow meow, — meow meow meow!

Meow meow meow meow Meow, meow Meow meow meow, meow meow meow: meow meow meow meow meow meow meow meow, meow meow meow meow meow meow meow meow.

Meow meow meow meow meow meow meow meow, meow meow-meow-meow! Meow, meow meow meow meow meow meow meow, meow meow-meow meow meow meow meow meow meow meow!

Meow, meow meow meow meow meow meow meow meow, meow meow meow meow meow: meow, meow meow meow meow meow meow meow meow!

Meow meow, Meow meow meow, meow meow meow meow-meow, meow meow meow meow meow: meow meow, meow meow meow meow, meow meow meow meow meow: meow meow, meow meow meow meow meow meow — meow meow "meow."

Meow meow meow meow meow! Meow meow meow meow meow meow meow meow meow meow meow meow meow. Meow, meow meow meow meow — meow meow meow meow meow meow meow meow!

Meow meow meow meow meow! Meow meow meow meow; meow meow meow meow meow meow meow meow meow. Meow meow meow meow, meow meow meow meow meow.

Meow meow meow meow meow! Meow meow meow meow meow meow meow. Meow meow meow meow, meow meow meow, meow meow meow meow, meow meow — meow meow meow!

Meow meow meow, meow meow meow! Meow meow meow meow meow, meow meow meow meow meow meow meow meow meow.

Meow meow meow meow meow meow: meow meow meow meow — meow meow meow meow meow meow meow meow! Meow meow meow meow meow meow. — meow meow meow meow meow meow meow.

Meow meow meow meow meow meow, meow meow meow, meow meow meow. Meow meow meow meow meow meow, meow meow meow: meow meow meow meow meow meow, meow meow.

Meow meow, meow meow meow meow meow meow meow meow meow meow! Meow meow meow meow meow meow meow meow meow meow!

Meow meow meow meow meow meow meow meow meow meow! Meow meow meow meow meow meow meow!

Meow meow meow meow meow meow meow meow meow meow! Meow meow meow meow meow meow meow meow!

Meow meow meow meow meow meow meow meow. Meow meow meow meow meow meow meow meow meow meow, meow meow meow meow meow meow meow meow.

Meow meow meow meow meow meow meow meow meow. Meow, meow meow meow meow meow meow meow meow meow meow: meow meow meow meow!

Meow, meow meow meow meow — meow meow meow meow meow meow meow meow meow: meow meow meow meow meow meow meow meow, meow meow meow meow meow.

Meow, meow meow meow MEOW — meow meow meow, meow meow! Meow meow meow meow meow, meow meow meow meow meow meow meow Meow? —

Meow meow Meow.

Meow Meow meow meow Meow-Meow

Meow, meow meow, meow meow meow! Meow meow meow meow meow meow meow meow meow meow meow, meow meow meow meow meow meow meow meow meow meow meow.

Meow meow meow meow meow meow meow meow meow meow meow meow. Meow meow meow meow meow meow meow, meow meow-meow meow — meow meow meow meow meow'meow meow meow.

Meow meow meow, meow meow meow meow-meow; meow meow meow meow-meow meow, meow meow meow meow meow meow meow meow meow, meow meow meow meow meow meow-meow.

Meow meow meow meow meow meow meow meow meow meow meow meow meow: meow meow, meow meow meow meow meow.

Meow meow meow meow meow meow meow meow — meow meow meow meow, meow meow meow. Meow meow meow

meow meow meow meow meow meow meow meow meow meow.

Meow meow meow meow meow meow meow meow meow: — meow meow meow. Meow meow meow meow meow meow meow meow meow meow: meow meow meow meow meow meow.

Meow, meow meow meow, meow meow meow meow meow meow. Meow meow meow meow meow meow meow meow meow meow meow — meow Meow!

Meow meow meow meow meow meow, meow meow meow meow, meow meow meow. Meow meow meow meow, meow meow meow, meow meow meow.

Meow meow — meow meow meow meow meow meow. Meow meow meow — meow meow meow meow meow meow. Meow meow meow meow meow meow meow meow meow meow meow meow.

Meow meow meow meow meow meow meow meow, meow meow meow meow meow. Meow, meow meow meow meow Meow meow meow meow meow meow meow meow meow meow!

Meow meow meow meow meow meow meow-meow, — meow meow meow meow meow meow meow meow! Meow meow meow meow meow meow meow meow meow.

Meow meow meow meow meow; meow meow meow meow. Meow meow meow meow meow meow Meow meow Meow. Meow! meow meow meow meow meow meow Meow meow Meow?

Meow meow meow meow meow meow meow meow, meow meow meow, meow meow meow meow! Meow meow meow meow meow meow meow meow meow meow meow meow meow.

Meow meow meow meow meow meow, meow meow meow meow: meow meow meow meow-meow meow meow meow meow Meow? meow Meow?

Meow meow meow meow meow meow meow meow: meow
meow meow meow meow meow meow meow Meow meow
meow meow meow meow.

Meow meow meow meow-meow meow meow meow meow
meow meow meow meow meow: meow meow meow meow-
Meow meow meow meow meow meow meow meow meow
meow meow meow.

Meow, meow meow, meow meow meow: Meow meow meow
meow meow meow meow meow meow meow meow. Meow meow,
meow meow meow, meow meow meow!

Meow meow meow meow! Meow meow meow meow meow
meow meow meow meow meow meow meow. Meow meow meow
meow meow! Meow meow meow meow meow meow meow.

Meow meow meow meow meow meow meow! Meow meow
meow, meow meow meow meow meow meow meow meow meow
meow meow-meow.

Meow meow meow meow meow meow meow; meow meow
meow meow meow meow, meow-meow meow meow meow
meow meow meow.

Meow meow meow meow; meow meow meow meow meow
meow meow meow meow meow. Meow meow meow meow
meow meow meow meow meow meow.

Meow Meow meow meow, meow meow meow; meow Meow
meow meow, meow meow meow meow meow meow; meow
meow meow meow meow meow meow.

Meow meow meow meow meow meow meow meow meow;
meow meow meow meow meow meow — meow meow meow,
meow, meow meow meow.

Meow meow, meow meow, meow meow meow meow meow
meow meow meow meow; meow meow meow meow meow, meow
meow meow-meow meow meow meow meow.

Meow meow meow meow meow meow meow meow-meow.
Meow meow meow meow meow meow meow meow meow
meow meow meow meow meow!

Meow meow meow meow meow meow meow meow: meow, meow meow meow. Meow meow meow meow meow meow meow meow meow meow meow.

Meow meow meow, meow meow meow meow Meow meow meow; meow meow meow meow, meow meow meow Meow meow meow. Meow meow meow meow meow! Meow meow meow, meow meow, meow meow meow.

Meow, meow, meow meow meow meow meow meow meow meow meow. Meow meow meow meow meow meow meow meow meow meow. Meow! meow meow meow meow!

Meow meow meow meow meow meow meow meow meow — meow meow meow meow meow meow! Meow meow meow meow meow meow meow meow meow meow meow.

Meow meow meow meow meow meow meow. Meow meow meow meow meow meow meow meow — meow meow meow.

Meow meow meow meow meow meow meow meow, meow meow: "Meow meow meow meow meow meow meow." Meow meow meow meow meow: "Meow meow meow meow meow."

Meow meow meow meow meow meow meow, meow meow meow meow meow meow meow; meow meow meow meow meow meow meow meow.

Meow meow meow meow meow meow meow meow meow; meow meow meow meow meow meow meow meow meow meow meow.

Meow meow meow meow meow meow, meow meow meow meow meow. Meow meow meow meow meow meow meow meow meow!

Meow meow meow meow meow meow meow, meow meow meow meow meow meow meow meow meow meow meow.

Meow meow meow meow meow meow meow meow meow meow meow meow, meow meow meow meow meow meow meow meow meow meow meow meow meow?

Meow, meow meow, meow meow meow meow meow meow meow meow; meow meow meow meow meow meow. Meow meow meow meow, meow meow meow meow meow meow.

Meow meow meow meow meow meow meow; meow meow meow meow meow—meow meow meow meow meow meow meow, meow meow meow meow-meow.

Meow, meow meow, meow meow meow—meow meow, meow meow meow meow meow meow. Meow meow meow meow meow meow meow meow meow-meow.—

Meow meow Meow.

Meow

Meow meow meow meow. Meow meow meow meow meow meow meow: meow, meow meow meow meow meow meow meow.

Meow meow meow meow meow meow meow meow meow meow meow meow, meow meow meow meow meow meow meow meow?

Meow meow meow meow meow meow: meow meow meow meow—meow meow meow meow meow meow meow meow meow meow meow meow.

Meow meow meow meow meow meow meow meow; meow meow! meow meow meow meow meow meow meow meow!

Meow meow meow meow meow—meow meow meow meow! Meow meow meow meow meow.

Meow Meow meow meow meow meow meow meow? Meow meow meow meow meow meow meow meow.

Meow Meow meow meow meow meow? Meow meow meow meow meow meow, meow meow meow meow meow meow.

Meow meow meow, meow meow meow: meow meow meow meow meow meow meow meow meow meow meow.

Meow meow meow meow meow meow meow meow meow meow meow meow meow meow meow meow meow, meow meow meow.

Meow meow meow meow meow meow meow meow meow meow meow meow, meow meow meow meow meow meow meow meow!

Meow meow meow meow meow meow meow meow meow? Meow Meow meow meow meow meow meow meow.

Meow meow meow meow meow, meow meow meow meow meow meow meow. Meow meow meow meow meow meow meow meow meow meow meow meow meow-meow?

Meow meow meow meow meow Meow meow meow: Meow meow meow meow meow meow meow meow meow meow, meow meow meow meow meow meow.

Meow meow meow meow meow, meow meow meow meow meow: meow meow meow meow meow meow meow — meow meow meow meow meow meow.

Meow Meow meow meow meow meow? Meow meow meow meow meow meow meow meow meow meow.

Meow meow meow meow meow meow, meow meow meow meow meow, meow meow meow meow meow meow meow meow meow.

Meow, meow meow meow meow meow meow meow meow; meow meow meow meow meow, meow meow meow meow meow meow meow.

Meow meow meow meow meow, meow meow: "Meow meow meow?

Meow meow meow meow? Meow meow meow meow meow meow, meow meow meow meow meow.

Meow meow meow meow meow meow meow: meow meow meow meow meow — meow meow meow meow meow meow meow meow!" —

Meow meow Meow.

Meow Meow

"Meow, meow meow meow meow meow meow" — meow meow meow. "Meow meow meow — meow meow meow meow meow meow meow!"

Meow meow meow meow meow meow meow meow meow: meow meow meow meow meow, meow meow meow meow meow meow?

Meow meow meow meow meow meow meow meow meow meow: meow meow meow meow meow meow meow meow meow meow meow meow meow meow meow meow meow.

Meow! meow meow meow meow meow meow meow meow meow. Meow, meow meow meow meow meow meow meow meow, meow meow meow meow.

Meow meow meow meow meow meow meow meow meow meow meow meow meow. Meow meow meow meow meow meow meow meow.

Meow meow meow meow meow meow meow meow meow meow meow. Meow meow meow meow meow meow meow meow, meow meow meow meow meow meow.

"Meow meow meow meow meow!" — meow meow meow meow meow, meow meow meow meow meow meow meow.

Meow meow meow meow meow meow, meow meow meow meow meow meow meow meow meow meow meow meow: meow meow meow meow meow meow, meow meow meow Meow meow meow meow meow.

Meow meow meow meow meow meow meow meow meow'meow meow. Meow meow meow meow meow meow meow, meow meow meow meow meow meow?

Meow meow'meow meow meow meow meow meow'meow meow meow. Meow meow meow meow meow meow meow meow meow meow meow meow meow.

Meow meow meow meow meow meow meow meow? Meow meow meow meow meow meow meow meow meow meow meow

meow meow meow meow meow meow? Meow meow meow meow meow meow meow meow meow meow!

Meow meow meow meow meow meow meow meow: meow meow meow meow meow meow meow meow! Meow, meow meow meow Meow, meow meow meow meow meow meow meow!

Meow meow meow meow meow meow meow meow meow meow; meow meow meow meow meow meow meow meow meow meow meow meow meow Meow.

Meow meow meow meow meow meow — meow meow meow meow meow? Meow meow meow meow meow meow meow meow? Meow meow meow meow meow, meow meow meow meow meow meow.

Meow meow meow meow meow meow? Meow meow meow meow meow meow meow meow meow? Meow meow meow, meow meow meow meow meow meow meow meow.

Meow meow meow meow meow meow meow meow meow meow meow: meow meow meow meow meow meow meow. Meow meow meow meow meow meow meow meow meow meow meow meow.

Meow meow meow meow meow meow: meow meow meow meow meow meow meow meow. Meow meow meow meow meow meow meow meow, meow meow meow meow meow.

Meow meow meow meow meow meow meow meow meow meow meow meow; meow meow meow meow meow meow meow meow. Meow meow meow meow meow meow meow.

Meow meow meow meow meow meow meow meow meow meow meow meow meow? Meow meow meow meow meow meow meow meow, meow meow meow meow meow'meow meow.

Meow meow meow meow? Meow meow meow meow meow meow meow. Meow meow meow meow? Meow meow meow meow meow meow.

Meow meow meow meow meow meow meow meow meow meow meow meow meow meow. Meow meow meow meow meow meow meow meow meow meow: meow meow meow meow.

Meow meow'meow meow meow meow meow meow meow meow meow meow meow meow meow. Meow meow meow meow'meow meow meow, meow meow meow meow meow meow meow meow meow, meow meow meow meow.

Meow meow meow meow meow meow meow: meow meow meow meow, meow meow. Meow meow meow meow, meow.

Meow meow meow meow meow meow meow meow. Meow meow meow, meow meow, meow meow meow meow meow meow meow?

Meow! meow meow, meow meow, meow meow meow meow meow! Meow meow meow meow

meow meow meow meow, meow Meow meow meow meow meow meow, meow meow meow meow meow meow meow.

Meow meow meow: meow meow meow meow!

Meow meow Meow.

Meow Meow meow Meow Meow

Meow meow meow Meow, meow meow meow: meow meow meow meow meow meow meow meow meow meow. Meow meow meow meow Meow meow meow meow meow meow meow meow.

Meow meow meow meow meow meow meow; meow meow meow meow meow meow, meow, meow meow meow meow meow meow meow meow.

Meow meow meow meow meow meow meow meow meow meow meow meow meow meow meow: meow Meow meow meow. Meow meow Meow meow meow meow, meow meow meow meow meow meow meow.

Meow meow meow meow meow meow meow meow: meow meow meow meow meow meow meow'meow meow meow meow.

Meow meow meow meow meow meow meow meow. Meow! meow meow meow meow meow meow meow; meow! meow meow meow meow meow meow Meow meow Meow.

Meow meow meow, meow meow meow meow; meow meow meow meow meow meow meow meow; meow meow meow meow meow meow meow, meow meow meow meow meow meow, — meow meow meow meow.

Meow meow meow meow meow meow meow meow, meow meow meow meow meow meow meow meow meow, meow meow meow meow meow meow meow meow meow, meow meow meow meow meow meow meow meow meow.

Meow, meow meow, meow meow meow meow meow meow'meow meow, meow meow, meow meow, meow meow meow, meow meow meow meow meow meow meow meow meow, meow meow meow meow meow meow meow meow meow meow.

"Meow meow meow meow meow meow meow meow meow meow: meow meow meow meow meow meow meow, meow meow meow" — meow meow meow meow meow meow Meow meow: meow meow meow meow meow meow meow.

"Meow meow meow, meow meow meow meow meow meow meow" — meow meow meow meow meow meow meow meow meow meow meow meow meow meow meow — meow meow meow meow meow meow meow meow meow.

"Meow meow meow meow meow, meow meow meow meow meow meow meow meow meow meow meow" — meow meow meow meow meow meow meow meow meow, meow meow meow meow meow meow.

"Meow meow meow, meow meow meow meow meow meow meow meow meow meow meow, meow meow meow meow meow meow" — meow meow meow, meow meow meow meow,

meow meow meow meow, meow meow meow meow meow meow meow.

Meow, meow meow meow meow meow meow meow meow meow meow. Meow, meow meow meow meow, meow meow meow meow, meow meow meow meow meow meow meow meow meow meow.

Meow meow meow meow meow meow meow meow meow meow meow meow — meow meow meow meow meow meow meow, meow meow meow! Meow, meow meow meow "meow," meow meow, meow meow.

Meow meow meow: meow meow, meow meow meow! Meow meow meow meow meow meow meow meow meow meow meow.

Meow meow meow meow meow meow; meow meow meow meow meow meow meow meow meow meow. Meow meow, meow meow meow!

Meow meow meow — meow meow, meow meow meow meow meow. Meow meow meow meow meow meow meow meow meow meow.

Meow meow meow meow meow meow meow, meow meow meow meow meow meow; meow, meow meow meow meow meow meow meow meow.

Meow meow meow meow meow meow meow meow meow. Meow meow meow meow meow meow meow meow meow, meow meow meow meow meow.

Meow meow meow meow meow meow meow meow meow meow meow meow meow: meow meow meow meow meow meow meow meow meow meow meow, meow meow meow meow meow: meow.

Meow, meow meow meow, meow meow meow, meow meow meow meow meow meow meow meow meow — meow meow meow meow meow meow meow meow, meow meow meow.

Meow meow, meow meow meow, meow meow meow, meow meow meow meow meow. Meow meow meow meow meow

meow meow meow meow meow meow, meow meow meow meow.

Meow meow meow Meow, meow meow meow: meow meow meow meow Meow meow meow meow meow meow meow meow meow meow meow—"meow" meow "meow" meow meow meow.

Meow, meow meow meow meow meow meow meow meow meow. Meow meow, meow meow, meow meow meow meow meow meow? Meow meow meow meow meow meow meow meow meow meow meow meow?

Meow meow meow meow meow meow meow, meow meow meow meow meow meow meow meow. Meow meow meow meow meow meow meow meow meow meow meow; meow meow meow meow meow meow. Meow meow meow meow meow meow meow.

Meow meow meow meow, meow meow, meow meow meow meow meow meow meow meow, meow meow meow meow meow meow—meow meow?—

Meow meow Meow.

Meow-Meow

Meow meow meow meow meow, meow meow meow meow meow meow. Meow Meow meow meow meow: meow meow-meow meow meow meow meow meow meow.

Meow meow meow meow meow meow meow, meow meow meow meow meow meow meow: meow Meow meow meow "meow."

Meow Meow meow meow meow meow Meow; meow Meow meow meow meow, meow meow meow meow Meow: meow meow meow meow meow meow meow.

Meow Meow meow meow meow meow-meow? Meow meow Meow meow meow meow meow- meow meow meow meow meow!

Meow meow meow meow meow meow meow meow meow meow meow meow meow meow; meow meow meow meow meow meow, meow meow meow meow meow meow.

Meow meow meow meow meow meow meow, meow meow, meow meow meow meow; meow meow meow meow meow meow meow meow meow meow meow meow? Meow meow meow, meow meow meow meow meow meow.

Meow meow meow meow meow meow, meow meow meow meow meow meow: meow meow meow meow meow meow meow meow meow, meow meow meow meow meow meow meow meow.

Meow meow meow meow meow meow meow meow meow meow meow meow meow meow, meow meow meow; meow meow meow meow meow meow meow meow meow meow meow meow meow meow meow meow.

Meow meow meow meow meow meow meow meow meow meow meow meow meow; meow meow meow meow meow meow meow meow meow meow meow meow, meow meow meow meow meow meow.

Meow meow meow meow meow, meow meow meow meow meow meow, meow meow meow, meow meow meow meow meow meow meow. Meow meow meow meow meow meow meow meow meow, meow meow meow meow meow meow.

Meow meow meow meow: "Meow meow meow meow meow meow, meow meow meow meow meow."

Meow meow meow meow meow meow meow meow meow meow, meow meow meow meow meow meow meow meow meow. Meow meow meow meow meow meow meow meow meow meow meow.

Meow meow meow meow meow meow meow meow meow meow meow meow meow meow; meow meow meow meow meow meow meow meow meow, meow meow meow meow meow.

Meow meow meow meow meow meow: meow meow meow meow Meow meow, meow meow meow meow meow meow meow meow.

Meow meow meow meow Meow meow meow, meow meow meow. Meow meow meow meow meow meow meow meow meow meow meow, meow meow meow meow meow Meow.

Meow meow meow meow meow meow meow meow meow. Meow meow meow meow meow meow meow meow meow, meow meow meow meow meow meow meow meow.

Meow meow meow meow meow meow meow meow meow meow meow, meow meow meow meow meow, —meow meow meow, meow meow meow meow meow meow meow meow.

Meow meow meow meow meow meow meow meow, meow meow meow meow meow meow meow meow meow, meow meow meow meow meow meow meow, meow meow meow meow meow meow meow meow.

Meow meow meow meow meow meow meow meow meow meow meow meow-meow; meow meow meow meow meow meow meow Meow meow meow meow.

Meow meow, Meow meow meow meow meow meow-meow—Meow meow meow meow meow meow! —

Meow meow Meow.

Meow Meow meow Meow Meow Meow

Meow meow meow meow meow, meow meow? Meow meow meow meow meow meow meow? Meow meow meow meow meow meow meow meow.

"Meow meow meow meow meow meow meow meow. Meow meow meow meow": meow meow meow meow. Meow meow meow meow meow meow meow meow.

Meow meow meow meow meow meow meow meow meow meow. Meow meow meow meow, "Meow meow meow meow meow meow meow meow meow meow," meow meow meow meow meow meow meow meow meow.

Meow, meow meow meow meow meow meow meow meow;
meow meow meow meow meow meow meow meow meow
meow meow meow.

Meow meow meow meow meow meow meow meow meow,
meow meow meow meow meow meow? Meow meow meow
meow meow meow meow meow meow meow meow!

Meow meow meow meow meow meow meow meow meow?
Meow meow meow? Meow meow-meow meow? Meow meow
meow meow meow meow meow meow meow?

Meow! meow meow meow meow meow meow meow meow! Meow
meow meow meow meow meow meow meow! Meow meow
meow meow meow meow meow meow meow meow meow!

Meow! meow meow meow meow meow meow meow meow
meow meow meow meow meow: meow meow, meow meow
meow meow meow.

Meow, meow meow meow meow? Meow meow meow meow
Meow meow meow, meow meow meow meow meow meow
meow meow meow.

Meow meow meow Meow meow meow meow meow meow?
Meow meow meow meow meow meow meow meow meow
meow meow meow meow meow meow meow.

Meow meow meow? Meow meow meow meow meow Meow!
Meow, meow, meow meow meow meow meow meow: meow
Meow Meow?

Meow meow meow meow meow meow meow meow meow
meow, meow meow meow meow meow meow meow meow
meow meow? Meow meow meow meow meow meow, meow
meow meow meow meow?

Meow meow meow meow meow meow meow meow meow
meow'meow meow meow. Meow meow meow meow meow
meow meow meow, meow meow meow meow meow meow
meow.

Meow-meow meow meow meow meow meow meow, meow meow; meow-meow meow meow meow meow meow meow, meow meow meow.

Meow meow meow meow meow meow meow meow; meow meow meow meow meow meow, meow meow meow meow. Meow meow meow meow meow: "Meow meow meow!"

Meow meow meow meow meow meow meow meow meow, meow meow meow meow meow meow; meow meow meow meow meow meow meow meow meow. Meow meow meow meow meow: "Meow meow meow!"

Meow meow meow meow meow meow meow meow meow meow; meow meow meow meow meow, meow meow meow meow meow! Meow meow meow meow meow meow — meow meow meow meow?

Meow meow meow meow, meow meow, meow meow "meow"? Meow meow meow meow meow meow meow meow meow meow meow meow meow meow?

Meow meow meow meow meow meow meow meow; meow, meow meow meow meow meow meow. Meow meow meow meow meow, meow meow meow meow: meow meow meow meow meow meow.

Meow meow meow meow: meow meow meow meow meow, meow meow meow meow meow meow meow meow meow. Meow meow meow, meow, meow meow meow meow meow.

"Meow meow meow meow meow meow meow!" — meow meow meow — "Meow meow meow meow meow meow meow meow."

Meow meow meow meow meow meow meow meow meow: meow, meow meow, meow meow meow meow meow meow meow, meow meow meow meow meow meow meow meow meow meow meow!

Meow meow meow meow meow meow meow meow meow meow! Meow meow meow meow meow meow meow meow meow meow — meow meow meow meow meow.

Meow meow meow meow, meow, meow meow meow! Meow meow meow meow meow meow meow meow meow; meow, meow, meow meow meow meow meow meow—meow meow meow meow meow.

Meow meow meow meow meow, meow, meow meow meow meow meow meow! Meow meow meow meow meow meow meow meow meow meow meow meow meow meow.

Meow meow meow meow meow meow meow meow meow meow, meow meow meow meow meow; meow Meow meow meow meow meow meow meow meow.

Meow meow meow meow meow meow meow, meow meow meow meow meow; meow meow meow meow meow meow meow.

Meow meow meow, meow meow meow meow meow meow! Meow meow meow meow meow meow meow meow meow meow!

Meow meow meow meow meow meow meow, meow meow meow meow meow meow-meow, meow meow meow, meow meow meow, meow meow meow, meow meow meow.

Meow meow meow meow meow meow meow meow meow meow meow; meow meow meow meow meow meow meow meow meow meow meow meow!

Meow meow meow, meow meow meow meow meow meow meow meow: meow Meow meow meow meow meow meow meow meow meow meow meow!

Meow meow meow, meow meow meow meow meow meow meow meow: meow meow meow, meow meow meow meow meow meow meow, meow meow meow meow meow meow.

Meow meow, meow meow meow meow, meow meow meow! Meow meow meow meow meow meow meow meow meow meow meow meow meow meow meow meow!

Meow meow meow, meow meow meow meow, meow meow, meow meow meow meow; meow meow meow meow meow meow meow meow.

Meow meow meow, meow meow meow meow, meow meow. Meow meow meow meow meow meow meow meow meow, meow meow meow. —

Meow meow Meow.

Meow meow Meow Meow

"Meow meow meow meow meow meow meow meow meow, Meow? Meow meow meow meow meow meow meow meow meow?

Meow meow meow meow meow meow meow meow meow? Meow meow meow meow meow meow meow meow? Meow meow meow meow meow meow'meow meow, meow meow meow meow meow?" —

Meow, meow meow, meow Meow, meow meow meow meow meow meow meow meow meow: meow meow meow meow meow meow Meow meow.

Meow meow meow meow, meow meow meow meow; meow meow Meow meow meow meow meow, meow meow meow meow.

Meow Meow meow meow meow meow meow meow-meow, meow meow meow meow meow meow meow, meow meow meow meow meow meow, meow meow meow meow meow meow meow:

"Meow meow Meow meow meow meow meow meow, meow meow meow meow meow meow meow meow."

Meow Meow meow meow: "Meow meow, meow meow meow meow meow meow."

"Meow meow meow meow meow meow," meow meow; "Meow meow meow meow meow meow meow meow."

Meow Meow meow meow meow meow meow meow meow meow meow:

Meow meow meow meow meow meow, meow meow meow meow meow meow meow — meow meow meow meow.

Meow meow meow meow meow meow: meow meow meow meow meow meow. Meow meow meow meow meow meow?

Meow meow meow meow meow meow meow: meow meow meow. Meow meow meow meow, meow meow meow meow meow.

Meow meow meow meow meow meow, meow meow meow meow meow meow meow meow: meow meow meow meow.

Meow meow meow — meow meow meow meow meow. Meow meow meow meow; — meow meow meow meow meow meow.

Meow meow meow meow meow meow meow, meow meow meow meow meow meow meow.

Meow meow meow meow meow meow meow meow meow: meow meow meow meow. Meow meow, meow meow, meow meow meow meow meow meow!

Meow meow meow meow meow, meow meow meow meow meow meow meow, meow meow meow meow meow meow meow meow meow meow.

Meow meow meow meow meow meow meow meow meow meow! Meow meow meow meow: "Meow Meow meow meow Meow!"

Meow meow meow meow meow meow meow! Meow meow meow meow meow meow meow meow meow meow meow meow meow!

Meow meow meow meow meow meow! Meow meow meow meow meow meow meow. Meow meow meow meow meow meow: meow meow meow meow meow meow meow meow, meow meow meow meow meow.

Meow meow meow meow meow meow meow: meow meow meow meow meow, meow meow meow meow meow meow meow.

Meow meow meow meow meow meow meow: meow meow meow meow meow meow meow meow meow meow; meow, meow, meow meow.

Meow meow meow meow? — Meow meow meow meow meow meow meow: "Meow meow meow meow, meow meow meow, meow meow meow meow meow meow meow meow."

Meow meow meow meow meow, "Meow meow." Meow meow meow meow meow, "Meow meow."

"Meow! meow meow meow meow meow meow!" — meow meow meow meow meow meow meow meow meow meow meow.

Meow, meow meow meow, meow meow meow meow meow meow meow. Meow, meow meow'meow meow, meow meow, meow meow meow meow meow.

Meow'meow meow, meow, meow meow, meow meow meow meow meow meow: meow meow meow meow, meow meow meow meow. —

Meow meow meow meow meow meow: "Meow meow meow meow Meow meow, meow meow meow meow meow meow meow meow meow.

Meow! Meow meow meow meow meow, meow meow meow meow meow meow meow! Meow meow meow, meow meow meow meow meow meow?

Meow meow meow meow meow meow meow meow meow meow! Meow meow meow meow meow meow meow!

Meow meow meow meow meow meow meow: meow meow meow meow meow meow, meow meow meow."

"Meow meow, meow, meow meow meow!" meow Meow. Meow meow meow meow meow meow: "Meow meow meow meow? Meow meow meow meow meow!" —

Meow meow Meow.

Meow Meow meow meow Meow

Meow meow meow Meow meow meow meow meow meow-meow, meow meow meow meow, meow meow meow meow meow meow. Meow meow meow meow meow meow meow meow meow meow meow, meow meow Meow meow meow

meow. Meow meow meow meow meow meow meow meow meow meow meow meow meow meow; meow meow meow meow meow meow meow Meow, meow meow, meow meow meow meow meow. "Meow meow meow," meow Meow, "meow meow meow meow meow meow meow meow! Meow meow meow meow meow meow; meow meow meow meow meow." "Meow meow meow meow," meow meow meow meow; "meow meow meow meow." Meow meow. "Meow meow meow meow meow meow meow meow meow'meow meow?" — meow meow. "Meow meow meow meow meow! Meow meow meow meow meow meow meow meow meow meow." Meow meow meow meow meow meow meow meow, meow meow meow meow.

Meow Meow meow meow meow meow meow meow meow meow meow: "Meow meow, Meow Meow, meow meow meow meow meow meow?" Meow Meow meow meow meow:

Meow meow meow meow, meow meow meow meow meow meow: meow meow meow meow.

Meow, meow, meow meow meow meow, meow meow meow meow meow meow meow: meow meow meow meow meow. Meow meow meow meow meow meow meow meow meow meow.

Meow meow meow meow meow meow meow meow! Meow meow meow meow meow, meow meow meow meow meow meow meow meow meow meow meow. Meow meow meow meow meow!

Meow meow meow meow meow meow meow, meow meow meow meow meow meow meow. Meow meow meow meow meow meow meow meow meow meow.

Meow meow meow meow meow? Meow meow meow meow meow. Meow meow meow meow meow meow, meow meow meow meow meow meow!

Meow meow meow meow meow meow meow meow meow meow. Meow meow meow meow meow meow meow meow meow meow meow meow meow meow meow, Meow meow meow meow meow meow.

Meow meow meow meow meow meow meow meow meow meow meow meow meow'meow meow, meow meow meow meow meow meow meow. Meow, meow meow meow meow meow meow meow meow.

Meow meow meow meow meow meow meow; meow meow meow meow meow meow meow meow meow meow meow meow meow meow meow meow.

Meow meow: meow meow meow meow, meow meow meow meow meow meow?

Meow meow, meow, meow meow meow meow meow meow meow meow, meow meow meow meow!

Meow meow, meow, meow meow meow meow meow meow meow meow meow!

Meow meow meow meow meow meow? Meow meow meow meow meow meow meow meow meow meow, meow meow meow meow meow.

Meow meow meow Meow meow meow meow meow meow! Meow meow Meow meow meow meow meow meow! Meow meow meow meow meow meow: Meow meow meow meow meow meow meow.

Meow, meow meow, meow meow meow meow meow meow meow. Meow meow meow meow meow! Meow meow meow meow!

Meow meow meow meow meow meow meow. Meow meow meow meow meow meow meow meow: meow meow meow meow meow meow meow, meow, meow meow, meow meow meow meow meow meow?

Meow meow meow meow meow! Meow meow meow meow meow, meow, meow meow, meow meow meow! —

Meow meow Meow.

Meow meow Meow

Meow meow meow meow meow meow meow, meow meow: meow meow meow-meow, meow Meow meow meow meow meow meow, meow Meow meow meow meow meow.

Meow meow meow, meow meow meow meow meow. Meow Meow meow meow: Meow meow meow meow Meow meow meow meow meow?

Meow meow meow meow meow, meow meow-meow, meow meow meow meow meow, meow meow meow meow meow? Meow meow Meow meow meow.

Meow meow meow meow meow meow meow meow, meow meow? Meow meow? Meow meow meow meow?

Meow meow meow meow meow meow meow meow meow meow. Meow meow meow meow meow meow meow meow meow meow.

Meow meow meow meow meow. Meow meow meow meow meow meow meow meow meow, meow meow meow meow meow.

Meow meow meow meow meow meow meow, meow meow! Meow meow meow meow meow meow meow meow meow meow!

Meow meow meow meow meow meow, meow meow meow, meow meow meow meow — meow meow meow meow meow meow.

Meow: meow meow Meow meow meow meow meow meow meow meow meow meow meow meow meow meow meow meow meow meow. Meow meow meow meow meow, meow meow meow meow meow meow, meow Meow meow.

Meow meow meow meow meow meow meow meow meow meow meow. Meow meow meow meow meow-meow-meow meow meow, meow meow meow — meow, meow meow Meow meow meow?

Meow, meow meow meow meow meow meow meow! Meow, meow meow meow meow meow meow meow meow! Meow, meow meow meow-meow meow meow meow!

Meow meow meow meow meow; meow meow meow meow meow meow meow meow meow.

Meow, Meow meow meow meow meow, meow meow meow meow meow! Meow, Meow meow meow meow meow, meow meow meow meow meow meow!

Meow meow meow meow meow meow Meow meow meow meow meow meow meow meow meow meow meow!

Meow meow meow meow meow! Meow meow meow meow meow meow meow meow meow meow meow?

Meow meow meow meow meow, meow meow meow meow meow meow meow meow: meow meow Meow meow meow meow, meow meow meow meow meow meow meow meow meow.

Meow, Meow meow meow meow meow meow meow meow meow meow meow meow meow meow meow meow meow meow.

Meow meow meow meow meow meow meow meow meow meow meow, meow meow meow meow meow meow meow meow meow-meow meow: meow meow meow meow meow.

Meow meow meow meow meow meow meow meow meow. Meow meow meow meow meow meow meow meow meow meow: meow meow meow meow meow.

Meow meow meow meow meow meow meow meow meow meow. Meow meow meow meow meow meow meow meow meow meow meow, meow meow meow meow meow meow meow meow meow meow meow.

Meow, meow Meow meow meow meow, meow meow meow meow meow meow meow. Meow meow meow meow meow meow meow meow meow meow meow meow meow.

Meow meow meow — meow meow meow meow meow meow. Meow meow meow meow meow meow meow meow meow meow, meow meow meow meow.

Meow meow meow meow, meow meow'meow meow meow meow — meow, meow meow meow meow meow meow meow

meow meow meow! Meow meow meow meow meow meow meow meow.

Meow meow meow meow meow meow meow meow meow meow meow meow meow meow. Meow meow meow meow meow meow meow meow meow meow.

Meow meow meow meow meow meow meow! Meow Meow meow meow meow meow meow. Meow meow meow meow meow meow meow meow meow meow meow meow meow meow.

Meow meow meow meow meow meow meow meow meow meow: meow meow meow meow meow meow meow Meow; meow meow meow meow meow meow meow, meow meow meow!

Meow meow meow meow meow, meow meow meow meow meow Meow: meow meow, meow meow, meow meow meow meow meow meow?

Meow meow Meow meow meow meow, meow meow meow meow. —

Meow meow Meow.

Meow meow Meow

Meow meow meow meow, meow meow meow meow meow. Meow meow meow meow meow: "Meow meow meow meow meow!

Meow meow meow meow meow: meow meow Meow.

Meow meow meow, meow meow meow meow meow meow meow meow, meow meow meow meow meow meow meow meow meow? Meow meow meow meow meow meow meow! — Meow meow Meow meow meow meow meow.

Meow meow meow meow meow meow meow meow meow meow meow, meow meow meow meow meow meow meow meow meow meow.

Meow meow meow meow meow meow meow meow: meow meow meow meow meow meow meow meow. Meow meow meow meow meow meow meow meow meow meow.

Meow meow meow Meow meow meow meow, meow meow meow meow meow meow meow meow meow.

Meow meow, meow meow meow meow meow, meow meow meow meow meow meow.

Meow meow meow meow meow meow; meow meow meow meow meow meow meow meow meow meow meow meow meow meow meow meow meow meow meow meow meow!

Meow meow meow meow meow; meow meow meow, meow, meow meow meow meow meow, meow meow meow meow meow.

Meow meow meow meow meow meow meow meow meow meow, meow meow meow meow meow meow meow meow meow meow,—meow meow meow meow meow.

Meow meow, meow Meow meow meow, meow meow meow, meow meow meow meow meow Meow meow meow.

Meow meow meow Meow meow meow?—Meow meow meow meow meow meow meow meow meow, meow meow meow meow meow meow meow meow meow meow meow meow meow.

Meow meow meow meow meow meow meow meow meow meow, meow meow meow meow meow meow meow meow meow meow meow meow meow.

Meow, meow meow meow-meow meow Meow meow: meow meow meow meow meow, meow meow meow meow meow.

Meow meow meow, meow, meow meow meow meow meow meow meow meow; meow meow meow meow meow meow meow meow meow meow meow meow.

Meow meow meow meow meow meow, meow meow meow meow meow meow, meow meow meow meow meow meow meow— meow meow meow meow meow.

Meow meow meow meow meow meow meow meow meow meow: meow meow meow meow meow meow meow meow meow meow meow.

Meow meow meow meow, meow meow, meow meow meow meow meow meow meow meow meow meow meow: meow meow meow meow meow meow meow meow, meow, meow meow.

Meow meow meow meow meow meow, meow meow meow meow meow. Meow meow meow meow meow meow, meow meow meow meow meow meow meow.

Meow meow meow meow meow meow meow; meow meow-meow meow meow meow meow. Meow meow meow meow meow meow meow meow meow meow meow meow meow meow meow.

Meow meow meow meow; meow meow meow meow meow meow. Meow meow meow meow meow meow meow meow meow meow.

Meow meow meow meow, meow meow meow meow meow meow meow meow meow. Meow meow meow meow meow meow meow meow meow meow meow meow meow-meow meow meow meow!

Meow meow meow meow meow meow Meow meow! Meow meow meow meow meow meow meow meow meow meow meow meow meow! Meow Meow meow meow meow meow meow, meow meow meow meow meow meow "meow."

Meow! meow meow meow meow meow meow meow? Meow meow meow meow meow meow meow meow meow meow meow, meow meow!

Meow, meow meow meow meow Meow meow meow meow meow meow meow meow: meow meow meow meow meow meow meow meow meow meow meow meow.

Meow meow meow meow meow meow meow, meow meow meow meow meow Meow, meow meow meow meow meow meow meow meow meow — meow Meow Meow: meow meow meow meow meow meow meow meow meow meow.

Meow meow meow meow meow meow meow, meow meow meow meow meow meow meow! Meow, meow, meow meow meow meow meow meow, meow meow meow meow — meow meow meow!

Meow meow, meow meow! Meow meow meow meow; meow meow meow meow meow meow meow meow meow meow meow meow! Meow meow meow meow meow meow!

Meow meow meow meow meow. Meow meow meow meow, meow meow meow meow meow meow meow meow. Meow meow meow meow meow meow meow meow meow meow meow meow.

Meow meow meow meow meow meow meow meow meow meow meow meow meow, meow meow meow meow: meow meow meow meow meow meow meow.

Meow meow meow, meow meow meow meow; meow meow Meow, meow meow meow meow meow meow meow meow Meow: meow meow meow meow meow meow meow.

Meow meow meow meow meow meow meow meow meow meow meow meow meow, meow meow: meow meow Meow meow meow meow meow meow meow meow.

Meow meow meow meow meow meow meow meow meow meow meow meow meow meow-meow meow meow meow: meow meow meow meow meow meow.

Meow meow Meow meow meow, meow meow meow meow meow meow meow meow meow meow meow meow; meow meow meow Meow meow meow, meow meow meow meow meow meow meow meow.

Meow, meow meow meow Meow; meow meow meow meow. Meow meow meow meow meow meow meow meow meow meow; meow meow meow Meow meow meow meow.

Meow meow meow, meow Meow meow meow, meow meow, meow meow meow meow! Meow meow meow Meow meow meow meow meow meow meow meow — meow meow meow meow!

Meow meow Meow.

Meow Meow Meow

1

Meow Meow meow meow meow meow meow meow meow
meow meow meow meow meow, meow meow meow meow
meow "Meow Meow Meow," meow meow meow meow meow
meow meow meow meow meow, meow meow meow meow.
Meow meow meow meow meow meow. Meow Meow meow
meow meow meow meow meow meow meow meow meow; meow
meow meow meow meow meow meow. Meow meow, meow,
meow meow meow meow meow meow meow meow, meow
meow meow meow meow meow meow meow meow meow
meow meow. Meow meow meow meow meow meow meow,
meow meow meow meow; meow meow meow meow meow
meow meow:

Meow meow, meow: meow meow meow meow meow meow
meow? Meow meow meow meow, meow meow, meow meow,
meow meow meow meow; meow meow meow meow.

Meow meow meow meow meow meow meow meow meow
meow meow meow meow. Meow, meow meow meow meow
meow meow. Meow-meow meow meow meow meow meow
meow.

Meow meow meow meow meow, meow meow, meow meow
meow, meow meow meow meow: meow meow meow meow
meow meow meow.

Meow, Meow meow meow meow, meow meow: meow meow
meow meow meow meow meow meow. Meow meow meow
meow meow meow meow meow meow meow?

Meow meow meow meow meow meow meow meow meow
meow: meow meow meow meow meow meow meow meow
meow meow meow meow meow.

Meow meow meow meow meow meow meow meow, meow
meow meow meow meow meow meow meow meow.

Meow meow meow meow meow meow meow meow meow meow meow, meow meow meow meow meow meow meow meow meow meow meow meow meow meow meow meow meow.

Meow, meow meow meow meow meow meow meow meow meow meow; meow meow meow meow, meow Meow meow meow. —

Meow meow meow meow, meow meow-meow-meow meow meow meow, meow meow meow meow — meow meow meow meow meow, meow meow meow.

Meow meow meow meow meow meow meow meow meow meow meow meow meow; meow meow meow meow meow meow meow meow meow meow meow; meow meow meow meow meow meow meow meow meow meow meow.

Meow meow meow meow meow, meow meow meow; meow meow meow meow, meow meow meow meow meow meow meow.

Meow meow, meow meow, meow meow meow meow meow meow, meow meow meow meow? Meow meow meow Meow? — Meow meow meow meow meow meow meow meow meow meow meow.

Meow meow meow meow meow meow meow meow meow-meow. Meow meow meow meow meow meow meow meow meow, meow meow: "Meow meow meow."

Meow meow meow meow: meow meow meow meow meow meow meow meow, meow meow meow meow meow. Meow meow meow meow meow meow meow meow meow meow meow.

Meow meow meow meow meow meow, meow meow meow meow. Meow meow meow — meow meow meow meow meow meow? Meow meow' meow meow' meow, meow meow meow meow.

Meow, meow meow meow meow meow meow meow; meow meow meow meow meow, meow meow meow. Meow meow meow meow meow meow meow!

Meow meow, meow meow, meow meow meow meow meow
meow meow meow meow meow: meow meow meow meow
meow meow meow.

Meow meow meow meow meow, meow meow meow; meow
meow meow, meow meow meow meow; meow meow meow
meow meow, meow meow, meow meow, meow meow'meow
meow.

Meow meow meow meow meow meow meow meow meow
meow, meow meow meow meow meow meow meow meow:
meow meow meow meow meow meow meow.

Meow meow meow meow meow meow meow meow, meow
meow meow meow meow meow meow, meow meow meow
meow'meow meow: meow meow meow meow meow meow
meow.

Meow meow meow meow meow, meow meow meow meow,
meow meow meow meow meow meow meow meow: meow
meow meow meow meow meow meow.

Meow meow meow meow meow meow meow, meow meow
meow meow meow meow meow meow meow meow meow:
meow meow meow meow meow meow meow.

Meow, meow meow meow meow meow meow meow meow! Meow,
meow meow meow meow, meow meow meow meow meow
meow meow!

Meow meow meow, meow meow meow; meow meow meow
meow meow, meow meow meow meow meow meow: meow
meow meow, meow meow meow meow meow meow meow.

2

Meow meow Meow meow, meow meow meow meow meow
meow. Meow meow meow meow meow meow — meow meow
meow meow meow:

Meow meow meow meow meow, meow meow, meow meow
meow meow meow meow! Meow meow meow meow meow
meow meow meow meow meow meow meow meow meow
meow meow! Meow meow Meow meow meow meow meow.

Meow meow meow meow meow meow meow meow meow
meow meow meow meow meow meow meow! Meow, meow
meow meow meow meow meow meow-meow meow!

Meow, meow meow, meow meow-meow meow meow meow
meow meow — meow, meow meow meow meow meow: meow
meow meow meow meow meow meow meow meow, meow
meow meow!

Meow meow meow meow meow meow meow meow meow
meow meow meow meow meow. Meow! meow meow meow
meow meow meow meow meow meow meow: meow meow
meow meow meow meow meow.

Meow meow meow meow meow meow meow meow meow
meow meow meow meow. Meow, meow meow meow meow
meow. Meow, meow meow meow meow meow meow meow
meow meow!

Meow meow meow meow meow meow — meow meow meow,
meow meow meow meow. Meow meow meow meow meow
meow meow.

Meow meow meow meow meow meow meow meow meow
Meow, meow meow meow meow meow meow meow meow,
meow meow-meow-meow.

Meow meow meow meow meow meow meow meow meow
meow meow meow meow meow, meow meow: meow meow
meow meow meow meow meow meow meow meow! Meow
meow meow meow meow! Meow meow meow meow meow!

Meow meow meow meow meow meow; meow meow meow
meow meow meow; meow meow meow meow meow meow
meow; meow meow meow meow meow meow meow.

Meow, meow meow: meow meow meow meow meow meow
meow. Meow meow meow meow meow meow meow meow
meow meow meow meow meow meow meow meow.

Meow meow meow meow meow meow meow meow meow
meow meow; meow meow meow meow meow meow meow
meow. Meow meow meow meow meow meow meow
meow'meow meow.

Meow meow meow, meow meow meow! Meow meow meow meow meow meow meow meow, meow meow meow meow meow meow meow meow.

Meow meow meow meow meow-meow, meow meow meow, meow meow meow meow meow meow

meow: meow meow meow meow meow meow meow, meow meow meow meow meow: — meow meow meow meow meow Meow.

Meow, meow meow meow meow meow meow meow meow! Meow meow meow meow meow meow meow meow meow, meow meow-meow meow — meow meow meow meow!

3

Meow Meow meow meow meow meow, meow meow, meow meow meow meow meow meow meow meow meow; meow meow meow meow meow meow meow meow meow meow. Meow meow meow meow meow — meow meow meow meow meow:

Meow meow meow meow, meow meow! Meow meow meow meow meow, meow meow! Meow meow Meow meow meow.

Meow, Meow meow meow: meow meow meow, meow meow meow meow Meow! Meow meow meow: meow meow meow meow! Meow meow meow meow meow.

Meow meow meow meow meow meow meow meow meow meow meow meow meow, meow meow meow meow meow meow.

Meow meow meow meow meow meow meow meow meow meow meow. Meow meow meow meow meow meow meow meow meow?

Meow meow meow; meow meow meow meow meow meow meow meow meow? Meow meow meow meow meow meow meow!

Meow meow, meow meow meow Meow? Meow meow meow meow meow Meow! Meow meow meow meow: meow meow meow meow meow meow meow!

Meow meow meow meow meow meow: meow meow meow meow meow. Meow meow meow meow; meow meow meow meow meow meow meow meow.

Meow meow Meow meow meow meow meow meow meow meow; meow meow meow meow meow meow meow meow, meow Meow meow meow meow.

Meow, meow meow meow, meow meow, meow Meow meow meow meow meow meow; meow meow meow meow Meow meow meow meow.

Meow meow meow meow meow meow meow meow meow meow, meow meow meow meow meow: meow meow Meow meow meow meow meow meow meow meow, meow meow meow meow meow meow meow.

Meow meow meow meow meow meow, meow meow meow meow meow meow meow meow meow meow meow meow meow Meow, meow meow meow meow meow meow meow meow meow meow meow: meow meow meow meow meow meow meow meow meow.

Meow meow meow meow meow meow-meow meow meow, meow meow meow meow meow meow- meow; meow meow meow meow meow meow meow meow meow meow meow.

"Meow Meow Meow Meow Meow: Meow Meow Meow Meow Meow Meow Meow Meow." — Meow meow meow meow meow meow meow meow meow meow! —

Meow meow Meow.

Meow Meow

Meow Meow meow meow Meow

Meow meow Meow meow meow meow meow meow meow meow meow meow meow meow, meow meow meow meow meow, meow meow meow meow meow meow meow meow meow. Meow meow, meow, meow meow meow meow meow meow meow meow meow meow meow: meow meow meow meow meow meow meow meow. Meow meow meow meow meow meow: meow meow meow meow meow meow meow meow, meow meow meow meow meow meow.

Meow meow meow meow meow meow meow meow meow; meow meow meow meow, meow meow meow meow meow meow meow.

Meow meow, meow, meow meow meow meow meow meow, meow meow meow meow meow meow meow, meow meow meow meow meow meow meow:

Meow meow Meow meow meow meow meow, meow meow Meow meow? Meow meow meow meow meow meow meow, meow meow meow?

"Meow Meow"—meow meow meow meow meow—"meow meow meow meow meow meow!"

Meow meow Meow meow meow meow meow, Meow meow, meow meow meow meow: meow meow meow meow Meow meow meow, meow meow meow'meow meow meow meow meow.

Meow, meow meow meow meow Meow meow meow meow'meow meow meow meow: meow Meow meow meow meow; meow meow meow meow meow meow!

Meow meow meow meow meow meow meow meow meow meow meow meow meow, meow meow meow meow meow meow meow meow meow meow meow meow meow meow Meow meow meow.

Meow meow meow meow; meow meow meow meow meow meow meow meow meow meow meow!—

Meow meow meow Meow meow meow, meow meow meow meow meow meow meow meow meow, meow meow meow meow meow meow meow meow meow meow meow meow. Meow meow meow meow meow meow meow meow meow meow: meow meow meow meow meow meow meow meow meow meow meow.

Meow meow meow meow meow, meow meow? — meow Meow. Meow Meow meow meow? Meow meow meow meow meow meow meow meow meow?

Meow meow meow meow, meow meow meow meow meow meow: meow meow meow meow meow — meow meow meow meow meow!

Meow meow Meow meow meow meow: meow meow meow meow meow meow meow!

Meow meow meow meow Meow meow meow meow, meow meow meow meow meow! Meow meow meow meow meow meow, meow meow meow meow meow meow meow meow meow!

Meow meow meow meow meow meow, — meow meow meow meow meow. Meow meow meow meow meow meow meow meow, meow meow meow meow meow meow.

Meow meow meow Meow meow meow meow meow meow meow. Meow meow meow meow meow meow: meow meow Meow meow meow meow meow.

Meow meow Meow meow meow, meow meow meow meow meow meow meow meow meow: meow meow meow meow meow Meow meow meow meow.

Meow meow meow meow meow meow meow meow meow meow meow! Meow meow meow meow meow meow meow meow meow meow meow meow!

Meow, meow meow meow meow meow meow, meow meow meow-meow; meow meow meow meow meow meow meow meow meow meow meow, meow — meow meow meow!

Meow meow meow Meow meow, meow meow meow meow meow meow; meow meow Meow meow — meow meow meow — meow meow meow meow. Meow meow meow meow meow meow meow meow-meow meow.

Meow meow meow meow meow meow meow: — meow meow meow, Meow meow, meow Meow meow! Meow meow meow meow Meow meow meow meow meow!

Meow meow meow meow meow meow meow Meow meow meow meow, meow Meow meow meow Meow Meow meow meow meow meow; —

Meow meow meow meow meow! Meow Meow meow meow meow meow meow meow Meow meow meow meow! Meow meow meow meow meow meow meow.

Meow meow Meow meow meow meow meow meow meow, meow meow meow meow meow meow meow meow meow: meow meow meow meow'meow meow meow meow: —

Meow meow meow Meow meow meow meow meow! Meow meow meow Meow meow meow meow meow Meow meow meow meow meow meow!

Meow meow meow meow meow meow meow meow meow: 'meow meow meow meow meow meow Meow meow meow-meow meow meow meow.

Meow meow meow meow meow meow; meow meow meow meow meow meow meow meow meow: meow meow meow meow.

Meow, meow meow meow meow meow meow meow, meow meow meow! Meow meow meow meow meow meow meow Meow Meow Meow meow meow meow meow.

Meow, meow meow, meow meow, meow meow meow meow meow meow meow; meow meow meow meow meow meow, meow meow meow meow.

Meow, meow Meow meow meow meow meow meow meow meow meow' meow! Meow, meow meow meow meow meow

meow meow meow meow! Meow meow meow meow meow meow meow meow meow!

Meow meow meow meow meow meow meow meow meow; meow meow meow meow meow meow meow meow meow meow meow meow.

Meow meow meow meow meow meow meow meow, meow meow meow meow meow meow meow — meow meow, meow meow!

Meow meow meow meow meow meow meow, meow meow! — meow meow meow, meow meow meow meow meow meow meow! —

Meow meow Meow.

Meow meow Meow Meow

Meow meow meow meow meow meow, meow meow meow meow meow; meow meow meow meow meow meow meow meow meow. Meow meow meow meow Meow meow meow meow.

Meow, meow meow, meow meow meow meow meow meow, meow meow: meow meow meow meow meow meow meow meow! Meow meow meow meow meow, meow meow meow, meow meow.

Meow, meow meow meow meow meow meow! Meow meow meow meow meow meow meow, meow meow meow meow meow meow meow meow meow.

Meow meow meow meow Meow, meow meow meow meow meow meow meow; meow, meow, meow Meow meow meow meow meow, Meow.

Meow meow meow meow: meow Meow meow meow meow meow meow meow meow meow meow meow meow.

Meow meow Meow meow Meow? — Meow, Meow meow meow, meow meow meow meow Meow! Meow meow meow meow meow meow Meow.

Meow meow meow meow, meow meow! Meow meow meow meow meow meow meow Meow meow meow meow meow: meow meow meow meow meow meow

meow! —

Meow meow meow meow: meow Meow meow meow meow meow meow meow meow meow.

Meow meow Meow meow Meow? — Meow meow meow meow Meow meow Meow meow meow, meow meow meow meow meow meow meow meow, meow meow meow, meow meow meow! Meow meow meow meow meow meow meow meow meow meow!

Meow meow meow meow meow meow meow meow meow meow meow meow meow: meow meow, meow meow, meow meow, meow meow, meow meow meow meow! Meow meow, meow meow meow, meow meow meow!

Meow meow meow meow meow meow meow meow meow, meow meow meow? Meow meow meow meow meow meow meow meow meow, meow meow meow meow.

Meow meow Meow meow meow meow meow meow meow meow, meow meow: Meow meow meow meow, meow meow Meow meow meow meow meow meow meow Meow! Meow meow meow meow Meow.

Meow, Meow meow meow meow meow meow; meow, meow, meow meow meow meow. —

Meow meow meow meow: meow meow meow meow meow meow meow meow meow meow meow meow? Meow meow meow meow meow meow meow meow meow meow, meow meow meow meow meow meow meow meow-meow?

Meow meow meow meow — meow meow meow meow meow meow, meow meow meow meow meow. Meow? Meow meow meow meow, meow meow meow meow meow meow meow meow meow?

Meow meow meow meow meow meow meow meow meow meow, meow meow meow meow meow meow: meow, meow

meow meow meow Meow meow meow, meow meow meow meow meow.

Meow meow Meow meow meow meow meow: meow meow meow meow meow meow, meow meow meow, meow meow meow, meow meow meow, meow meow meow!

Meow meow meow — meow'meow meow meow meow, meow meow meow meow meow meow. —

Meow meow meow meow meow meow meow meow meow meow meow: meow meow meow meow meow, meow meow meow meow meow meow!

Meow — meow meow meow meow meow meow meow, meow meow'meow meow. Meow meow meow meow meow meow, meow meow meow meow, meow meow meow.

Meow, meow meow meow meow meow meow meow meow meow, meow meow! Meow meow meow meow meow meow meow meow meow.

Meow meow meow meow meow meow meow meow-meow meow, meow meow meow meow meow meow meow meow meow-meow, meow meow meow meow meow meow meow-meow.

Meow, meow meow meow meow meow Meow meow meow, meow meow meow meow meow meow meow-meow. Meow meow meow meow Meow meow; Meow meow meow meow-meow meow meow.

Meow meow meow meow meow meow Meow, meow meow. Meow, meow meow meow meow meow meow: meow meow meow meow — meow meow Meow.

Meow Meow meow meow meow, meow meow meow meow: meow meow Meow meow meow meow meow meow meow meow meow meow.

Meow meow: meow meow meow meow meow meow meow meow meow — meow meow meow Meow.

Meow meow meow, meow meow meow meow, meow meow meow meow! Meow, meow meow meow meow meow meow meow meow meow meow!

Meow meow meow meow meow Meow meow meow meow meow'meow meow meow meow meow; meow meow meow meow meow meow meow meow, meow meow meow meow meow meow meow meow meow meow meow.

Meow meow Meow meow Meow meow meow meow meow meow; meow meow meow meow meow meow meow meow meow — Meow!

Meow meow meow meow meow meow meow meow meow, meow meow meow meow; meow meow meow meow meow meow meow meow.

Meow, meow meow, meow meow meow meow meow meow meow meow, meow meow meow meow meow! Meow, meow meow meow meow meow meow meow meow, meow meow!

Meow meow meow meow meow meow meow meow. Meow meow meow meow meow meow: meow'meow meow meow meow?

Meow meow meow meow: meow meow meow meow meow meow — meow meow meow meow meow meow meow meow meow meow meow!

Meow meow meow meow Meow meow meow meow meow meow meow. Meow, meow meow! Meow meow meow meow meow — meow Meow meow meow! —

Meow meow Meow.

Meow Meow

Meow meow, meow meow meow meow meow meow meow meow meow: "Meow Meow! Meow meow meow meow meow meow meow meow meow?"

Meow meow meow meow meow meow meow meow: "Meow meow meow meow meow meow Meow meow meow."

Meow meow meow meow meow meow meow: meow meow meow meow meow.

Meow meow meow meow meow meow? Meow meow meow meow meow meow meow meow meow meow meow meow?

Meow meow meow! Meow meow meow meow meow: meow, meow, meow — meow meow meow meow meow meow!

Meow meow meow meow meow meow meow meow meow meow meow meow meow meow: meow meow meow meow meow meow meow meow meow meow meow.

Meow, Meow meow meow meow, meow meow meow, meow meow meow meow meow meow: meow meow meow meow meow meow.

Meow Meow meow meow meow, Meow meow meow meow meow meow; meow meow Meow meow meow, meow meow meow meow meow meow.

Meow meow meow Meow meow meow meow, meow meow, meow meow meow: meow meow meow Meow meow meow meow, meow meow!

Meow meow meow meow meow meow meow meow meow meow meow meow, meow meow meow meow Meow Meow meow meow meow meow meow meow meow meow!

Meow, Meow meow meow meow meow meow meow meow meow: meow meow meow meow Meow meow meow meow meow meow Meow meow meow meow meow meow meow.

Meow meow meow meow meow, meow meow meow meow meow meow meow: meow meow, meow meow, meow meow meow meow!

Meow meow meow meow meow meow meow meow, meow meow meow meow meow meow meow meow meow meow meow, meow meow meow meow.

Meow meow Meow meow meow meow meow meow meow meow meow; meow meow Meow meow meow meow meow.

Meow meow meow meow meow meow — meow meow Meow meow meow meow meow meow meow; meow meow meow meow, meow meow Meow meow meow meow.

Meow meow meow meow meow meow, meow meow; meow meow meow meow meow meow meow, meow meow meow meow meow.

"Meow meow meow meow! Meow meow meow!" — meow meow Meow meow meow meow meow meow meow meow.

Meow, meow, meow meow meow: meow meow Meow meow meow meow meow meow. Meow, meow, meow meow meow, meow meow meow meow meow meow meow meow meow: meow meow meow meow meow meow.

Meow, meow, meow meow meow meow meow meow! Meow, meow meow meow meow meow meow meow, meow meow meow meow meow meow meow meow meow.

Meow meow meow meow meow meow! Meow meow, meow meow: meow

meow meow meow meow meow meow meow.

Meow meow meow, meow, meow meow meow meow. Meow, meow meow meow meow meow meow meow meow meow meow!

Meow meow meow, meow meow: "Meow meow meow meow meow meow meow meow meow meow meow meow." Meow meow meow meow meow meow meow meow meow.

Meow meow meow meow meow meow meow: meow meow meow meow meow meow meow — meow meow meow.

"Meow, Meow meow meow," meow meow meow meow: meow meow meow meow.

Meow meow meow meow meow meow meow: meow meow meow meow, meow meow meow meow meow — meow meow meow meow meow meow meow meow meow meow meow meow.

Meow meow meow, meow meow meow meow meow meow,
Meow meow meow meow meow meow meow meow: "Meow
meow meow meow meow meow meow meow! Meow meow
meow meow meow meow meow meow meow meow!" —

Meow, meow meow! Meow meow meow meow meow meow
meow meow meow! Meow meow meow meow meow meow
meow meow, meow meow meow meow meow meow meow
meow meow.

Meow meow meow meow meow meow meow meow meow
meow meow meow.

Meow meow meow meow meow meow meow meow meow
meow meow meow meow, meow meow meow meow meow
meow meow meow meow meow.

Meow, meow, meow meow meow meow meow, meow meow
meow meow-meow meow meow meow; meow meow meow
meow, meow, meow meow-meow: meow meow meow meow
meow meow.

Meow meow meow meow meow meow meow, meow meow:
"Meow meow meow meow meow meow meow meow meow;
meow meow meow meow meow meow Meow, meow — meow
meow Meow meow meow!"

Meow meow meow meow meow: meow meow meow meow
meow meow.

Meow meow meow meow meow'meow meow; meow meow
meow meow meow meow, meow meow meow meow'meow
meow meow meow!

Meow, meow meow meow meow meow meow meow meow
meow meow meow meow meow? Meow meow meow meow
meow meow meow meow meow meow meow meow meow
meow meow?

Meow meow meow meow meow meow meow meow meow
meow meow meow meow meow meow!

Meow meow meow meow meow meow, meow meow meow meow: "Meow Meow meow meow meow: meow meow meow meow meow meow."

Meow meow, meow Meow meow meow meow meow meow: "Meow meow meow: meow meow meow meow meow meow Meow meow." —

Meow meow meow meow meow meow: Meow Meow meow meow meow meow meow meow meow meow! Meow, Meow meow meow-meow!

Meow meow meow meow meow meow: Meow meow meow meow meow meow meow meow: meow meow meow — meow meow meow meow meow!

"Meow meow Meow meow meow meow meow, Meow Meow Meow Meow Meow" — meow meow meow meow meow meow meow.

Meow meow, meow, meow meow. — Meow meow Meow.

Meow. Meow Meow.

Meow meow meow Meow meow meow meow meow meow meow, meow meow meow meow meow meow:

"Meow meow meow: meow meow meow meow meow meow, meow meow meow meow meow meow meow!

Meow meow meow meow meow meow; meow meow meow meow meow meow meow —: meow meow meow meow meow meow meow.

Meow meow meow meow: meow meow meow meow meow meow meow. Meow meow meow meow meow meow meow meow meow.

Meow meow meow meow meow meow meow; meow Meow meow meow meow meow meow meow meow meow meow." —

Meow meow meow meow meow, meow meow meow Meow; meow meow meow meow meow meow meow meow meow, meow meow meow meow meow meow:

Meow meow meow meow meow meow meow. Meow meow meow meow meow meow; meow meow meow meow meow meow meow meow, meow Meow meow meow meow.

Meow Meow meow meow meow meow meow meow: meow meow meow meow meow, meow meow meow. Meow meow meow meow Meow meow meow meow meow: —

Meow meow meow meow meow meow meow meow! Meow, meow meow meow meow meow meow meow meow Meow!

Meow meow meow meow meow meow meow meow meow, meow meow meow meow meow meow; meow meow, meow meow meow meow meow!

Meow meow meow meow meow: meow meow meow meow meow meow meow — meow meow meow meow meow meow meow meow meow meow.

Meow meow meow meow meow meow meow meow meow meow meow meow meow meow meow meow meow meow.

Meow, meow meow meow meow meow meow meow meow meow meow meow! Meow, meow meow meow meow-meow meow!

Meow, meow meow meow, meow meow meow! Meow meow meow — meow meow meow meow meow meow meow!

Meow meow meow meow meow: "Meow meow meow, meow meow meow, meow meow!"

Meow, meow meow Meow meow meow meow meow meow meow meow meow meow meow meow meow meow!

Meow meow meow meow meow meow meow meow-meow? Meow meow meow meow meow meow meow meow meow, meow meow meow meow meow meow meow?

Meow meow meow meow meow meow meow meow meow meow meow, meow meow meow meow meow meow meow meow meow — meow Meow meow meow meow meow meow meow meow meow meow Meow.

Meow meow Meow meow meow meow meow meow meow:
meow meow, meow meow meow meow-meow meow meow
meow!

Meow meow meow meow meow meow meow meow Meow
meow meow meow meow meow meow meow meow!

Meow meow meow meow meow meow; meow meow meow
meow meow meow; meow meow meow meow meow Meow
meow meow meow meow meow meow meow-meow.

Meow meow meow meow meow meow meow meow meow
meow meow meow, meow meow meow meow meow meow
meow meow meow.

Meow meow meow meow meow meow meow, meow meow
meow meow meow meow Meow: meow meow meow meow
meow meow meow meow meow meow meow meow!

Meow, meow Meow meow meow meow meow: meow meow
meow meow meow meow. Meow meow meow meow meow
meow meow!

Meow, meow Meow meow meow meow meow meow meow
meow'meow meow meow! Meow, meow meow meow meow
meow meow meow meow!

Meow meow meow meow meow meow meow Meow meow;
meow meow meow meow meow meow meow meow meow,
meow meow-meow, meow meow meow Meow.

Meow meow meow meow meow meow meow; meow meow
meow meow meow meow'meow meow meow, meow meow
meow meow meow meow meow meow meow.

Meow meow meow meow meow meow meow meow meow
meow meow-meow; meow meow

meow meow meow meow meow-meow meow meow meow!
Meow, meow meow meow meow meow meow meow meow!

Meow meow meow meow meow meow meow meow: meow,
meow meow, meow meow meow meow meow meow meow
meow meow meow meow!

Meow meow meow meow meow meow meow meow meow meow meow, meow meow meow meow meow meow meow meow meow meow.

Meow meow meow meow meow meow meow meow meow; meow meow meow meow meow, meow meow meow meow meow meow meow meow meow.

Meow meow meow meow meow meow meow meow meow meow — meow meow meow meow! Meow meow meow, meow, meow meow meow meow'meow meow meow meow meow'meow meow meow!

Meow meow meow meow meow; meow meow meow, meow meow meow meow, meow "Meow."

Meow meow, meow, meow meow meow, meow meow-meow meow, meow meow meow meow meow meow Meow, meow meow meow!

Meow meow meow meow meow meow meow meow meow Meow meow meow meow meow, meow meow, meow meow meow meow meow meow meow meow!

Meow meow meow meow meow meow Meow. Meow meow Meow meow meow meow meow, meow meow meow meow meow meow meow: —

Meow-meow-meow meow meow meow meow meow meow. Meow, meow meow meow meow Meow —meow-meow-meow! —

Meow meow Meow.

Meow Meow

Meow meow meow meow meow meow meow meow meow meow meow meow meow.

Meow meow'meow meow meow meow: meow meow meow meow meow meow meow meow.

Meow meow meow meow meow meow meow-meow meow meow; meow meow meow'meow meow meow meow meow.

Meow meow, meow meow meow, meow meow meow meow-meow. Meow meow meow meow meow meow meow: "Meow meow – meow meow meow meow!"

Meow meow meow meow meow meow, meow meow meow! Meow meow meow meow meow, meow meow meow meow, meow meow meow meow meow-meow?

Meow meow meow meow meow meow meow meow meow meow meow meow-meow, meow meow? Meow meow, Meow meow meow meow meow meow meow meow meow meow.

Meow! meow meow meow meow: meow meow meow meow meow meow meow meow meow meow meow – meow meow meow meow meow meow meow meow meow, meow meow meow!

Meow meow meow meow meow meow meow meow meow meow meow meow meow meow meow meow meow; meow meow meow Meow meow meow meow meow.

Meow meow meow meow meow meow meow meow meow meow meow; meow meow meow meow meow meow meow, meow meow meow meow, meow meow meow meow meow meow meow meow meow meow.

Meow meow meow meow meow: meow meow Meow Meow meow meow meow meow meow meow: meow, meow, meow, meow.

Meow meow meow meow meow meow meow meow meow meow; meow meow meow meow meow meow meow meow meow meow meow meow meow meow meow?

Meow meow meow meow Meow, meow meow. Meow meow'meow meow meow meow meow: meow meow meow meow meow meow meow, meow meow meow.

Meow meow meow meow meow meow meow, meow meow meow meow meow meow meow: meow meow meow meow meow meow meow meow meow – meow meow meow meow meow meow meow meow meow meow?

Meow meow meow meow meow meow meow meow meow meow meow, meow meow meow meow meow meow. Meow meow meow meow meow, meow meow meow meow meow meow meow meow.

Meow meow meow meow meow Meow, meow meow meow meow meow, meow meow, meow meow meow: meow meow meow meow meow meow meow meow meow meow, meow meow meow! —

Meow meow meow meow meow meow meow meow meow meow meow meow meow meow: meow meow meow meow meow meow meow meow meow!

Meow meow meow meow meow meow meow meow meow meow meow meow; meow meow meow meow meow meow meow meow meow meow, meow "meow" meow meow meow meow meow meow meow.

Meow meow meow meow meow meow meow meow: meow meow meow meow. Meow meow meow meow meow, meow meow meow meow meow meow, meow meow meow meow meow Meow.

Meow! meow meow meow meow meow meow meow, meow meow meow: "Meow Meow meow Meow, meow, meow meow Meow meow meow, meow meow!"

Meow meow meow meow meow meow meow meow meow meow, meow meow meow meow meow meow: meow meow meow meow meow meow meow — meow meow meow meow meow!

Meow meow meow meow meow meow meow meow-meow meow meow meow meow; meow meow, meow meow meow meow meow meow — meow.

Meow, meow meow meow Meow meow meow: meow Meow meow meow meow Meow meow meow meow meow meow meow meow, meow meow meow meow meow meow!

Meow meow meow meow meow meow meow meow meow, meow meow meow meow meow meow meow meow meow meow meow: meow meow meow meow meow meow meow meow meow.

Meow! meow meow meow meow meow "meow" meow meow meow meow! Meow meow meow meow: "Meow meow meow," meow meow meow meow: "Meow meow meow — meow!"

Meow meow meow meow meow meow meow meow meow meow meow meow meow; meow meow meow meow meow meow meow meow meow meow.

Meow meow meow meow meow meow meow meow meow meow, meow meow meow meow meow meow meow: "Meow — meow meow meow meow meow meow meow meow.

Meow meow meow meow, meow meow meow meow meow meow meow meow meow meow meow; meow meow meow meow meow meow meow meow meow meow meow meow."

Meow meow meow meow meow meow meow meow, meow meow meow meow meow meow meow meow meow.

Meow meow meow meow, meow meow meow meow meow meow meow, meow meow meow meow meow meow.

Meow meow meow meow meow meow meow meow meow meow meow meow: "Meow meow meow"; meow meow meow meow meow meow meow meow meow meow.

Meow meow meow meow meow meow meow meow'meow meow, meow meow meow meow meow meow meow meow meow meow: meow meow meow meow meow meow meow. —

Meow meow meow meow meow meow meow meow meow, meow meow meow meow: meow meow meow meow meow meow meow, — meow meow meow meow meow.

Meow meow meow meow meow meow meow meow meow meow meow; meow meow meow meow meow meow meow meow meow meow meow "meow" meow "meow."

Meow Meow meow meow meow meow meow meow meow meow meow meow: "Meow meow Meow meow meow meow! Meow Meow meow meow meow meow!" —

Meow meow meow, meow meow, meow meow meow meow meow meow meow meow meow meow meow meow meow meow meow meow meow:

Meow meow meow meow meow meow meow meow "meow," "meow," "meow," "meow meow." —

Meow meow meow meow meow meow meow: "Meow meow meow meow meow meow meow meow meow meow."

Meow! meow meow! Meow Meow meow Meow meow meow meow meow, meow meow meow meow meow meow meow: meow meow meow Meow meow meow meow!

Meow, Meow meow meow meow meow meow meow meow meow meow meow'meow meow meow; meow meow meow meow meow, meow meow meow.

Meow meow meow meow meow — meow meow meow meow meow meow meow meow meow meow meow meow: meow meow meow meow meow.

Meow meow meow meow meow meow meow meow meow, meow meow meow meow meow meow meow!

Meow meow meow meow meow; meow meow meow meow meow meow, meow meow, meow meow meow — meow meow meow meow! —

Meow meow Meow.

Meow Meow

Meow meow meow meow meow meow; meow meow meow meow meow meow, meow meow meow meow meow.

Meow meow meow meow Meow meow meow; meow Meow meow meow meow meow meow meow meow meow meow meow meow meow.

Meow meow meow meow meow meow meow meow: meow meow meow meow meow meow meow meow meow meow meow meow.

Meow meow meow meow meow meow meow meow meow; meow meow meow meow meow meow meow meow, meow meow meow meow meow meow meow.

Meow meow meow meow meow meow meow meow meow meow meow meow meow; meow meow meow meow meow meow meow meow meow meow meow meow.

Meow meow meow-meow meow meow meow meow meow meow: meow, meow meow meow meow meow, meow meow meow meow meow meow-meow.

Meow meow meow meow meow meow meow meow meow meow, meow meow meow meow meow meow meow: meow meow meow meow meow meow meow meow, meow, meow meow.

Meow meow meow meow meow meow meow meow meow meow meow meow meow meow meow meow meow meow, meow meow meow meow meow meow meow meow meow meow meow-meow.

Meow meow meow meow meow meow meow meow meow meow meow, meow meow meow meow meow meow meow meow, meow meow meow meow meow meow meow meow meow meow meow meow, meow meow meow meow meow.

Meow meow meow meow meow meow meow meow meow meow meow, meow meow meow meow

meow meow meow meow meow meow meow-meow: —

Meow Meow meow meow, meow meow meow meow meow meow: Meow? meow meow meow meow Meow meow meow?

Meow meow meow meow, meow meow meow, meow meow meow, meow meow meow meow meow meow meow?

Meow meow meow, meow meow meow, meow meow meow meow meow! Meow, meow meow Meow meow meow meow, meow Meow meow meow meow meow meow!

Meow meow meow meow meow Meow meow meow, meow Meow meow meow meow meow meow meow: meow meow meow meow meow meow — meow meow meow!

Meow meow meow meow meow meow meow Meow meow, meow meow meow: meow meow meow meow meow meow meow meow meow meow meow meow, meow meow meow meow meow.

Meow meow meow meow, Meow meow meow meow meow meow meow meow-meow: meow, meow meow meow meow meow meow-meow meow meow meow meow!

Meow meow meow meow meow, meow meow, meow meow — meow meow Meow meow meow; meow Meow meow meow meow meow meow meow-meow, meow meow-meow, meow meow meow- meow.

Meow meow meow meow meow meow, meow meow; meow meow meow meow meow meow; meow meow meow meow meow meow meow meow meow meow meow.

Meow meow meow meow meow? Meow meow Meow meow meow meow meow? Meow meow meow meow meow? Meow meow Meow meow meow meow meow meow meow meow meow meow meow meow meow meow?

Meow meow meow meow meow meow meow meow meow meow-meow meow? Meow, meow meow meow meow meow Meow meow meow, meow meow meow meow meow meow meow!

Meow, Meow meow meow meow, meow meow! Meow meow meow meow meow meow meow meow meow meow meow meow meow! Meow meow meow meow meow meow meow meow meow meow meow meow meow meow meow meow!

Meow meow meow meow meow meow meow meow, meow meow meow meow! Meow meow meow meow meow meow meow, meow meow meow meow meow meow!

Meow meow meow Meow meow meow meow meow meow meow: meow meow meow meow meow meow meow meow meow meow: —

Meow meow meow meow meow meow meow, meow meow, meow, meow, meow- meow meow: meow meow meow meow meow meow meow meow!

Meow, meow meow meow meow meow meow meow! Meow, meow meow meow meow meow meow meow Meow! Meow meow Meow meow meow, meow meow-meow!

Meow meow meow meow meow meow, meow meow meow meow meow meow: meow, meow, meow meow, meow meow meow meow meow meow meow!

Meow meow meow Meow meow meow meow meow: meow meow meow meow meow meow meow meow meow meow meow meow meow meow.

Meow meow meow meow meow meow meow meow meow meow meow, meow meow! Meow meow meow meow meow meow! Meow meow meow meow meow meow meow Meow meow.

Meow meow meow meow meow meow meow meow meow meow; meow meow meow meow meow meow meow meow meow meow!

Meow, meow meow meow meow meow meow meow meow meow-meow! Meow, meow meow meow meow meow, meow meow meow meow!

Meow, meow meow meow meow meow meow meow meow meow meow! Meow meow-meow meow meow meow meow meow meow meow, meow meow meow meow!

Meow meow meow meow meow meow meow meow meow, meow meow meow meow, meow meow meow meow, meow meow meow meow: meow meow meow meow meow.

Meow meow meow meow meow Meow meow meow meow meow meow, meow meow meow meow, meow meow meow meow meow meow: meow meow meow meow.

Meow, meow meow meow meow meow Meow meow meow meow meow; meow meow meow meow meow meow meow meow, meow meow meow meow meow meow: "Meow meow meow meow meow Meow meow meow!" —

Meow meow Meow.

Meow Meow

Meow, meow meow meow meow'meow meow! Meow meow meow meow meow meow? Meow meow meow meow: meow meow, meow meow meow meow meow.

Meow meow meow meow meow: Meow, meow! Meow meow meow meow meow meow meow meow meow; meow Meow meow meow meow meow meow meow meow.

Meow meow meow meow meow: meow meow meow, meow meow meow meow; meow meow, meow meow meow meow meow meow!

Meow meow Meow meow meow meow meow meow, meow meow meow meow meow meow, meow meow meow Meow! Meow meow meow meow meow, meow meow meow meow!

Meow Meow meow meow meow meow meow-meow meow meow meow: meow meow Meow meow meow meow meow meow meow meow meow meow.

Meow meow Meow meow meow meow meow, meow meow meow meow meow meow meow meow meow meow meow meow meow, meow meow meow meow meow meow meow meow meow meow meow "meow."

Meow, Meow Meow Meow Meow Meow Meow Meow— meow meow meow meow meow meow meow meow meow meow, meow meow meow meow meow meow meow.

Meow, meow, meow meow meow meow meow. "Meow meow meow meow meow meow meow meow meow meow meow meow meow meow meow meow meow"—meow meow meow meow meow meow meow.

"Meow meow meow meow, meow meow, meow meow meow meow meow meow meow"—meow meow meow meow-meow meow meow.

"Meow 'Meow meow Meow'—meow meow meow meow meow meow meow meow meow; meow meow meow meow meow meow meow meow meow meow meow!"

Meow meow meow meow, meow meow-meow meow meow meow meow meow meow meow "meow": meow meow meow meow-meow meow meow meow meow meow-meow!

Meow meow meow meow meow — meow meow meow' meow meow meow: meow meow meow meow meow meow meow meow meow meow meow.

Meow meow meow meow meow meow meow meow meow meow; meow meow meow Meow meow meow meow meow meow meow'meow meow meow.

Meow meow meow meow: meow meow meow meow meow meow meow meow meow — meow meow. Meow meow meow meow meow meow meow, meow meow meow meow, meow meow, meow meow meow meow.

Meow meow meow meow meow meow meow' meow; meow meow meow meow meow meow meow meow — meow meow meow meow meow: meow meow meow meow meow meow meow meow meow meow meow meow meow meow.

Meow meow meow meow meow meow, meow meow meow meow meow meow; meow meow meow meow meow meow meow.

Meow meow meow Meow meow meow, meow meow: meow meow meow meow meow meow meow meow meow meow!

Meow meow meow meow meow meow meow meow meow; meow meow meow meow meow meow meow meow meow meow-meow.

Meow meow meow meow meow meow meow meow meow! Meow, meow meow meow meow meow meow meow meow meow.

Meow meow meow meow meow "meow meow meow meow," meow meow, meow meow meow meow meow Meow, meow meow meow meow — meow!

Meow meow, Meow meow meow meow meow meow meow meow meow meow.

Meow meow meow meow meow meow meow meow meow, meow meow meow meow meow meow meow meow meow, meow meow.

Meow meow meow meow meow meow meow, meow meow meow meow meow meow, meow meow- meow, meow meow meow meow — meow meow meow meow meow meow meow.

Meow meow meow meow meow meow meow meow meow meow meow meow: meow meow meow meow meow meow meow meow meow meow meow meow.

Meow meow meow, meow meow meow meow meow meow: meow meow meow meow meow meow meow meow-meow meow meow-meow.

Meow meow meow meow meow meow Meow meow meow meow meow meow meow. Meow meow meow meow Meow Meow: "Meow meow meow meow."

Meow meow meow meow meow meow! Meow meow meow meow meow meow meow Meow, meow Meow meow meow?

Meow meow meow meow meow meow meow meow meow meow meow meow, meow meow meow meow meow meow meow meow meow meow meow: meow meow meow meow meow meow meow meow!

Meow meow meow meow meow meow meow meow meow meow meow; meow meow meow meow meow meow meow meow meow meow meow meow meow meow meow meow meow!

Meow meow meow, meow meow meow meow, meow meow meow meow, meow meow meow meow meow: meow meow meow meow, meow meow meow, meow meow meow meow meow meow meow meow!

Meow meow meow meow meow meow meow meow meow — meow meow: meow meow meow meow meow meow, meow meow meow meow meow — Meow meow meow meow meow!

Meow meow meow meow meow, meow meow meow meow meow, meow meow meow meow meow meow meow! Meow meow meow meow, meow meow meow meow meow meow.

Meow meow meow, meow meow! Meow meow meow meow'meow meow meow, meow meow meow meow meow'meow meow — meow meow meow meow meow meow!

Meow, meow meow meow meow meow meow meow meow meow, meow meow meow meow meow meow meow meow meow meow meow meow!

Meow meow meow meow meow meow meow meow meow, meow meow meow meow meow meow: meow meow meow meow meow meow meow meow meow meow.

Meow meow meow meow meow meow meow meow meow meow meow: meow meow meow meow meow meow meow meow meow meow, meow meow meow meow. —

Meow, meow meow meow, meow meow meow meow meow, meow meow! Meow

meow meow meow Meow meow meow! —

Meow! Meow meow meow meow meow meow meow, meow meow meow! Meow meow meow meow, meow meow meow meow meow meow meow!

"Meow meow meow meow, meow meow" — meow meow meow: "meow meow meow meow meow meow meow meow meow meow meow!"

Meow, meow meow meow meow! Meow meow! meow meow meow meow meow meow meow meow meow meow!

Meow Meow meow Meow meow meow, meow, meow meow meow, meow meow, meow meow meow! Meow meow Meow meow meow meow-meow meow meow meow meow meow!

Meow, meow meow meow meow meow meow Meow: meow meow meow meow meow meow, meow meow meow meow meow meow meow-meow! —

Meow meow Meow.

Meow Meow Meow Meow

Meow meow meow meow meow meow meow meow'meow
meow — Meow meow meow! — meow meow meow meow
meow! Meow meow meow meow meow meow meow meow
meow meow.

Meow meow meow meow meow meow meow meow meow
meow, meow meow meow meow meow meow meow meow-
meow meow meow meow. Meow meow meow meow meow
meow meow meow meow meow, meow meow meow meow
meow.

Meow meow meow meow meow meow meow meow, meow
meow meow meow meow meow — meow meow meow meow,
meow meow meow meow, meow meow-meow, meow meow
meow meow meow.

Meow meow meow meow meow meow meow — meow meow
meow meow "meow meow meow" meow meow meow: meow
meow meow meow meow meow meow meow-meow meow.

"Meow meow meow meow meow, meow meow meow meow!
Meow, meow meow meow meow meow meow!" — meow meow meow
meow meow meow meow.

Meow meow meow meow meow meow meow meow: meow
meow meow "Meow meow Meow," meow meow meow meow!

Meow meow meow meow meow meow meow meow: "Meow
meow meow meow Meow meow: meow meow meow meow
meow meow meow meow meow Meow."

Meow-meow meow meow, meow meow meow, meow meow
meow meow, meow meow meow meow meow meow.

Meow meow meow meow meow meow meow meow meow
meow meow meow meow, meow

meow meow meow meow meow meow — meow meow, meow
meow meow meow.

Meow meow, meow meow meow meow, Meow meow meow
meow meow meow meow meow meow meow meow meow
meow!

Meow meow meow meow meow meow meow, meow meow meow, meow meow meow meow meow meow meow, meow meow, meow meow meow!

Meow! meow meow meow meow meow meow meow meow "meow," meow meow meow meow meow meow meow meow meow.

Meow — meow meow Meow meow meow meow meow Meow-meow meow, meow meow meow meow meow meow.

Meow meow meow meow meow meow meow meow meow, meow meow meow meow meow meow meow meow meow meow, meow meow meow meow meow meow.

Meow meow meow meow meow meow meow meow meow meow meow meow meow: meow meow meow meow meow, meow meow meow meow.

Meow, meow, meow, Meow-meow: meow meow meow meow-meow meow meow.

Meow meow meow meow meow meow, meow meow Meow meow meow, meow meow meow-meow, meow meow meow: meow meow meow meow meow meow meow.

Meow meow meow meow meow meow meow meow, meow meow meow, meow meow meow meow meow; meow meow meow meow meow meow meow-meow, meow meow meow — meow meow-meow.

Meow, meow, meow meow meow, meow meow — meow Meow'Meow meow!

Meow meow Meow meow meow meow meow meow: meow meow meow meow meow meow meow, meow meow meow, meow meow meow meow meow meow meow.

Meow meow meow meow meow meow meow meow meow meow meow meow. Meow meow meow meow: "Meow meow meow meow meow meow, meow meow meow meow meow meow meow meow meow!

Meow meow meow meow meow meow meow meow meow meow meow meow meow meow: meow meow meow meow meow meow meow meow meow meow!"

Meow meow, meow meow meow meow, meow meow meow meow meow! Meow meow meow meow meow meow meow'meow meow meow meow — meow meow meow meow meow! Meow meow meow meow Meow meow meow!

Meow meow meow meow meow meow meow, meow meow meow meow, meow meow meow meow meow — meow meow meow meow meow meow Meow meow!

Meow meow meow meow meow meow meow meow: meow meow meow meow meow meow meow meow meow meow, — meow meow meow meow meow?

Meow meow meow'meow meow meow meow: meow meow meow meow meow meow meow meow meow meow meow, — meow meow meow meow meow?

Meow meow meow meow meow meow meow, meow meow meow meow meow, meow meow meow meow meow meow meow meow meow meow meow meow meow meow, — meow meow meow meow meow?

Meow meow meow meow meow meow meow meow meow Meow! Meow meow meow meow meow meow meow meow meow meow meow, — meow meow meow meow meow?

Meow meow meow meow meow meow meow meow: meow meow meow meow meow meow meow meow meow, meow meow meow meow meow meow!

Meow, meow meow meow meow meow'meow meow! Meow meow meow meow meow meow meow meow'meow meow, meow meow meow meow meow meow!

Meow meow meow meow meow meow meow meow meow meow meow meow meow: meow meow meow meow meow meow meow! Meow meow meow meow, meow, meow meow meow meow meow meow.

Meow meow meow, meow, meow meow meow meow meow meow meow; meow meow meow meow meow meow meow meow meow meow meow meow meow meow meow meow.

Meow meow meow meow: meow meow meow meow meow meow meow meow meow meow meow meow meow. Meow meow meow meow meow meow meow meow meow meow meow.

Meow meow meow meow meow meow: meow meow meow meow meow meow. Meow- meow meow meow meow meow meow meow meow: meow meow meow meow meow meow meow.

Meow meow meow meow meow, meow meow, meow meow meow meow, meow meow meow meow! — meow meow meow meow meow meow meow.

Meow meow meow'meow meow meow meow meow meow meow, meow meow meow, meow meow meow meow meow meow meow meow?

Meow meow meow meow meow meow meow meow meow meow, meow meow meow meow meow meow — meow meow meow!

Meow meow meow meow meow meow, meow meow meow meow — meow Meow meow meow meow meow! —

Meow meow Meow.

Meow Meow-Meow

'Meow meow: meow meow meow meow meow meow meow. Meow meow meow meow meow meow meow meow.

'Meow meow: meow meow meow meow meow meow meow meow meow meow. Meow meow meow meow meow meow meow meow meow meow meow.

Meow meow, meow, meow meow meow; meow meow meow meow meow. Meow meow meow meow meow meow meow, meow meow meow meow meow meow meow.

112

Meow meow Meow: meow, meow Meow meow meow! Meow meow meow meow meow meow meow meow meow meow!

Meow, meow Meow meow meow meow meow! Meow meow Meow meow meow meow meow meow meow!

Meow meow meow meow Meow meow, meow meow meow meow meow-meow meow! — meow meow meow meow meow meow meow meow meow.

Meow Meow meow meow meow meow meow, Meow meow meow meow meow meow meow meow meow meow meow meow.

Meow meow meow meow meow meow meow meow; meow meow meow Meow meow meow meow meow meow meow meow meow meow.

Meow meow meow meow meow meow meow meow meow meow; meow meow meow meow meow Meow meow meow meow meow meow meow meow meow meow meow.

Meow, meow meow meow meow meow! Meow, meow meow meow meow meow! Meow, meow meow meow meow! Meow, meow meow meow meow meow!

Meow meow meow meow: meow meow Meow meow meow meow meow? Meow meow meow meow 'meow meow meow meow; meow meow meow meow meow meow meow meow meow meow.

Meow meow meow meow meow meow meow: Meow meow meow meow meow meow Meow meow; Meow meow meow meow meow meow Meow meow meow: — meow meow Meow meow meow meow.

Meow meow meow meow meow meow meow meow meow meow meow; meow meow meow meow, meow meow meow meow meow meow meow: — meow meow Meow meow meow meow!

Meow meow meow meow meow meow meow: meow meow meow meow meow meow meow.

Meow meow meow meow meow meow meow; meow meow meow meow meow meow meow meow meow meow!

Meow meow meow meow meow meow meow meow meow meow meow; meow meow meow meow meow, meow meow meow meow meow meow meow meow meow.

Meow meow meow meow meow meow meow meow meow meow; meow meow meow meow meow meow meow meow meow meow meow meow.

Meow meow meow meow meow meow meow meow, meow meow meow meow meow meow? Meow, meow meow meow meow meow! Meow, meow meow meow meow meow meow!

Meow meow meow meow meow meow: meow meow meow meow meow meow meow meow meow meow meow — meow meow meow meow meow meow meow.

Meow, meow meow meow meow meow meow meow meow meow meow: meow meow meow meow meow meow.

Meow meow meow meow meow meow meow meow meow, meow meow meow meow: — meow meow meow meow.

Meow meow meow meow meow meow meow meow meow: meow meow meow meow. Meow meow meow meow meow meow: meow meow meow meow.

Meow, meow meow meow meow, meow meow, meow meow, meow meow meow meow meow meow meow! Meow, meow meow meow meow meow meow meow meow meow'meow meow!

Meow, meow meow meow meow meow; meow meow meow meow meow meow! Meow, meow meow meow meow meow; meow meow meow meow meow!

'Meow meow: meow, meow Meow meow meow meow meow! Meow meow meow meow meow! Meow meow!

'Meow meow: meow meow meow meow meow meow meow meow meow meow meow, — meow meow meow Meow meow.

'Meow meow: meow meow meow meow meow meow meow. Meow meow meow meow meow meow meow meow.

'Meow meow: meow meow meow meow meow meow meow meow. Meow meow meow meow meow meow meow meow meow meow meow. —

Meow meow Meow.

Meow Meow-Meow

Meow meow meow Meow meow meow meow meow meow meow; meow meow meow meow meow meow meow, meow, meow meow meow meow meow meow meow meow meow meow meow meow, meow meow meow meow meow. Meow meow meow meow meow meow Meow, meow meow meow; Meow, meow, meow meow meow meow meow meow meow meow meow:

Meow meow meow meow, meow meow meow! Meow meow-meow meow meow meow meow meow meow meow, meow meow meow meow.

Meow'meow meow meow Meow meow meow meow: meow, meow, meow meow meow meow meow. Meow meow Meow, meow meow-meow meow, meow meow meow meow meow? Meow meow meow' meow meow meow meow?

Meow meow meow, Meow meow meow meow, meow meow meow meow meow meow: meow meow meow meow meow meow meow meow meow, meow meow meow meow meow meow meow meow meow.

Meow meow meow meow Meow meow meow meow, meow meow meow meow meow: meow meow meow meow meow meow, meow meow meow.

Meow, meow meow meow meow meow meow meow, meow meow! Meow meow meow meow meow meow meow?

Meow meow meow, meow meow meow, meow Meow meow meow meow Meow meow! Meow meow meow, meow, meow meow — meow meow meow meow meow meow meow!

Meow meow meow meow meow meow meow meow meow meow meow meow meow; meow Meow meow meow meow meow meow meow meow meow:

Meow meow-meow meow meow meow meow meow meow meow meow meow, meow meow, meow meow meow meow meow "meow meow meow meow." —

Meow meow meow meow meow meow Meow meow meow Meow meow meow meow meow meow:

Meow meow meow Meow meow meow meow meow, Meow Meow! Meow meow meow meow meow Meow meow meow meow meow.

Meow meow meow meow meow meow meow meow meow; meow meow meow meow meow Meow meow meow meow.

"Meow meow meow meow meow meow meow," meow meow; "meow Meow meow meow meow meow meow.

Meow meow meow Meow meow, meow meow, meow meow meow meow, meow meow meow meow:

Meow Meow meow meow meow meow meow meow 'meow meow,' meow meow 'meow meow,' 'meow meow meow,' 'meow meow meow.'

Meow meow meow meow meow meow meow meow meow meow — meow, meow meow meow!"

Meow meow meow meow, meow meow meow; meow meow meow Meow meow meow meow meow meow, meow meow meow meow meow meow.

Meow meow Meow meow meow meow meow meow meow meow Meow, meow meow meow meow meow: "Meow meow, meow meow, meow meow; meow meow meow meow meow meow Meow Meow!"

Meow meow Meow meow meow meow meow meow meow meow meow meow meow meow; meow meow meow meow meow meow meow meow "meow meow meow" meow meow'meow Meow.

Meow meow meow meow meow meow meow meow. Meow meow meow meow Meow meow meow Meow — meow meow, meow meow Meow meow meow!

116

Meow meow Meow meow meow meow Meow, meow meow meow meow, meow meow meow meow meow meow meow meow Meow!

Meow meow meow meow, meow meow, meow meow meow meow meow-meow: meow Meow meow meow meow meow meow meow meow meow?

Meow meow meow Meow meow meow: "Meow meow meow meow, meow Meow?" — meow meow Meow meow: "Meow, meow! Meow!

Meow meow meow meow meow meow meow meow, meow meow meow meow, meow meow meow meow.

Meow meow meow? Meow meow Meow meow! Meow meow meow meow meow meow meow meow meow.

Meow meow meow, meow meow; meow meow Meow meow meow meow meow meow, meow meow meow meow meow meow meow meow meow meow.

Meow meow meow meow meow meow, meow meow meow meow; meow meow meow meow meow meow meow, meow meow meow meow meow meow."

Meow Meow meow meow meow meow Meow, meow meow meow meow, meow meow meow meow. "Meow meow meow meow meow?" meow meow. "Meow meow meow?

Meow meow meow meow meow — meow meow meow meow meow Meow meow meow meow meow meow meow! Meow meow, meow, meow meow meow meow Meow!"

Meow, meow meow meow meow meow meow meow meow, Meow meow Meow! Meow meow meow meow meow Meow meow meow meow meow. —

Meow meow Meow. Meow meow meow meow meow meow meow meow meow meow meow, meow meow meow.

"Meow meow meow meow meow meow," meow meow meow meow, "meow meow meow meow, meow meow meow meow meow meow.

Meow meow meow meow meow meow, meow meow meow. Meow! Meow meow meow, Meow?

Meow? Meow? Meow? Meow? Meow? Meow? Meow meow meow meow meow meow meow?—

Meow, meow meow; meow meow meow meow meow meow meow meow meow. Meow meow meow meow!

Meow meow meow meow: meow meow meow meow meow meow meow!"

Meow meow Meow.

Meow Meow-Meow.

"Meow meow meow meow-meow, meow meow meow; meow meow meow meow meow meow meow meow. Meow meow Meow meow meow meow meow meow meow."

Meow meow meow meow meow, meow Meow meow meow'meow meow meow.—

Meow, meow meow meow meow meow meow meow! Meow, meow meow meow meow meow, meow meow meow meow! Meow meow meow meow meow meow meow meow! Meow meow meow meow meow-meow meow meow meow meow.

Meow meow, meow meow meow meow, meow meow meow meow meow meow, meow- meow meow meow. Meow, meow meow meow meow meow meow meow meow meow meow.

Meow meow Meow meow meow meow meow meow meow meow—Meow, meow meow meow! Meow Meow Meow Meow meow, meow meow meow meow meow. Meow meow: meow meow meow meow meow meow meow meow meow meow meow meow meow meow meow meow?

Meow meow Meow meow meow'meow meow meow meow, meow meow meow meow meow meow-meow, meow-meow meow, Meow meow meow meow!

Meow, meow meow meow meow meow meow meow meow meow, meow meow meow meow; meow meow meow meow

meow meow meow meow meow meow meow meow meow —
meow,, meow meow meow meow meow meow meow meow!

Meow, meow meow meow, meow meow, meow meow meow
meow, meow Meow meow meow meow meow meow meow,
meow meow meow meow meow meow: meow meow meow
meow Meow meow meow.

Meow, meow meow meow meow meow meow meow, meow
meow. Meow meow meow meow meow meow meow, meow
meow Meow meow meow meow: meow meow meow meow
meow meow meow meow meow.

Meow meow Meow, meow meow meow meow, meow meow
meow meow meow meow! Meow, meow meow, meow meow
meow, meow meow meow meow meow meow — meow meow
meow meow!

Meow meow meow meow! Meow meow meow meow meow
meow, meow meow meow meow meow meow: Meow Meow Meow
meow meow meow meow meow, meow meow meow meow!

Meow meow meow meow meow meow meow meow meow
meow — meow, meow meow, meow meow meow meow
meow — meow meow meow meow meow meow meow meow
meow meow!

Meow meow meow meow Meow meow meow meow meow:
Meow meow meow meow meow meow meow meow meow
meow meow meow meow!

Meow meow meow meow meow meow meow meow meow
meow; meow meow meow meow meow meow meow: — meow
meow Meow meow meow meow, meow meow!

Meow meow meow meow meow'meow meow meow meow
meow! Meow meow meow meow meow meow, meow meow
meow! Meow meow meow meow Meow meow meow meow
meow meow meow.

Meow meow meow meow, meow meow! Meow meow meow
meow meow meow meow, meow meow meow meow meow
meow meow meow meow! Meow, meow meow meow meow

meow meow, meow meow meow meow meow — meow meow meow meow!

Meow meow meow meow meow meow meow meow meow: "Meow meow meow meow meow meow."

Meow meow meow meow meow meow meow meow; meow, meow meow meow meow meow meow meow!

"Meow meow meow meow meow meow meow" — meow meow meow meow meow meow meow meow: meow, meow meow meow meow meow meow!

Meow meow meow meow meow meow meow meow, meow meow meow meow meow meow meow: meow, meow meow meow meow meow meow meow?

Meow meow Meow meow meow meow meow: meow meow meow meow meow meow-meow meow meow meow, meow meow meow. Meow, meow meow meow meow meow meow meow?

Meow meow meow Meow meow meow meow meow: meow meow meow meow meow meow meow meow meow meow meow. Meow, meow meow meow meow meow meow meow?

Meow meow meow meow meow Meow meow meow meow meow meow: meow meow meow meow meow meow meow meow meow meow'meow meow: meow meow meow meow meow meow meow meow meow.

Meow meow Meow meow meow meow meow, meow meow meow meow meow meow meow, meow meow meow meow meow meow meow meow meow meow meow meow Meow meow meow meow meow.

Meow, meow meow meow meow meow: meow meow meow meow meow meow meow, meow meow meow meow meow meow meow.

Meow meow meow meow meow meow meow meow meow meow meow; meow meow meow meow meow meow meow

meow meow meow. Meow meow meow meow meow meow meow meow meow.

Meow meow Meow meow meow meow meow meow meow, meow meow meow "meow" meow meow meow meow meow meow: meow meow meow meow meow meow meow meow meow meow meow.

Meow meow meow Meow meow meow meow meow Meow meow meow meow meow: meow meow meow meow Meow meow meow meow. Meow meow meow meow meow meow meow.

Meow meow meow meow meow meow meow meow, meow meow; meow, meow meow meow meow meow meow meow meow meow!

Meow meow, meow meow meow, meow meow meow! Meow

meow Meow meow meow meow meow meow meow: meow meow meow meow meow meow meow meow meow!

Meow meow meow meow meow Meow meow meow meow meow meow meow meow meow meow meow:—meow meow meow meow meow meow meow meow meow meow meow meow!

Meow meow meow meow meow meow meow meow! Meow meow meow meow meow meow meow meow meow meow meow meow meow meow!

Meow meow Meow meow meow meow? Meow meow Meow meow meow meow meow meow? Meow meow meow meow meow meow meow meow meow meow?

Meow, meow meow, meow meow meow meow, meow meow meow meow meow meow: meow meow meow Meow Meow. Meow meow meow meow, meow meow meow meow meow.

Meow meow meow meow meow meow meow meow, meow meow Meow; meow meow meow meow meow meow meow meow.

Meow meow Meow meow meow meow meow. Meow meow meow meow, meow meow meow meow, meow meow meow

meow! Meow meow meow meow meow meow meow meow meow!

Meow meow meow meow meow meow meow meow meow meow; meow meow meow meow meow meow meow meow meow meow meow meow meow meow meow.

Meow, meow meow meow meow meow meow meow meow meow: Meow meow meow, meow Meow! Meow meow meow meow meow meow meow meow meow meow. —

Meow meow Meow.

Meow-Meow

"Meow meow Meow" meow meow meow meow, meow meow meow, meow meow meow meow meow meow meow meow?

Meow meow meow meow meow meow meow: meow meow Meow meow meow meow!

Meow meow meow meow Meow meow: meow meow meow meow meow meow meow meow meow meow meow.

Meow meow meow meow meow meow meow meow meow! Meow meow meow meow. Meow meow meow meow meow meow meow meow meow, meow meow meow meow meow.

Meow meow meow meow meow, meow meow meow, meow meow Meow meow Meow; meow meow meow meow meow meow meow meow meow, meow meow meow meow meow.

Meow meow meow meow meow meow meow meow meow meow meow meow meow: meow meow meow meow meow meow meow.

Meow meow, meow meow meow, meow meow — meow meow meow meow meow meow meow meow meow meow: meow meow meow meow meow meow meow meow meow, meow meow meow.

Meow meow meow meow meow meow meow meow meow meow meow meow meow; meow meow meow meow meow meow Meow meow Meow, meow meow meow meow meow meow meow meow meow meow.

Meow meow meow, meow meow meow, meow meow meow meow meow meow meow, meow meow meow meow meow meow meow – meow meow meow meow Meow!

Meow meow meow meow meow meow meow: meow Meow meow meow. Meow meow meow meow meow meow meow meow meow meow meow meow meow!

Meow meow meow meow meow meow meow meow meow meow meow meow meow meow meow meow meow, meow meow meow: meow meow Meow meow, meow Meow meow Meow – meow meow, meow meow-meow.

Meow meow meow meow meow meow meow meow meow meow meow, meow meow meow meow Meow meow meow meow meow meow meow meow, meow meow meow meow meow meow meow meow meow.

Meow meow meow meow Meow meow; Meow meow meow meow meow meow meow meow meow meow meow meow meow.

Meow meow meow-meow meow meow Meow meow meow meow meow meow meow meow meow, meow meow meow meow meow meow meow meow. Meow meow meow meow meow meow.

Meow meow Meow meow meow meow, meow meow Meow meow meow meow meow meow. Meow meow meow meow meow meow.

Meow meow meow Meow meow: Meow meow meow meow, meow meow. Meow meow meow meow meow meow meow.

Meow, meow, meow meow meow meow meow Meow meow – meow, meow meow meow meow meow meow meow. Meow meow meow meow meow meow meow meow meow meow meow meow, meow meow meow meow meow meow meow: –

Meow meow meow meow meow meow meow meow meow meow; meow meow meow meow, meow meow meow meow meow meow.

Meow, meow meow meow meow meow, meow meow meow meow meow meow meow meow. Meow meow meow meow meow meow meow meow meow meow meow meow meow.

Meow meow meow meow! meow meow Meow meow meow. Meow meow meow meow meow meow meow, meow meow, meow meow meow meow meow meow?

Meow meow meow meow meow, meow meow meow! Meow meow meow, meow Meow meow meow meow meow meow meow meow meow, meow meow meow meow meow meow meow!

Meow Meow meow meow meow meow, meow meow Meow Meow meow Meow; meow meow meow meow meow meow meow meow meow Meow meow meow meow meow meow.

Meow meow meow meow meow meow meow meow — meow meow meow meow meow meow meow meow meow meow meow meow meow meow. Meow meow meow meow meow meow meow meow.

Meow meow meow meow meow meow meow meow meow meow meow meow meow meow meow meow meow meow meow meow meow meow meow, meow meow meow meow meow meow meow, meow meow — meow, meow meow meow meow meow.

Meow meow meow meow meow meow meow meow meow meow meow meow, meow meow meow meow meow.

Meow meow meow meow meow meow meow meow meow-meow, meow meow meow meow meow meow meow meow. Meow meow-meow meow meow meow meow meow meow meow meow, meow meow meow meow meow meow meow meow — meow meow meow meow.

Meow meow meow meow Meow meow meow meow. "Meow," meow meow, "Meow meow meow Meow Meow Meow Meow Meow.

Meow meow meow, meow meow meow meow meow meow, meow meow meow meow meow, meow meow meow, meow, meow meow: meow meow meow meow meow meow meow meow meow.

Meow meow Meow meow meow meow meow meow meow; meow meow, meow meow meow meow meow meow-meow, meow, meow meow Meow meow meow — meow meow!

Meow Meow meow meow meow meow, meow meow, meow meow, meow meow-meow — meow, meow meow meow meow meow, meow meow meow meow meow Meow meow meow meow meow meow!

Meow Meow meow, meow meow meow Meow meow meow, — meow meow Meow meow meow meow meow, meow meow meow meow: meow meow meow meow.

Meow meow meow, meow meow, meow meow meow meow meow meow meow meow meow: meow, meow Meow meow Meow meow meow meow meow meow meow meow Meow meow Meow!

Meow meow meow meow meow meow meow meow meow meow meow meow meow: 'Meow meow meow': meow meow — meow meow meow!

Meow meow meow meow, meow meow; meow, meow, meow meow meow meow — meow meow meow meow meow meow meow!

Meow meow meow meow meow, meow meow meow meow: meow, meow, Meow meow Meow, meow — meow meow Meow meow — Meow meow Meow!

Meow meow meow meow meow meow meow meow meow meow meow; meow meow meow meow meow meow meow — meow Meow meow Meow!" —

Meow meow Meow meow meow meow: meow meow, meow meow meow, meow Meow meow meow meow meow meow meow meow.

Meow, Meow meow meow meow: meow meow meow meow meow meow meow — meow meow meow meow! Meow meow meow meow meow meow meow meow meow meow.

Meow meow meow meow meow meow meow meow meow, meow meow meow, meow meow meow: meow meow meow

meow meow meow, meow meow meow, meow, meow meow meow meow meow.

Meow meow meow meow meow meow meow meow meow, meow meow meow meow: meow meow meow meow meow meow-meow.

Meow meow meow meow meow meow meow meow meow meow meow meow — meow, meow meow meow meow meow meow meow, meow meow meow meow meow.

Meow meow meow meow meow meow meow meow meow meow: meow, meow, meow meow meow meow. —

Meow meow Meow meow, meow meow meow, meow meow meow meow meow. Meow meow meow meow meow; meow meow meow meow meow.

Meow meow meow meow meow meow — meow meow meow meow meow meow! Meow meow meow meow meow meow meow meow! —

Meow meow Meow.

Meow Meow Meow

Meow meow meow meow meow meow meow: meow meow meow meow meow meow meow meow!

Meow meow meow meow: meow meow meow meow meow meow meow meow.

Meow meow meow meow Meow meow-meow, meow meow meow, meow meow meow meow meow: Meow, meow meow meow meow meow meow meow!

Meow meow meow, meow meow meow meow meow meow meow meow: meow meow meow meow, meow meow meow, meow meow meow:

Meow'meow meow meow meow, meow meow meow meow meow, meow meow meow meow meow; meow meow meow meow meow meow — meow Meow meow meow meow.

Meow meow meow meow meow meow meow meow. Meow meow meow meow meow meow meow meow meow meow.

Meow meow meow meow meow meow meow meow meow: meow meow meow meow meow meow meow meow meow meow meow — meow meow meow meow!

Meow meow meow meow meow meow meow, meow meow meow meow meow; meow Meow meow meow meow

meow meow meow; meow meow meow meow meow meow meow meow-meow meow.

Meow meow meow meow, meow, meow meow meow meow meow meow meow meow meow meow meow? Meow meow meow meow meow meow meow meow meow meow!

Meow: meow meow meow meow meow meow meow, meow meow meow meow; meow meow meow meow meow meow meow meow meow meow meow meow meow meow meow meow meow!

Meow meow meow meow meow meow meow, meow meow meow, meow meow meow meow meow meow — meow meow meow meow Meow meow meow meow meow meow meow.

Meow meow meow meow meow meow meow meow meow meow meow'meow meow meow meow — meow meow! meow Meow meow.

Meow meow meow meow meow meow meow meow meow; meow meow meow meow meow meow meow meow meow meow; meow meow meow meow meow meow.

Meow meow meow meow meow meow, meow meow meow meow meow meow. Meow meow meow, meow meow meow, meow meow meow meow meow meow meow meow meow meow.

Meow meow meow meow meow meow meow; meow meow meow meow meow meow meow meow, meow meow meow meow meow meow meow.

Meow meow meow meow meow Meow meow meow meow meow, meow, meow meow meow, meow meow meow meow-

meow: meow meow meow meow meow meow meow meow
meow meow!

Meow meow meow meow meow; meow meow meow meow
meow meow meow meow. Meow'meow meow meow meow
meow meow meow meow.

Meow meow meow meow meow meow meow meow meow:
meow meow meow meow meow. Meow meow meow meow
meow meow meow.

Meow meow meow, Meow meow meow meow meow meow
meow meow meow: meow meow meow Meow meow meow
meow meow meow meow meow meow meow.

Meow meow meow-meow meow meow meow meow meow:
meow meow meow meow meow meow, meow meow meow
meow meow meow: — meow meow meow meow meow meow,
meow meow-meow meow!

Meow meow meow meow, meow meow meow meow. Meow
meow meow meow meow meow meow meow meow; meow
meow meow meow meow meow meow.

Meow meow meow meow meow meow meow meow meow,
meow meow meow meow meow; meow meow meow meow
meow meow meow meow meow meow meow.

Meow, meow meow meow meow meow meow meow meow
meow, meow meow meow! Meow meow meow meow meow
meow meow meow.

Meow meow meow meow meow: meow meow meow meow
meow; meow meow meow meow meow meow meow.

Meow meow meow meow meow meow Meow meow meow
meow meow meow. Meow meow meow meow meow meow
meow.

Meow meow meow, meow meow meow: meow meow meow
meow meow, meow meow meow meow meow.

Meow meow meow meow meow meow meow meow meow:
meow meow meow meow meow meow meow meow, meow
meow meow!

Meow meow meow meow meow meow meow meow meow —
Meow meow meow meow, meow.

Meow meow meow meow meow Meow meow meow meow
meow meow meow meow, meow meow meow: meow meow
meow meow meow meow meow-meow.

Meow meow meow Meow meow meow meow: meow meow
Meow meow meow meow meow meow.

Meow, Meow meow meow meow meow meow meow, meow
meow meow meow meow meow meow meow meow!

Meow meow meow meow meow meow meow meow meow:
meow meow meow meow meow meow, meow meow meow —
meow meow meow meow meow meow — meow meow meow
meow.

Meow, meow meow meow, meow meow meow meow meow
meow meow, meow meow meow meow meow meow meow
meow meow.

Meow meow meow meow meow meow meow meow; meow
meow meow meow meow meow meow meow meow!

Meow meow meow meow meow meow meow meow: meow
meow meow meow meow meow, meow meow meow meow
meow meow — meow meow. —

Meow meow Meow.

Meow Meow meow Meow

Meow meow meow Meow meow meow meow meow: meow
meow meow meow meow.

Meow meow Meow meow meow meow, meow! meow meow
meow meow meow meow.

Meow meow Meow meow meow, meow — meow meow
meow. Meow meow Meow meow meow meow, meow meow-
meow meow, meow meow meow meow meow meow.

Meow meow meow meow meow Meow meow meow meow meow meow, meow meow meow: meow, meow meow meow meow meow meow Meow meow.

Meow meow meow meow meow meow meow meow? Meow meow meow — Meow meow meow meow meow!

Meow meow meow meow meow meow meow meow-meow!

Meow meow meow meow, meow meow meow meow meow, meow meow meow meow meow. "Meow meow, meow meow meow meow meow meow meow," — meow Meow.

Meow meow meow meow meow meow meow meow — meow meow meow meow meow meow meow, meow meow-meow meow!

Meow meow meow meow meow meow, meow meow meow meow meow meow, meow meow meow!

Meow, meow meow meow meow meow meow, meow meow-meow meow, meow meow meow meow! Meow meow — MEOW meow!

Meow meow meow meow meow meow meow meow meow, meow meow meow meow meow meow meow meow meow — meow meow meow meow meow meow meow meow meow!

Meow meow meow meow meow meow meow meow meow, meow meow meow meow meow meow meow! Meow meow meow meow meow meow meow meow, meow meow meow meow meow.

Meow meow meow meow meow meow-meow meow meow meow meow; meow meow meow meow meow meow-meow meow meow meow meow.

Meow meow meow meow meow meow meow meow meow, meow meow meow meow meow, meow meow meow meow meow meow meow meow meow.

Meow, Meow meow meow meow meow meow meow meow meow meow meow, meow meow meow; meow Meow meow meow meow meow meow meow meow meow meow.

Meow meow Meow meow meow meow-meow meow meow meow-meow, meow meow meow meow meow meow meow-meow! — Meow meow meow meow meow, meow meow meow meow- meow!

Meow, meow meow, meow meow meow meow meow, meow Meow meow meow meow meow meow meow meow, meow meow-meow meow!

Meow meow meow meow meow meow meow, meow meow meow meow meow meow, meow meow meow meow meow meow meow meow "meow."

Meow meow meow meow: "Meow meow meow meow, meow meow meow meow meow": meow meow meow meow meow — meow! meow meow meow!

Meow, meow meow meow meow meow Meow meow meow, meow meow-meow meow! — meow meow meow meow meow meow meow meow meow meow meow!

Meow meow meow meow, meow meow meow, meow meow meow meow meow meow. Meow Meow: meow meow Meow meow meow, meow meow meow!

Meow meow meow meow meow meow meow meow meow; meow meow meow meow meow meow meow meow meow meow meow meow meow meow meow!

Meow meow meow: Meow meow meow meow meow. Meow meow meow meow meow meow, meow meow meow meow meow meow meow meow — meow meow meow meow! —

Meow-meow meow meow meow, meow meow meow-meow meow. Meow meow meow Meow meow: "Meow meow meow meow."

Meow, meow meow meow meow meow meow, meow meow meow; meow meow meow meow! Meow meow meow meow meow meow meow meow meow.

Meow meow meow meow meow: "Meow meow meow meow Meow meow meow meow meow meow meow Meow meow? Meow, meow meow meow meow meow meow meow meow!

"Meow meow meow meow meow meow meow!" meow meow meow meow meow meow-meow meow.

Meow, meow meow meow meow meow, meow meow-meow meow! Meow meow meow meow meow meow meow!

Meow meow meow meow meow Meow meow meow meow meow meow meow, meow meow meow meow meow meow meow meow meow meow meow!

Meow meow meow, meow, Meow meow meow meow meow meow, meow Meow meow meow meow meow meow meow; meow meow meow meow meow meow Meow-meow meow meow meow meow meow!

Meow, meow meow meow meow meow meow meow meow meow meow! Meow meow meow meow, meow meow-meow meow, meow meow meow meow meow. —

Meow, meow meow Meow meow meow meow meow meow! Meow meow meow meow Meow meow meow meow meow meow meow.

Meow meow meow meow Meow meow meow: meow meow Meow meow meow meow, meow meow meow meow meow.

Meow meow meow, meow meow meow, meow meow meow-meow meow, meow meow meow meow meow meow meow meow; meow meow meow Meow meow meow meow meow.

Meow meow Meow meow meow meow Meow'Meow Meow, meow meow meow meow meow meow: meow meow meow Meow meow meow meow meow meow meow.

Meow meow meow meow Meow meow meow meow meow meow meow meow meow meow: meow meow meow meow meow — meow Meow meow-meow! —

Meow meow Meow.

Meow Meow

Meow meow-meow meow meow meow, meow meow Meow meow meow meow meow meow meow meow: meow meow meow meow meow meow meow meow meow meow meow.

Meow meow meow meow meow meow meow meow; meow meow meow Meow meow meow meow meow meow meow meow meow meow meow meow.

Meow meow meow, meow meow meow meow meow meow meow, meow meow meow-meow. Meow, meow meow meow meow meow meow meow meow meow meow.

Meow meow meow meow meow meow, meow meow meow meow meow; meow meow meow meow, meow meow meow meow meow meow.

Meow, Meow meow meow meow, meow meow-meow meow meow meow! Meow meow meow meow meow meow meow meow meow-meow meow!

Meow meow meow meow meow meow meow meow meow meow-meow: — meow Meow meow meow meow-meow meow meow, meow meow meow meow meow meow meow.

Meow meow meow'meow meow meow; meow meow meow, meow meow meow meow meow. Meow! meow-meow meow meow meow meow meow, meow meow. —

Meow meow meow Meow meow meow meow meow, meow meow, meow "meow meow!" Meow meow Meow meow — meow meow!

Meow meow meow meow meow, meow meow meow: Meow meow meow meow meow! — meow meow meow meow meow meow, meow meow meow meow — meow meow meow meow meow!

Meow meow meow meow meow meow meow meow meow, meow meow meow meow: meow, meow, meow meow meow meow meow!

Meow meow meow meow meow meow meow meow meow meow meow meow meow meow meow, meow meow meow-meow meow meow meow meow meow meow meow meow.

"Meow meow meow meow meow meow meow meow" — meow meow meow meow meow meow meow — "meow meow

meow meow meow meow, meow meow meow meow meow, meow meow- meow meow:

Meow meow meow meow meow: meow meow meow, meow meow meow meow meow meow meow meow — meow meow meow-meow meow meow, meow meow meow meow-meow!

Meow meow meow meow meow meow meow meow" — meow meow meow meow meow meow meow, — "meow meow meow meow meow meow meow meow meow, meow meow meow meow meow meow meow meow meow.

Meow meow meow Meow meow Meow meow meow meow meow: meow meow meow meow meow meow, meow meow meow meow meow meow meow meow meow meow meow meow meow meow." —

Meow, meow meow meow, meow meow meow! Meow meow meow meow meow meow: meow meow meow meow meow meow meow meow meow!

Meow, meow meow meow, meow meow, meow meow meow meow meow meow meow meow!

Meow meow meow? Meow meow meow meow meow meow. Meow meow meow meow meow meow meow meow, meow meow meow meow meow meow.

Meow meow meow? Meow Meow Meow Meow meow meow meow Meow; meow Meow meow meow meow meow, meow meow meow meow meow meow meow meow meow.

Meow meow meow: meow meow meow meow meow. Meow meow meow: meow meow meow meow meow meow meow. Meow meow Meow meow meow meow meow!

Meow meow meow meow meow meow meow meow meow "meow!" Meow meow meow meow meow meow meow meow meow meow meow meow meow "meow!" Meow, meow meow meow meow meow!

Meow meow meow meow meow meow, meow meow meow, meow meow meow, meow meow meow meow meow meow,

meow meow meow meow meow meow meow meow meow meow!

Meow, meow meow meow meow meow meow meow: meow meow meow meow meow meow meow meow meow, meow meow?

Meow Meow meow meow meow, meow, meow meow: meow meow Meow meow meow meow meow meow meow meow meow meow meow.

Meow meow meow Meow meow meow meow meow — meow meow! Meow, meow meow-meow, meow, meow meow meow meow — meow meow meow meow meow!

Meow meow meow meow meow meow meow meow meow: meow meow meow, meow meow, meow meow meow meow meow meow meow!

Meow meow meow meow meow meow — meow meow meow meow meow meow meow! Meow meow meow meow meow meow meow meow meow.

Meow Meow'meow meow meow meow meow meow meow meow meow meow, meow "meow meow": meow meow Meow'meow meow meow meow meow meow meow meow.

Meow meow meow, meow "meow meow!" Meow Meow meow meow meow meow meow meow meow meow; meow meow meow meow meow meow'meow meow meow meow meow meow meow.

Meow Meow'meow meow, Meow meow meow Meow meow meow meow meow meow, meow meow meow! Meow meow meow meow Meow meow meow meow meow meow meow!

Meow' meow meow meow meow, meow meow meow meow meow: meow meow meow meow'meow meow meow meow meow.

Meow Meow meow Meow meow meow: meow meow meow meow meow meow,—meow meow meow meow meow meow,—meow meow meow meow meow meow'meow meow meow!

Meow meow! Meow meow meow meow meow meow — meow meow meow meow!

Meow meow meow meow, meow meow meow, — MEOW meow meow meow meow meow! Meow meow meow meow, meow meow meow meow!

Meow meow, meow meow meow meow meow meow meow! Meow meow meow meow meow meow meow meow meow meow meow meow meow?

Meow meow meow meow meow meow, meow meow meow meow meow meow meow: meow meow meow meow meow meow meow meow meow meow meow.

Meow meow meow Meow meow meow meow meow meow meow meow meow; meow Meow meow meow, meow meow, meow meow meow meow, meow meow meow!

Meow, meow meow meow meow Meow meow meow, meow meow meow meow.

Meow meow meow Meow Meow meow: meow meow meow meow meow meow — meow meow meow! —

Meow meow Meow.

Meow

Meow Meow meow meow, meow meow meow meow meow meow meow meow-meow meow meow meow, — meow meow, meow meow meow: "Meow meow meow meow meow meow."

Meow meow meow, meow meow meow meow meow meow. Meow meow meow meow meow meow.

Meow meow meow meow meow meow meow meow meow, meow meow meow meow, meow meow meow meow meow.

Meow meow meow Meow meow meow meow meow, meow meow meow meow meow meow meow meow. Meow meow meow, meow meow meow meow.

Meow meow meow meow Meow meow meow meow meow meow: meow meow meow meow — meow meow meow!

Meow meow meow meow meow: Meow meow meow meow meow meow meow meow meow, meow meow meow meow Meow meow meow meow meow.

Meow meow meow meow meow meow meow meow meow meow: meow meow meow meow Meow meow meow meow meow meow, meow meow meow meow meow-meow.

Meow meow Meow meow, meow meow meow meow meow meow; meow meow Meow meow meow meow- meow meow meow meow meow meow meow.

Meow meow meow meow meow meow meow meow meow meow: meow meow meow meow meow meow meow meow meow. Meow meow Meow meow meow meow meow meow meow, meow meow meow meow meow meow.

Meow meow meow meow meow meow meow meow: meow meow meow meow meow meow meow, meow meow meow meow meow meow meow meow meow meow meow.

Meow meow meow meow meow meow meow meow meow meow meow meow-meow: meow meow meow meow meow, meow meow meow meow meow meow meow meow meow.

Meow meow meow meow meow meow, meow meow meow meow meow meow meow meow-meow, meow meow: meow meow meow meow meow meow meow meow meow, meow meow meow meow meow meow meow meow meow?

Meow meow meow meow meow meow meow, meow meow meow meow meow meow meow meow meow: meow meow meow meow meow meow meow meow meow meow meow meow meow meow; meow meow, Meow meow meow meow meow meow meow meow meow!

Meow meow meow — meow meow meow meow: meow meow Meow meow meow meow meow meow meow! Meow meow meow meow meow meow meow meow meow meow: meow meow meow meow meow meow meow meow!

Meow meow meow meow: meow meow meow meow meow meow meow meow! Meow meow meow meow meow meow meow meow, meow meow meow meow meow meow.

Meow meow meow meow meow, meow meow meow: meow meow meow-meow meow meow! —meow meow meow meow meow meow meow meow, meow meow meow meow meow meow meow.

Meow meow meow meow meow meow meow meow, meow meow meow meow meow meow meow meow. Meow meow meow meow, meow meow meow meow meow meow meow meow meow meow, —meow meow meow meow meow.

Meow meow meow meow meow meow meow meow; meow meow meow meow meow meow meow meow meow meow meow meow meow.

Meow meow meow meow meow meow meow meow meow; meow meow meow meow Meow meow meow meow, meow meow meow meow.

Meow meow meow meow meow meow, meow meow meow meow meow meow meow meow meow meow meow meow meow meow meow meow meow.

Meow meow Meow meow meow meow, meow meow Meow meow meow meow. Meow meow meow meow meow meow meow meow.

Meow meow meow meow meow meow meow meow meow meow meow meow; meow meow meow meow meow meow meow meow meow meow meow meow meow meow meow.

Meow meow meow meow meow meow meow meow meow: meow meow meow Meow meow meow meow meow meow meow meow.

Meow meow'meow meow meow meow meow meow meow meow meow meow meow: —meow meow meow "meow meow" meow meow meow.

Meow meow Meow meow meow meow meow Meow meow meow; meow meow meow Meow meow meow meow meow meow, meow meow Meow meow meow meow meow meow meow.

Meow meow meow Meow meow: meow meow meow. Meow meow Meow meow, Meow meow meow meow! —

Meow meow Meow.

Meow

"Meow Meow meow meow meow meow meow" — meow Meow meow meow meow meow meow — "meow meow meow meow meow meow meow meow meow; meow meow meow 'meow' — meow meow meow meow meow meow."

"Meow meow Meow meow meow meow meow meow," meow meow meow, "meow meow meow meow: 'Meow meow meow meow meow meow.' Meow meow meow meow meow meow meow meow meow meow?"

"Meow?" meow Meow. "Meow meow meow? Meow meow meow meow meow meow meow meow meow meow meow Meow.

Meow meow meow meow meow meow? Meow meow meow meow meow Meow meow meow meow meow meow meow.

Meow Meow meow meow meow meow meow meow meow meow, meow Meow meow meow meow meow meow meow meow meow?

Meow meow meow meow meow meow meow meow meow meow meow meow; meow meow meow meow meow meow.

Meow meow, meow, meow Meow meow meow meow meow meow meow meow, meow meow meow meow meow, meow meow meow Meow meow meow meow meow meow.

Meow meow meow Meow meow meow meow meow? Meow meow meow meow meow meow? — Meow Meow meow meow meow meow.

Meow meow meow meow meow meow meow meow? Meow meow meow meow meow?"

Meow meow meow: "Meow meow meow Meow." Meow Meow meow meow meow meow meow. —

139

Meow meow meow meow meow, meow meow, meow meow meow meow meow meow meow.

Meow meow meow meow meow meow meow meow meow meow meow meow meow meow meow meow: meow meow meow — Meow meow meow meow meow.

Meow meow meow meow meow, meow meow meow meow: meow meow meow meow meow meow.

Meow meow meow meow meow meow meow meow meow meow? Meow meow meow meow meow meow meow meow meow: meow meow meow meow meow meow meow meow.

Meow meow meow meow meow, meow meow meow meow meow meow meow meow meow meow meow meow, meow meow meow meow meow meow!

Meow meow meow meow meow meow meow meow, meow meow meow meow meow meow meow meow meow. Meow meow meow meow meow meow meow meow meow.

Meow meow meow meow meow meow meow meow meow meow meow, meow Meow Meow meow meow meow meow meow, meow meow meow meow meow meow meow meow meow meow "meow."

Meow, meow, meow meow meow meow: meow meow meow meow meow meow meow meow meow meow meow meow meow meow meow, meow meow meow meow meow meow meow meow meow meow meow meow.

Meow meow meow meow meow meow meow meow, meow meow meow meow meow meow meow meow meow meow meow meow meow meow:

Meow meow meow meow meow meow meow meow meow meow meow meow, meow meow meow meow: meow meow meow meow meow meow meow meow, meow meow meow!

Meow, meow meow meow meow meow meow meow meow meow meow meow meow meow meow meow meow!

Meow meow Meow meow meow: meow meow Meow meow meow-meow, meow-meow!

140

Meow, meow meow meow meow meow — meow meow, meow meow meow meow meow meow: meow meow meow meow meow meow meow meow, meow meow meow meow Meow meow Meow: —

Meow meow meow meow meow meow meow meow! — meow meow Meow meow Meow? —

Meow, meow Meow meow meow meow meow meow meow meow meow meow meow meow meow! Meow, meow Meow meow meow meow meow meow!

Meow Meow meow meow, meow meow meow meow, meow meow meow. Meow Meow meow meow meow; meow meow meow meow meow meow, meow meow meow meow meow meow meow meow. Meow meow meow meow meow meow meow. —

Meow meow meow meow-meow meow meow, meow meow meow; meow meow meow meow meow meow meow meow meow meow, meow meow meow meow, meow meow meow.

Meow meow meow meow meow meow, meow meow meow meow meow meow meow: meow meow meow meow meow meow, meow meow meow.

Meow meow meow meow meow meow meow meow; meow meow meow meow meow meow meow meow.

Meow meow meow meow meow meow meow meow meow: meow meow meow meow meow meow meow meow.

Meow-meow meow meow-meow, meow meow meow meow meow meow-meow meow meow meow; meow meow meow meow meow meow meow meow meow meow! —

Meow meow meow meow meow meow meow meow: meow meow meow meow meow meow meow meow meow meow.

Meow meow meow meow meow meow meow meow: meow meow meow meow meow meow meow meow, meow meow-meow-meow, meow meow! —

Meow, Meow meow meow meow meow meow meow meow, meow meow meow meow meow meow; meow meow meow Meow meow meow meow meow meow meow meow Meow.

Meow meow meow meow meow meow meow meow meow meow meow. Meow meow meow meow meow meow meow meow meow.

Meow, meow meow meow meow meow: meow meow meow meow meow meow meow meow. Meow meow meow meow meow, Meow meow meow meow meow meow meow meow.

Meow meow meow meow meow meow meow meow meow: meow meow meow meow meow meow meow meow?

Meow meow meow meow meow meow meow meow meow meow meow meow meow; meow meow meow meow meow meow meow-meow meow meow meow meow.

Meow meow meow meow meow meow, meow meow meow meow meow meow meow, meow meow meow meow meow, meow, meow, meow meow meow.

Meow meow meow meow meow meow meow-meow meow meow! Meow meow Meow meow meow meow meow.

Meow, meow meow meow meow meow meow meow meow, meow meow meow meow meow! Meow, meow meow meow meow meow meow — meow meow meow meow meow!

Meow meow meow meow meow Meow meow; meow Meow meow meow meow meow meow meow meow meow meow meow meow.

Meow, meow meow Meow meow meow meow, meow meow meow meow meow meow.

Meow meow meow meow meow Meow meow meow; meow meow meow meow meow meow. —

Meow meow Meow.

Meow Meow

Meow meow meow meow meow meow meow — meow meow
meow meow Meow Meow meow Meow — meow meow meow
meow meow meow; meow meow meow meow meow, meow
meow meow meow meow meow meow, meow meow meow
meow meow meow meow meow meow meow meow meow
meow meow-meow; meow meow meow meow meow meow
meow meow meow meow meow meow meow meow meow
meow.

Meow meow meow meow meow Meow meow meow meow
Meow Meow, meow meow meow meow meow meow meow
meow meow meow meow meow meow meow meow, meow
meow meow meow meow meow meow. Meow meow
meow meow, meow, meow meow meow meow meow meow
meow meow meow, meow meow meow meow meow meow
meow meow meow meow meow, meow meow meow meow
meow: "Meow meow meow! Meow meow meow meow meow!"
Meow meow meow meow meow meow meow meow (meow
meow meow meow, meow, meow meow meow, meow meow
meow meow meow meow), meow meow meow meow meow
meow meow meow meow meow meow meow Meow; meow meow
meow meow meow meow meow meow meow meow meow,
meow meow meow meow meow meow meow meow: meow
meow meow meow meow meow meow meow meow meow
meow meow.

"Meow!" meow meow meow meow, "meow meow Meow
meow meow!"

Meow meow meow meow meow meow meow meow meow
meow meow-meow, meow meow meow meow meow Meow
meow meow; meow meow meow meow meow meow meow
meow, meow meow meow meow meow meow meow meow
meow meow meow meow, meow meow meow meow meow
meow.

Meow meow meow meow meow. Meow meow meow, meow,
meow meow meow meow meow meow meow'meow meow
meow meow meow meow meow — meow meow meow meow
meow meow meow meow meow meow meow meow Meow.
Meow meow meow, meow meow, meow meow meow; meow

meow meow meow meow meow: "Meow meow Meow meow meow Meow meow meow meow meow." Meow meow meow meow meow meow meow meow meow meow meow meow meow meow meow: meow meow meow meow meow meow meow meow meow meow Meow meow meow meow.

Meow meow meow meow meow meow Meow'meow meow meow meow meow-meow:

Meow meow, meow meow, meow meow meow; meow meow meow meow meow. Meow meow meow meow, meow meow, meow meow "meow."

Meow meow meow meow meow meow meow "meow meow-meow": meow Meow meow meow meow meow meow, meow meow meow meow meow.

Meow meow meow meow meow Meow meow meow'meow meow meow; meow Meow meow meow meow meow meow, meow! meow meow meow meow meow.

Meow meow Meow meow meow meow meow meow meow meow-meow; meow meow meow meow meow meow meow meow meow, meow meow meow meow meow meow meow meow.

"Meow meow meow, meow-meow, meow meow meow meow!" meow Meow, "meow meow meow meow meow meow meow! Meow meow meow meow meow meow meow?

Meow meow meow meow meow meow: meow meow meow meow meow meow! Meow meow, meow meow meow meow meow meow, meow meow meow meow meow meow meow meow!

Meow meow meow, Meow meow meow meow meow meow meow meow meow: meow meow, meow Meow meow meow meow meow meow meow meow, Meow meow meow meow meow meow: meow, meow, meow meow.

Meow meow meow meow meow meow meow meow meow! Meow meow meow meow meow, meow meow meow meow meow meow meow meow meow meow.

Meow meow meow, meow meow meow meow meow meow meow, meow meow meow meow meow, meow, meow meow: meow meow meow meow meow.

'Meow' meow meow meow meow meow: meow Meow meow meow meow meow meow 'meow meow,' meow meow meow meow meow meow meow meow meow.

Meow meow meow, meow Meow! Meow meow meow — meow meow meow meow, meow meow meow meow.

Meow meow meow meow meow meow meow, meow meow meow meow meow meow meow, meow meow meow meow; Meow meow meow.

Meow meow meow meow meow! Meow meow meow meow meow meow meow meow meow meow meow meow. Meow, meow meow meow meow meow meow meow, meow meow meow meow meow meow meow!

Meow meow meow Meow meow meow meow meow meow'meow meow meow: Meow meow meow meow meow meow meow meow meow meow meow meow, meow meow meow meow meow.

Meow meow meow meow meow meow meow meow meow: meow meow meow meow meow meow meow, meow meow meow meow, meow meow meow meow meow meow meow!

Meow meow meow meow meow meow meow, meow meow meow meow; meow meow! meow meow meow meow meow meow meow'meow meow, meow meow!

Meow meow, meow, meow Meow meow meow meow meow meow, meow meow meow meow meow meow meow meow meow meow meow — meow meow meow meow'meow! Meow meow meow meow meow meow meow, meow meow meow — meow meow meow meow! — "

Meow meow Meow meow meow meow-meow: meow meow meow meow meow meow, meow meow: "Meow? Meow meow meow?"

"Meow?" meow Meow, "meow meow meow meow meow meow, meow meow meow meow meow. Meow meow meow, meow meow meow! Meow meow meow meow meow meow meow!

Meow meow meow meow meow meow meow meow; meow meow meow meow meow meow meow meow meow meow — meow meow meow, meow meow, meow meow meow meow meow meow meow meow meow.

Meow meow meow meow meow meow meow meow meow meow meow meow meow meow, meow meow; meow meow meow meow meow."

Meow Meow meow meow meow, meow meow-meow meow meow meow meow meow meow. "Meow!" meow meow, "meow meow meow meow meow meow? Meow meow meow meow meow?" Meow meow meow meow meow meow meow meow meow meow meow meow, meow Meow meow meow meow meow meow meow meow meow.

Meow meow meow meow meow meow meow meow meow; meow meow, meow, meow meow meow meow, Meow meow meow:

"Meow meow meow, meow-meow: meow Meow meow meow meow meow meow meow!

Meow meow Meow meow meow meow meow meow, meow meow meow meow meow meow-meow; meow meow meow meow meow meow meow meow meow meow.

Meow meow meow meow meow, meow meow meow: meow meow meow meow meow. Meow meow meow meow meow meow meow meow meow meow!

Meow meow meow meow meow meow meow meow; meow meow meow meow meow meow meow meow meow meow meow meow meow!

Meow meow, meow, meow meow meow — meow meow meow meow meow meow meow meow meow meow meow meow: meow, meow meow meow meow meow, — Meow Meow Meow Meow Meow Meow Meow Meow."

Meow meow meow-meow meow meow, meow meow meow meow meow meow meow meow meow. Meow meow meow meow meow meow meow, meow "meow-meow!" meow meow meow meow, meow meow meow meow meow meow. —

Meow meow Meow. Meow meow, meow, meow meow meow meow: meow meow meow meow meow meow meow meow meow meow meow, meow meow, meow meow meow meow.

"Meow meow Meow meow meow meow meow!" meow Meow. "Meow Meow meow meow meow?

Meow meow meow meow meow meow meow. Meow meow meow meow meow meow meow Meow meow meow Meow?

Meow meow, meow, meow meow: Meow meow meow meow meow meow meow meow; meow meow meow meow meow meow."

Meow meow meow Meow meow meow meow meow meow. "Meow meow Meow meow meow meow meow!" meow meow meow meow.

"Meow meow meow meow meow: 'Meow meow meow! Meow meow meow meow meow!' Meow Meow meow meow meow — meow meow meow?" —

Meow meow Meow.

Meow Meow

"-Meow Meow meow meow meow meow meow meow meow. Meow meow meow meow meow meow meow.

Meow meow meow, meow meow meow meow meow: 'Meow meow meow, meow meow meow, meow meow meow!'

Meow meow meow meow meow meow-meow: 'Meow meow meow, meow meow meow, meow meow meow!'

Meow meow meow meow meow meow: meow meow meow meow meow meow meow meow meow meow? Meow meow meow meow meow meow meow meow meow meow?

Meow meow meow meow meow meow, meow meow meow meow meow, meow meow meow meow meow meow meow meow meow meow.

Meow meow meow meow meow; meow meow meow meow meow, meow meow meow meow meow meow meow: — meow, meow meow meow meow meow meow meow.

Meow meow meow meow meow meow, meow meow meow meow meow. Meow meow meow meow meow meow, meow meow meow meow meow meow!

'Meow! meow meow meow meow meow meow meow meow meow meow meow meow?' meow meow meow meow — meow meow meow.

Meow, meow meow meow meow meow meow meow meow meow; meow meow meow meow meow meow meow meow — meow meow."

Meow meow Meow meow meow meow meow; meow meow meow meow meow meow meow meow meow meow. Meow meow meow meow meow meow meow; meow meow meow meow meow meow meow meow meow meow meow meow meow. —

Meow, meow meow meow meow meow, meow meow meow, meow meow meow meow meow meow. Meow, meow meow Meow meow meow meow meow meow!

Meow meow meow meow meow meow meow meow! Meow meow meow meow meow meow meow meow, meow meow meow meow meow!

Meow meow Meow meow meow meow meow meow meow, meow meow meow meow meow meow meow meow meow meow meow meow meow: meow meow meow meow, meow meow meow meow. Meow meow meow meow meow meow meow meow meow meow meow meow meow. Meow meow, meow, meow meow meow meow meow meow-meow, meow meow meow meow meow meow meow meow meow, meow meow meow, meow meow meow meow meow.

Meow meow meow meow meow meow Meow meow meow meow meow; meow meow, meow, meow meow meow meow meow meow meow:

Meow, Meow meow meow, meow meow meow Meow meow, meow meow, meow meow meow meow meow meow meow!

Meow meow meow meow meow meow meow, meow meow; meow meow meow meow meow meow meow meow, meow meow meow meow meow meow meow meow meow meow.

Meow meow meow Meow meow, meow Meow meow. Meow-meow meow meow- meow meow Meow meow, meow, meow meow meow meow-meow meow Meow.

Meow meow Meow meow meow meow: meow meow meow meow meow meow meow meow meow meow meow. Meow meow meow meow meow meow meow meow meow meow.

Meow meow meow meow-meow meow meow Meow meow: meow meow meow-meow meow meow meow meow. Meow meow meow meow meow meow meow meow!

Meow meow meow meow meow meow meow; meow meow meow meow; meow meow meow meow, meow-meow meow, meow meow meow meow meow meow.

Meow meow Meow meow, meow meow meow meow meow; meow Meow meow meow meow meow meow meow meow meow meow meow meow meow meow.

Meow meow meow meow meow meow meow meow meow meow meow meow meow meow meow meow meow meow meow: meow meow meow meow meow, meow meow meow meow.

Meow meow meow meow, meow meow meow-meow meow meow, meow meow meow meow meow meow meow meow meow meow, meow Meow meow meow meow meow meow meow.

Meow meow meow meow meow meow, meow meow meow, meow meow meow meow meow: meow meow Meow meow meow! Meow meow meow meow meow meow meow meow meow.

Meow meow meow meow meow meow meow meow meow meow, meow meow meow meow meow meow meow meow: meow meow Meow meow meow meow meow.

Meow! meow Meow, meow meow meow meow meow meow meow? Meow! Meow! meow meow meow meow meow meow meow?

Meow Meow meow meow meow, meow meow meow meow meow, meow meow meow. Meow meow meow meow'meow-meow meow meow meow meow:

Meow meow meow meow meow meow meow meow meow: meow, meow, meow meow, meow meow meow meow meow meow meow.

Meow meow meow meow, meow meow, meow meow meow meow meow meow, meow meow meow meow meow meow meow meow.

Meow meow meow meow meow meow, meow, meow, meow, meow meow-meow meow meow meow meow, meow meow meow meow.

Meow meow Meow meow meow: meow meow meow. Meow Meow meow meow meow meow Meow meow'meow meow meow.

Meow meow meow meow meow meow: — meow Meow meow meow meow. —

Meow meow Meow meow meow meow, meow meow meow meow: meow meow meow meow meow meow meow meow meow. Meow meow meow meow meow meow meow meow meow, meow Meow'meow meow, meow meow:

"Meow meow meow meow meow meow meow meow, Meow Meow!

Meow meow meow meow meow meow meow meow meow, meow meow meow meow meow meow meow meow meow Meow?

Meow meow meow meow meow meow meow meow meow-meow meow meow meow- meow meow meow?

Meow, meow meow meow meow meow meow'meow meow meow Meow meow meow meow, meow meow meow meow-meow meow meow-meow, meow meow meow meow meow meow meow.

Meow meow meow meow meow meow meow meow meow: meow meow meow meow meow meow meow meow meow.

Meow meow meow meow meow meow meow meow meow meow, meow meow meow meow meow meow meow meow meow, meow meow meow meow!

Meow meow meow meow meow meow meow, meow meow meow meow: meow, meow meow meow meow meow meow meow meow meow meow meow-meow meow.

Meow meow meow'meow meow meow meow meow meow; meow meow meow meow meow meow meow meow meow meow meow meow: meow meow meow meow meow meow meow meow meow meow!

Meow, Meow Meow Meow Meow Meow, meow meow: meow meow meow meow meow.

Meow meow meow meow meow meow meow meow meow meow, meow meow meow meow meow meow — meow meow meow meow!"

Meow meow meow meow; meow meow meow meow meow meow meow Meow, meow meow meow meow meow, meow meow meow meow meow meow meow meow meow meow meow, meow meow meow meow. Meow, meow, meow meow meow meow meow, meow meow meow meow. Meow meow meow meow meow meow meow meow meow meow meow meow, meow meow meow meow; meow meow meow meow meow meow. Meow, meow, meow meow meow, meow meow meow meow meow meow, meow, meow meow meow meow meow meow meow; meow meow meow meow meow meow, meow meow meow, meow meow meow meow meow meow:

"Meow! meow meow meow meow meow; meow meow meow meow, meow meow, meow meow meow meow meow meow;

meow meow meow! Meow meow Meow meow meow meow meow meow meow meow!

Meow meow, meow, meow meow meow meow meow meow meow: meow meow, Meow meow meow meow meow meow meow meow meow meow meow meow meow!" —

Meow meow Meow. Meow meow meow meow meow meow meow meow meow meow meow meow meow meow meow meow-meow, meow meow meow meow. —

Meow

Meow Meow meow meow meow meow meow meow meow, meow meow meow meow meow meow meow meow, meow meow meow meow meow meow meow:

"Meow, Meow! Meow meow meow meow meow meow, meow meow meow meow meow meow: meow meow meow meow meow meow meow meow, meow meow meow meow meow — meow meow meow meow meow meow meow meow! Meow meow meow meow meow meow meow, meow meow, meow meow meow meow meow meow meow! Meow meow meow meow meow, meow meow meow meow meow; meow meow meow meow meow meow meow meow meow, meow meow meow, meow, meow meow meow meow; — meow, Meow meow, meow meow meow meow meow meow meow meow meow meow meow Meow!"

Meow, meow, meow meow meow meow meow meow meow: Meow meow meow meow meow meow meow meow, meow meow meow meow meow meow meow — meow meow meow meow meow. Meow meow meow meow meow meow meow meow, meow meow meow meow meow meow meow meow meow meow meow: meow meow meow meow meow meow meow meow. Meow, meow, meow meow meow meow meow meow, meow meow meow meow meow meow meow; meow meow meow meow meow, meow meow meow meow meow meow meow meow — meow meow — meow meow meow meow meow meow meow. Meow meow meow meow Meow meow meow meow meow meow, meow meow meow meow meow meow Meow?

Meow meow, meow, meow meow meow meow meow meow Meow meow meow meow meow, meow meow meow meow meow meow meow, meow meow meow, meow meow meow meow meow, meow meow meow meow meow meow meow, meow meow meow, meow meow meow.

Meow meow meow meow meow meow meow, meow meow meow meow meow, meow Meow meow meow meow meow meow meow meow meow, meow meow meow meow meow meow meow meow: meow, meow meow meow meow, meow meow meow meow meow meow meow meow—meow meow meow meow meow meow meow meow meow, meow meow meow meow, meow meow meow meow, meow meow meow meow,—meow meow, Meow meow meow meow.

Meow meow Meow meow meow meow meow meow, meow meow meow meow meow meow meow meow meow, meow Meow meow meow meow meow meow, meow meow meow meow meow, meow meow meow meow: "Meow meow meow meow! Meow meow meow meow meow meow meow!" Meow meow meow meow meow —meow meow meow meow meow meow meow meow meow meow meow meow meow meow meow meow meow meow. Meow meow meow meow meow meow meow meow meow meow meow meow meow—meow meow, meow, meow meow meow! Meow meow meow meow meow meow meow meow, meow meow meow meow meow meow meow meow meow, meow meow meow meow meow meow meow meow. Meow meow meow meow, meow, meow meow meow meow meow meow meow meow meow, meow meow meow meow, meow meow. Meow Meow meow meow meow meow meow meow meow meow meow meow—meow Meow meow meow meow meow meow meow meow meow meow meow, meow meow meow meow meow meow meow, meow meow meow meow meow meow.

Meow Meow meow meow meow meow meow meow, meow meow meow meow meow meow meow meow meow meow meow meow, meow meow meow meow meow meow meow meow meow meow, meow meow:

Meow, meow meow, Meow meow meow meow meow meow meow meow meow meow meow meow meow!

Meow meow meow meow meow meow meow meow, meow Meow meow meow meow meow, meow meow meow, meow meow meow meow- meow meow-meow.

Meow meow meow meow meow meow meow meow meow meow meow, meow meow meow meow meow: meow meow meow meow meow meow — meow meow meow!

Meow meow meow meow meow meow meow — meow! meow meow — meow meow Meow meow meow meow; meow Meow meow meow meow meow meow meow, meow Meow meow meow meow meow meow meow meow meow meow meow.

Meow meow, meow meow, meow meow, meow meow meow, meow meow meow meow meow meow — meow meow! meow meow meow meow meow meow meow meow meow: meow meow meow Meow.

Meow meow meow meow meow meow: "Meow meow Meow meow meow? Meow meow meow meow meow meow meow?" Meow meow meow, meow meow meow meow meow meow meow.

Meow meow meow meow? Meow meow meow? Meow meow? Meow meow meow? Meow meow? Meow meow meow? Meow meow? Meow meow meow meow?

Meow meow meow meow? Meow meow meow meow? Meow meow? Meow meow meow? Meow meow meow? Meow meow meow meow?

Meow meow meow meow meow meow meow meow meow meow: meow meow meow Meow meow.

Meow meow meow meow meow meow meow meow meow meow meow meow meow meow meow meow meow meow meow meow meow meow meow.

Meow meow meow Meow meow meow meow meow meow, meow meow meow meow meow meow meow meow, meow meow-meow, meow meow meow meow!

Meow meow meow meow meow, meow meow meow meow "Meow meow" meow "Meow meow Meow meow meow!" — meow meow meow Meow meow meow!

Meow — meow meow meow meow meow meow-meow meow: meow meow Meow meow meow, meow meow! Meow meow meow meow meow: meow Meow meow meow meow meow meow.

Meow meow: meow meow meow meow meow meow meow meow meow meow meow meow?

"Meow meow": meow meow meow Meow'meow meow-meow meow meow meow meow. Meow meow meow meow meow meow — meow meow meow meow meow meow meow meow meow meow.

Meow meow meow meow Meow meow; meow meow meow meow meow meow meow'meow meow — meow meow meow Meow'meow meow meow.

Meow meow: meow meow Meow meow meow meow meow meow meow meow meow meow meow meow meow meow meow meow?

Meow, meow meow meow meow meow! Meow meow meow meow meow meow Meow.

Meow meow meow meow meow meow — meow meow meow meow: "Meow meow meow": meow meow meow meow meow meow meow meow meow.

Meow meow meow meow meow meow meow meow meow meow meow-meow, meow meow meow meow meow meow meow, meow meow, meow meow meow meow-meow.

Meow meow meow Meow, meow meow, meow meow meow; meow meow meow meow meow meow meow meow meow meow meow, meow meow meow meow meow.

Meow, meow, meow meow meow Meow meow: meow Meow'meow meow meow meow, meow meow "Meow meow."

Meow, meow meow meow meow meow meow Meow; meow meow meow meow meow meow meow meow, meow meow meow meow meow!

Meow Meow Meow Meow: meow meow, meow meow meow meow meow'meow meow meow; meow meow meow meow meow, meow meow meow meow meow meow meow.

"Meow," meow meow meow meow. Meow meow meow meow meow meow meow meow meow.

Meow meow meow meow meow meow meow meow meow, meow meow meow meow meow — meow meow Meow meow, meow meow meow, meow — meow meow meow!

Meow meow meow meow meow meow meow meow meow meow, meow meow meow meow meow: "Meow meow, meow meow meow meow meow!"

"Meow meow meow meow meow, meow meow meow meow — meow meow meow meow meow meow:" meow meow meow meow.

"Meow meow meow meow meow meow meow meow meow. Meow, meow meow meow meow meow meow meow meow meow meow meow meow 'meow' meow meow?" Meow meow meow meow.

"Meow meow meow meow meow meow meow meow meow? Meow, meow meow meow meow, 'Meow meow': meow meow meow meow meow meow!" Meow meow meow meow.

"Meow meow meow meow meow: meow meow meow meow meow meow meow meow! Meow, meow meow meow meow meow meow meow meow 'meow' meow meow, meow meow meow meow meow meow meow meow meow meow!

Meow meow Meow meow meow meow meow meow, meow Meow meow meow- Meow —:" meow meow meow, meow meow, meow meow meow meow meow!

Meow meow meow meow meow meow Meow meow meow meow Meow meow meow: "Meow Meow meow meow meow."

Meow "Meow meow" meow meow meow, meow meow, meow meow meow — meow meow meow Meow meow meow: "Meow meow meow Meow meow meow." —

Meow meow meow Meow meow meow: "Meow meow meow Meow meow meow! Meow meow Meow meow meow!"

Meow meow meow meow meow meow? Meow meow meow meow meow meow? Meow meow Meow meow meow meow meow meow meow?

Meow meow Meow meow meow meow meow meow meow-meow? Meow meow meow meow meow meow meow meow meow meow-meow?

Meow meow meow meow meow meow meow meow, meow meow meow meow meow meow?

Meow meow meow meow meow meow meow Meow meow meow meow meow Meow meow Meow —: meow meow meow meow meow meow? Meow meow meow meow meow meow meow meow?

— Meow meow meow meow meow meow meow meow meow meow Meow meow meow, meow meow meow meow meow meow meow meow meow. Meow meow meow meow meow meow meow meow meow meow meow; meow meow meow meow meow meow meow meow meow meow meow-meow. Meow meow meow meow meow meow meow, meow meow meow:

"Meow meow meow meow meow meow meow, meow meow meow meow meow — meow meow meow meow." —

Meow meow Meow. Meow meow, meow, meow meow meow meow meow meow meow meow meow meow meow meow meow; meow meow meow meow Meow meow, meow meow meow meow meow meow, meow meow meow:

"Meow meow meow Meow meow meow meow meow meow meow meow meow?"

Meow meow: "Meow meow meow meow meow meow meow! Meow meow meow meow meow meow meow meow meow meow!"

"Meow meow," meow meow meow; "meow meow meow meow meow meow meow meow meow meow meow.

Meow meow meow Meow meow meow meow meow meow — meow meow meow?" —

Meow Meow

Meow meow meow, meow meow meow meow meow meow meow!

Meow meow, meow meow meow meow Meow, meow meow meow meow Meow. Meow meow meow meow meow meow meow meow meow meow.

Meow, meow, meow meow meow meow meow meow'meow meow meow?

Meow, meow meow Meow meow meow meow meow, meow meow meow meow meow meow meow, meow meow meow meow meow meow meow meow — meow meow meow!

Meow meow meow meow meow; meow meow meow Meow meow meow meow meow, meow Meow meow meow meow meow meow Meow: meow meow meow meow meow meow meow.

Meow Meow meow Meow meow meow meow meow, meow meow Meow meow meow meow: meow meow meow meow meow meow meow meow meow meow.

Meow meow meow meow meow: meow meow meow meow meow meow meow meow meow.

Meow meow meow meow meow meow meow meow, meow meow: Meow meow meow meow meow?

Meow meow meow meow meow meow meow meow, meow Meow meow meow meow meow meow meow, meow meow meow meow meow meow meow meow meow meow meow meow.

Meow, meow Meow meow meow meow meow meow meow, meow meow meow meow meow meow meow meow meow! Meow meow meow Meow meow meow meow meow meow!

Meow meow meow meow meow meow, meow Meow meow meow meow meow meow.

Meow meow meow meow meow meow meow meow, meow meow meow meow meow meow meow meow; meow meow meow meow meow meow meow meow, meow meow meow meow meow meow meow meow meow meow meow.

Meow meow meow Meow meow meow meow meow meow: "Meow! Meow meow! meow meow! Meow meow meow meow meow meow meow: meow meow meow meow — meow!"

Meow, meow, meow meow meow meow meow: Meow meow meow meow meow meow Meow meow meow meow meow.

Meow meow meow meow meow meow meow meow meow? Meow, meow, meow meow meow, meow meow meow meow meow meow meow meow.

Meow meow meow meow meow meow meow, meow meow meow meow meow meow; meow meow meow, meow, meow meow meow meow.

Meow meow meow Meow meow meow meow meow meow: meow meow, meow meow meow meow meow meow meow meow meow meow — meow meow meow meow meow meow meow.

Meow meow meow, meow meow meow; meow meow meow Meow meow meow meow meow meow — meow meow meow meow.

Meow meow Meow meow meow meow meow, meow meow meow meow meow meow meow meow meow, meow meow meow meow meow meow meow meow meow meow meow.

Meow meow, meow meow meow meow meow meow meow meow meow meow meow meow meow! Meow meow meow meow meow, meow meow meow meow meow meow meow meow.

Meow meow meow meow meow meow meow meow meow; meow meow meow meow meow, meow meow meow meow meow meow meow.

Meow meow meow meow meow meow meow meow meow meow meow meow: meow meow meow meow meow meow meow: "Meow meow Meow?"

Meow meow meow meow meow meow meow meow meow meow meow meow — meow, meow meow meow meow meow meow meow meow! —

Meow meow, meow, meow meow meow meow: Meow meow meow meow meow meow meow meow meow Meow meow meow meow.

Meow meow meow meow meow meow meow meow meow meow meow: meow meow meow meow meow-meow.

Meow meow meow meow meow meow meow meow meow meow meow meow, meow meow meow meow meow meow meow meow meow.

Meow meow, meow meow meow meow meow meow meow meow meow meow meow, meow meow Meow meow meow meow meow meow meow meow meow.

Meow meow meow Meow meow meow meow meow meow meow meow: Meow meow meow, meow meow- meow?

Meow, meow meow meow meow meow meow meow meow! Meow meow meow meow meow meow meow meow meow.

Meow meow meow meow meow meow meow meow meow, meow meow meow meow meow meow meow meow meow meow! Meow meow, meow, meow meow meow meow meow meow meow.

Meow meow meow Meow meow meow meow meow meow, meow meow meow meow meow meow meow, meow meow meow meow meow meow meow meow meow meow meow!

Meow meow meow meow meow meow meow meow meow, meow meow meow meow meow- meow, meow: meow meow meow meow meow meow meow meow meow!

Meow meow, meow meow meow meow! Meow meow meow meow meow meow meow meow meow, meow meow meow meow meow meow meow meow meow meow "meow meow!"

Meow meow meow meow meow meow meow meow meow meow meow, meow meow meow meow Meow meow meow Meow meow meow meow!

Meow meow meow meow meow meow, meow meow meow meow meow meow-meow meow meow meow meow meow meow Meow meow meow meow meow!

Meow meow meow meow meow meow meow meow meow! meow meow meow meow meow meow, meow meow meow meow: Meow meow meow meow meow meow Meow — meow meow!

Meow, Meow meow meow meow meow meow meow meow meow: meow meow "meow" meow Meow meow meow meow meow, meow, meow meow meow meow Meow!

Meow meow meow meow meow meow Meow meow meow meow meow meow: meow meow meow meow meow meow meow meow meow meow meow meow meow.

Meow meow meow meow, meow meow meow meow meow meow meow meow meow: meow, meow Meow meow meow meow meow meow!

Meow meow meow Meow meow meow meow Meow, meow meow meow meow, meow meow-meow meow meow meow meow, meow "meow meow meow meow;" —

Meow meow meow Meow meow meow meow meow — meow Meow meow Meow meow meow meow: meow meow meow meow meow meow meow. —

Meow meow Meow.

Meow Meow Meow

Meow meow meow meow meow, meow meow? Meow meow meow meow, meow meow, meow meow, meow meow meow — meow, meow meow meow meow Meow!

Meow, meow meow meow Meow meow meow meow meow: meow meow meow meow meow meow meow meow meow meow meow meow!

Meow meow meow meow meow? Meow meow meow? — Meow, meow meow meow meow meow meow; meow meow meow meow. Meow Meow meow meow meow meow meow meow?

Meow meow meow meow meow meow meow Meow Meow Meow: meow meow meow meow meow meow meow meow.

Meow meow meow meow meow — meow meow meow Meow meow meow, meow meow meow meow meow meow mcow meow meow meow meow meow!

Meow meow meow meow meow meow meow meow meow meow? —

Meow meow meow meow meow meow meow, meow meow meow meow meow meow meow, meow meow meow meow.

Meow meow Meow meow meow meow meow meow. Meow meow meow meow meow meow meow meow meow meow meow meow: meow meow meow.

Meow meow-meow meow meow, meow meow meow meow meow meow meow — meow meow Meow meow meow meow meow meow, meow meow meow meow meow meow.

Meow meow meow meow meow meow meow meow: "Meow Meow Meow, Meow?" —

Meow Meow meow meow meow meow meow meow, meow meow meow meow meow meow: meow Meow meow meow.

Meow meow meow meow meow meow meow meow meow meow: "Meow meow meow, Meow, meow meow meow meow meow meow!" —

Meow meow meow Meow meow, meow meow meow: "Meow, Meow meow meow, meow Meow meow meow meow meow!"

Meow meow meow meow meow meow meow meow meow:
"Meow Meow meow, Meow? Meow meow meow? Meow meow
meow meow meow meow!" —

Meow Meow meow meow meow meow meow meow, meow
meow: "Meow, Meow meow meow, meow meow meow Meow
meow meow! Meow meow meow meow meow! Meow meow
meow meow meow!"

Meow meow meow meow meow meow meow meow meow:
"Meow meow meow meow, Meow! Meow meow meow, meow
meow!"

Meow Meow meow: "Meow, meow meow Meow meow?
Meow meow Meow? Meow meow meow meow meow; Meow
meow meow meow meow meow meow meow meow."

Meow meow meow meow meow meow meow meow meow:
"Meow meow meow meow? Meow meow meow meow meow
meow meow meow. Meow meow meow meow meow." —

Meow Meow meow: "Meow meow meow meow meow meow
meow meow meow! Meow meow meow meow meow meow
meow Meow meow: meow meow meow meow meow, meow
meow meow meow meow. Meow meow meow Meow
meow meow meow."

Meow meow meow meow meow meow meow meow meow:
"Meow Meow, meow meow meow meow meow meow meow
meow meow meow meow." —

Meow Meow meow: "Meow meow meow meow meow meow
meow meow, meow meow Meow meow meow meow meow
meow meow. Meow meow, meow, meow meow, meow meow
meow meow Meow meow meow meow."

Meow meow meow meow meow meow meow meow meow:
"Meow meow meow Meow! Meow meow meow meow meow
meow meow meow meow meow meow." —

Meow Meow meow: "Meow meow meow meow Meow meow
meow meow meow meow meow meow; meow meow meow
meow meow meow meow.

Meow meow meow meow meow meow meow: Meow meow meow meow meow, meow meow meow meow meow meow meow meow!"

Meow meow meow meow meow meow meow meow meow: "Meow meow meow meow meow! Meow meow meow meow meow meow meow meow: meow meow meow meow!

Meow meow meow meow meow meow meow meow meow? Meow meow meow meow meow.

Meow meow meow meow meow meow: meow meow meow meow meow meow meow meow meow meow.

Meow meow meow meow meow meow: meow meow meow meow, meow meow meow meow meow."—

Meow Meow meow: "Meow meow meow meow'meow meow meow meow meow."

Meow meow meow meow meow meow meow meow meow meow: "Meow meow meow meow meow meow meow meow meow. Meow meow meow meow meow' meow meow meow meow.

Meow Meow, meow meow meow meow meow meow meow meow meow meow meow meow: meow meow meow meow, meow meow meow meow meow."—

Meow Meow meow: "Meow meow meow."

Meow meow meow meow meow meow meow meow meow: "Meow meow meow meow meow meow, meow meow meow meow.

Meow meow meow meow meow meow meow meow; meow meow meow meow meow: meow meow meow meow meow meow meow meow meow meow meow meow."—

Meow Meow meow meow meow meow, meow meow. Meow meow, meow, meow Meow meow meow Meow meow meow meow meow. "Meow meow meow."

Meow meow meow meow meow meow meow meow meow.
Meow, meow meow meow meow meow meow meow meow
meow meow meow!

Meow meow meow meow meow meow meow meow meow
meow: "Meow Meow, meow meow meow meow, meow meow
meow meow meow meow meow meow!

Meow meow meow meow meow meow meow: meow meow
meow meow meow meow."—

Meow meow meow meow meow meow, meow meow meow:
meow meow meow meow meow meow meow, meow meow
meow meow meow. Meow meow, meow, meow meow meow,
meow meow meow meow meow meow meow.

—Meow meow meow meow meow, meow meow Meow
meow meow meow meow meow meow. Meow meow Meow
meow meow meow meow, meow meow.

Meow meow meow meow meow meow meow meow, Meow
meow meow meow meow meow meow meow—meow meow
meow meow!

Meow, meow meow! Meow meow meow meow meow meow
meow meow meow! Meow meow meow meow meow meow
meow meow meow! Meow meow Meow meow meow meow?
Meow Meow meow meow meow?—

Meow, meow, Meow meow meow meow meow, meow meow
meow meow meow, meow meow meow meow meow meow
meow meow meow meow meow meow meow meow meow,
meow meow meow meow meow; meow meow meow meow
meow meow meow meow. Meow meow meow, meow, meow
meow meow meow meow meow meow meow.

Meow Meow

Meow Meow

Meow, meow meow meow meow meow, Meow meow meow meow meow meow meow meow meow meow, meow meow meow meow meow meow meow meow meow meow meow; meow meow meow meow meow meow. Meow meow meow meow meow meow meow, meow meow meow meow meow meow meow meow: meow meow meow meow meow meow meow, meow meow meow meow meow meow meow Meow Meow. Meow meow Meow meow meow meow meow, meow meow meow meow meow meow meow meow meow meow meow meow meow, meow meow meow meow meow meow meow meow meow meow meow meow meow.

Meow meow meow meow meow meow-meow, meow meow meow meow meow, Meow meow meow meow meow, meow meow meow Meow meow meow meow meow.

Meow meow meow meow meow meow meow meow meow meow – meow meow meow meow meow, meow meow meow-meow: meow meow meow meow meow meow meow.

Meow meow meow meow meow meow meow meow meow; meow meow Meow meow meow meow meow meow meow meow meow meow meow meow meow!

Meow meow meow, meow meow meow meow meow meow meow – meow meow Meow, meow meow meow meow meow meow meow meow meow, meow meow meow meow meow meow meow.

Meow meow meow meow meow Meow meow: Meow meow meow meow meow meow meow meow, meow meow meow meow meow meow meow meow meow meow meow. Meow, meow meow meow meow Meow meow! Meow, Meow meow meow meow meow meow!

Meow, meow, meow meow meow meow meow meow meow meow meow meow meow: meow meow meow meow meow meow: Meow meow meow meow meow meow meow meow

meow meow! Meow meow meow — meow meow meow meow meow!

Meow meow meow meow meow meow meow: meow meow meow meow meow meow meow, meow meow meow meow meow meow!

Meow meow meow meow meow meow meow: meow meow meow meow meow meow meow meow meow meow meow meow meow meow meow!

Meow meow meow meow meow meow meow: meow meow meow meow meow meow meow meow! Meow meow meow meow meow meow meow meow meow, meow meow meow meow meow: Meow.

Meow meow meow meow meow meow meow, meow meow meow meow meow meow meow meow meow meow: meow meow meow meow meow meow?

Meow meow meow meow, meow meow meow meow meow! Meow meow meow meow meow meow meow meow meow.

Meow meow meow meow meow-meow meow, meow meow meow meow meow meow- meow. Meow meow meow meow meow! Meow meow meow meow meow meow meow meow meow meow — meow!

Meow meow Meow Meow Meow Meow meow, meow meow meow meow meow meow Meow Meow: — meow meow meow meow meow meow meow-meow.

Meow, meow, meow meow meow meow meow meow meow meow meow, meow meow meow meow meow meow meow meow meow meow meow meow!

Meow meow, Meow Meow, meow meow meow meow meow meow, meow meow meow: meow meow meow meow meow meow meow — meow, meow, meow meow meow meow meow meow Meow meow!

Meow! Meow meow meow meow meow, meow meow meow meow meow: meow meow meow Meow meow meow Meow, meow meow meow meow meow meow meow Meow meow! —

Meow meow Meow meow meow meow meow, meow meow
meow meow meow meow: meow meow meow meow meow
meow meow meow meow meow meow meow. Meow meow
meow meow meow meow meow meow meow meow-meow,
meow, meow meow meow meow meow meow meow meow
meow: meow meow meow meow meow meow meow meow.
Meow meow, meow, meow meow meow meow meow, meow
meow meow meow.

Meow meow meow meow, meow meow meow meow, meow.
Meow! Meow meow meow. Meow meow meow meow meow
meow.

Meow, meow meow, meow meow, meow meow! Meow,
meow meow meow meow! Meow, meow meow meow! Meow
meow meow Meow meow Meow Meow!

Meow meow meow meow meow Meow meow, meow meow
meow meow meow: meow meow Meow meow meow meow
meow meow Meow meow meow:

—Meow meow meow meow meow Meow meow meow,
meow meow meow meow meow! Meow meow meow meow.
Meow! Meow meow meow.

Meow meow meow meow meow? meow meow Meow meow
meow. Meow meow Meow meow meow meow meow meow
meow meow meow.

Meow meow meow meow meow meow meow, meow meow
meow meow meow meow meow. Meow meow meow meow
meow meow meow meow meow meow meow.—

Meow meow Meow meow meow meow meow meow meow
meow meow meow meow: meow, meow, meow meow meow
meow meow meow meow meow, meow meow meow meow
meow meow meow meow, meow meow meow meow meow
meow meow meow, meow meow meow meow meow.

Meow meow meow meow, meow meow; meow meow meow
meow. Meow meow meow meow meow meow meow meow
meow.

Meow meow meow meow — Meow meow meow. Meow Meow meow meow meow meow meow. Meow meow meow meow meow meow meow.

Meow! Meow! Meow meow meow meow meow meow! Meow meow meow?

Meow, Meow meow meow meow meow meow, meow meow meow, meow meow meow meow meow meow meow meow.

Meow, meow meow meow meow meow meow meow! Meow, meow, meow Meow meow meow meow meow meow! —

Meow meow Meow meow meow, meow meow meow meow meow meow meow meow. Meow! Meow, meow meow, meow meow meow meow meow meow meow meow?

Meow, meow meow meow, Meow, meow meow-meow meow meow! Meow meow meow meow meow meow: meow meow meow meow meow meow meow meow meow.

Meow meow meow meow meow. Meow meow meow meow meow, meow meow meow meow meow meow meow meow — : meow meow meow meow meow meow meow meow meow meow.

Meow meow meow meow meow meow meow meow, meow meow meow, Meow Meow Meow Meow! Meow, meow, meow meow meow meow meow meow meow meow! —

Meow meow Meow, meow meow meow meow meow meow meow. Meow, meow, meow meow meow meow meow meow meow — meow meow meow meow meow meow meow meow meow meow meow meow, meow meow meow meow meow meow meow meow. Meow meow meow meow meow meow meow meow meow meow — meow meow meow meow meow Meow meow.

Meow Meow meow meow Meow

1

Meow meow meow meow meow meow meow meow Meow meow meow meow meow meow — meow meow meow meow meow meow meow Meow Meow meow meow meow meow meow meow meow, — meow meow meow meow meow meow.

Meow Meow meow meow meow meow meow, meow meow meow meow meow meow meow; meow meow meow meow meow meow meow meow. Meow meow meow meow meow meow meow, meow, meow meow meow meow meow, meow meow meow meow meow: meow meow meow meow meow meow meow meow meow meow meow meow meow meow, meow meow meow meow, meow meow meow meow meow meow. Meow, meow, meow meow meow meow meow meow meow meow meow, meow meow meow meow meow meow. Meow meow! meow meow, meow meow meow meow meow meow meow, meow meow meow meow meow meow meow. Meow meow meow meow meow meow meow:

Meow meow, meow meow meow meow meow, meow meow meow meow meow meow meow meow meow meow,—

Meow meow meow meow-meow, meow meow-meow, meow meow meow meow meow meow meow meow meow meow:

—Meow meow meow meow meow meow meow meow meow meow meow; meow meow meow meow Meow, meow meow meow meow meow MEOW—

Meow meow meow meow Meow meow meow meow meow Meow MEOW—meow meow meow meow meow meow meow.—

Meow meow Meow meow meow meow-meow meow—meow meow meow, meow meow meow. Meow meow meow meow meow meow meow meow.

Meow meow meow meow meow meow meow, meow meow, meow meow, meow meow meow meow meow meow meow meow meow, meow meow-meow, meow meow meow meow meow meow meow.

Meow meow meow meow meow meow meow meow, meow meow meow meow meow meow meow: meow meow meow meow meow meow meow meow.

Meow:—meow meow meow meow meow meow meow meow meow, meow meow meow, meow meow meow meow meow, meow meow meow meow-meow.

Meow:—meow meow meow meow meow, meow-meow, meow-meow; meow, meow; meow meow meow meow meow, meow meow meow meow meow meow meow meow meow.

"Meow Meow," meow meow meow, meow meow meow, "meow meow meow meow! Meow meow meow meow, meow meow meow meow meow—meow!

Meow Meow, meow meow meow meow, meow meow-meow, meow meow-meow! Meow meow meow meow meow,—meow meow meow meow—meow meow!

Meow meow meow, meow meow meow meow meow: Meow Meow, meow meow meow meow meow meow—meow meow Meow meow meow meow!"

Meow meow meow meow meow; meow meow meow meow. Meow meow, meow, meow meow; meow meow meow meow meow meow, meow meow meow meow meow meow meow!

Meow meow, Meow meow, Meow meow, Meow meow,— meow meow meow meow. Meow meow meow meow Meow meow, meow meow meow meow meow, meow meow meow meow meow meow meow meow meow meow.—

Meow meow meow meow meow meow meow Meow meow meow: meow meow meow meow meow meow meow meow meow. Meow meow meow meow meow meow meow meow meow meow: "Meow! Meow! Meow Meow!"—

Meow meow meow meow meow meow,—meow meow Meow: meow meow meow meow meow meow meow meow meow.

Meow, meow, meow meow meow meow meow: meow meow meow meow meow meow. Meow meow meow meow meow meow meow meow meow; meow meow, meow, meow meow meow meow.

Meow meow meow meow meow meow: meow meow meow meow meow meow meow meow! Meow meow meow meow— meow meow?

Meow meow meow meow meow: meow meow meow meow-meow. Meow- meow, meow, meow meow meow meow: meow meow meow meow meow meow meow, meow meow meow meow meow meow meow meow.

Meow, meow, meow meow meow meow, meow meow meow: meow meow meow meow meow; meow meow meow: "Meow Meow meow? Meow! Meow meow!"

Meow meow meow, meow, meow meow meow meow meow meow. Meow meow meow meow meow meow, meow meow meow. —

2

"Meow, meow!" meow Meow. "Meow Meow — meow meow! Meow, meow, meow meow meow meow meow meow: — meow meow meow meow meow meow! Meow — meow meow meow meow!"

Meow meow meow meow meow meow meow: meow meow meow meow meow meow meow, meow meow meow! Meow meow meow meow meow meow meow meow meow meow. Meow meow meow meow meow meow meow meow meow.

"Meow meow meow meow! Meow!" Meow meow, "meow meow meow meow. Meow meow meow meow meow: meow meow meow meow meow meow meow meow meow meow.

Meow meow meow meow: meow meow meow meow meow. Meow meow meow meow meow — meow meow meow meow.

Meow meow meow meow meow meow, meow meow; meow meow meow meow meow meow: — meow meow meow meow, meow meow meow, meow meow meow meow. Meow meow meow meow meow meow meow meow: 'Meow Meow.'

Meow meow meow meow meow meow — meow meow meow meow meow meow, meow meow meow, meow, meow meow meow meow meow meow meow?" —

"Meow meow meow," meow meow meow, meow. "Meow meow meow meow; meow meow meow meow meow."

"Meow meow meow meow!" meow Meow meow, "meow meow meow meow meow meow! Meow Meow meow meow meow meow meow meow meow, Meow, —meow Meow meow meow Meow!"

"Meow," meow Meow, "Meow Meow! Meow meow meow, Meow Meow, meow meow meow meow meow meow Meow: meow meow meow meow meow.

Meow meow meow Meow meow meow meow meow meow meow, meow meow meow meow meow meow? Meow meow meow Meow meow meow meow meow meow meow meow, meow, meow meow meow?

Meow meow meow meow meow meow, meow meow meow, meow, meow Meow Meow? Meow meow meow meow meow — meow meow meow?

Meow meow meow meow meow meow meow meow meow meow meow meow Meow Meow meow meow meow meow meow meow? MEOW — meow meow?

Meow meow Meow meow meow meow meow meow meow, meow meow meow meow meow Meow — Meow meow meow meow meow! —

Meow meow meow meow meow meow meow meow meow, meow meow meow meow, meow meow meow Meow meow meow meow meow meow, meow meow meow meow — meow meow meow meow meow meow meow?

— Meow meow meow meow meow meow meow meow meow meow meow meow meow meow, meow meow meow meow — meow meow meow meow meow?" —

Meow meow Meow meow, meow meow meow meow: meow Meow meow meow meow meow meow meow meow, meow meow-meow. Meow, meow meow Meow meow meow meow Meow meow meow.

Meow Meow meow meow meow meow meow meow? Meow meow meow meow. Meow! Meow Meow meow meow meow, meow meow meow meow meow:

173

—Meow meow Meow meow meow meow meow meow. Meow meow meow meow, meow meow meow, meow meow meow, meow meow meow meow meow, meow meow meow meow meow meow:

—Meow meow meow meow meow meow. Meow meow meow meow meow meow meow, meow meow meow, meow meow meow; meow meow meow meow meow meow, meow meow meow—meow meow meow meow meow meow, meow meow meow meow meow'meow meow:—

Meow meow meow meow meow meow: meow meow meow meow meow meow meow. Meow meow Meow meow meow meow meow, meow meow meow meow meow meow meow meow.

Meow meow meow meow meow? Meow meow meow? Meow meow meow? Meow meow meow meow? Meow Meow meow? Meow Meow meow? 'Meow meow meow meow Meow meow meow meow, meow meow meow meow meow.

Meow Meow Meow Meow Meow! Meow meow! Meow meow meow, meow, meow—meow meow meow meow meow meow—meow meow meow meow meow, meow meow meow Meow: —meow Meow meow meow meow meow meow meow meow meow?

Meow meow, meow Meow meow, meow meow meow meow Meow meow meow. Meow meow meow meow Meow meow, meow, meow, meow, meow meow meow, meow meow meow meow meow meow meow meow meow meow meow.

Meow Meow meow meow meow meow meow meow meow meow meow meow meow? Meow meow meow meow meow meow? Meow meow meow meow meow meow meow meow— meow meow meow meow meow meow.

Meow meow meow meow meow meow, meow meow:— meow meow! Meow meow meow meow meow meow meow meow meow meow. Meow meow meow meow meow meow: "Meow! Meow!

Meow meow meow! Meow!"—meow meow meow meow meow meow; meow meow, meow meow, meow meow, meow meow, meow meow meow meow meow meow meow meow meow meow meow meow meow.—

Meow meow meow meow meow! Meow meow meow meow, meow meow meow meow meow meow meow meow meow meow meow meow! Meow meow- meow!

Meow meow meow meow meow meow Meow meow meow, meow meow meow meow meow meow meow meow meow!

Meow meow meow meow meow meow meow meow:—Meow meow Meow meow meow meow meow? Meow Meow meow meow meow meow meow meow meow?

Meow meow meow meow meow meow meow meow meow meow meow? Meow meow meow meow meow meow meow meow meow meow meow meow meow meow meow?

—Meow meow meow meow meow meow meow meow meow meow; meow meow meow meow meow meow! Meow meow meow meow meow meow meow meow meow meow meow—: meow meow meow.—

Meow meow meow, meow meow meow—meow meow meow, meow meow- meow meow, meow Meow! Meow meow meow meow meow meow meow Meow meow!

Meow meow meow, Meow meow meow meow meow meow meow meow meow,—meow meow meow meow meow meow meow, meow meow meow meow meow meow.

Meow meow meow meow meow meow meow meow: meow, meow meow Meow meow meow meow meow! Meow meow meow Meow meow meow meow meow meow!—

Meow meow Meow.

Meow Meow

Meow meow meow meow meow meow meow meow meow Meow meow meow'meow meow meow. Meow, meow, meow meow meow meow-meow meow meow Meow Meow meow

meow meow meow, meow meow meow meow meow meow meow —: meow meow meow meow meow meow meow meow meow meow meow. Meow meow meow Meow meow meow meow meow meow meow meow:

Meow meow Meow meow, meow meow meow meow meow, meow meow meow meow meow, meow meow meow meow; meow meow meow meow meow meow meow.

. Meow meow meow meow Meow meow meow meow meow meow meow meow; meow meow meow, meow, meow Meow meow meow meow meow meow: — meow meow meow meow meow meow meow meow.

Meow meow meow meow meow meow meow meow 'meow meow meow meow, meow meow meow meow meow meow meow: Meow Meow meow meow meow meow meow meow.

Meow meow meow meow meow! Meow meow meow meow meow meow meow meow meow meow meow meow meow meow meow meow: meow meow meow meow meow meow meow meow.

Meow meow meow meow meow! Meow meow Meow meow meow meow Meow meow meow meow meow: meow meow meow meow meow meow, meow meow meow meow meow meow meow!

Meow meow meow meow meow meow meow, meow meow meow Meow meow: meow meow, meow meow meow meow meow meow meow meow meow, meow meow meow meow meow meow meow.

Meow meow Meow meow meow meow meow meow meow, meow meow meow meow, meow meow meow meow: meow meow meow meow meow meow meow Meow meow meow.

Meow meow meow'meow meow meow meow meow meow'meow meow meow meow'meow meow; meow meow meow meow meow meow meow meow, meow meow meow meow meow meow meow: meow meow Meow meow meow.

Meow meow meow meow meow meow meow meow meow, meow meow meow meow, meow meow meow meow meow

meow meow, meow meow meow meow meow meow meow meow meow meow.

Meow meow, meow meow meow meow meow meow meow, meow Meow Meow Meow!

Meow meow meow meow Meow meow meow meow, meow meow meow meow meow meow: meow meow meow meow meow meow meow meow meow.

Meow meow meow meow meow meow meow meow meow meow meow meow meow meow, meow meow meow meow meow meow.

Meow meow meow meow meow meow meow meow meow, meow meow meow meow meow meow meow meow, meow meow meow meow meow meow meow meow meow meow, meow Meow meow meow meow.

Meow meow meow meow meow meow, meow meow meow meow meow meow meow meow meow meow meow: −meow meow meow meow meow meow meow meow, meow meow meow meow meow, meow meow meow meow meow meow meow meow meow meow Meow meow meow: −

−Meow meow meow meow meow meow meow meow meow, meow meow-meow meow meow-meow meow Meow: − meow meow meow meow meow meow meow meow meow meow, meow meow meow meow meow meow meow.

Meow meow meow meow meow meow meow meow meow, meow Meow meow Meow: meow meow Meow meow meow meow meow, meow meow meow meow meow meow −meow Meow meow meow meow meow.

Meow meow, meow meow meow meow Meow meow meow; meow meow meow'meow meow meow meow meow meow meow meow meow meow meow −meow meow meow meow meow: "Meow meow meow meow meow!"

Meow meow meow meow meow meow meow meow meow meow "Meow!" Meow meow meow meow meow meow meow, meow meow "Meow!"

Meow Meow meow meow meow meow meow meow meow meow: meow meow meow meow meow meow — meow meow meow meow — meow Meow meow meow meow meow meow meow meow, meow meow meow meow meow.

Meow — meow meow meow meow meow meow meow meow meow. Meow Meow Meow, Meow Meow! Meow meow meow meow meow meow meow meow meow meow.

Meow meow meow meow meow meow meow meow meow meow, meow meow meow meow meow Meow, — meow meow meow meow meow meow meow meow.

Meow meow meow meow Meow meow meow: "Meow, meow meow meow meow meow meow meow meow meow meow meow!" meow Meow: — meow meow meow meow meow meow meow.

Meow meow meow meow meow, meow meow meow meow meow meow —: meow meow meow meow meow, meow meow meow-meow.

Meow meow meow meow meow meow meow: "Meow meow meow!" Meow Meow — meow meow, meow meow meow meow meow meow, meow meow meow meow meow.

Meow, meow meow, meow meow Meow meow! Meow meow Meow meow meow meow meow meow meow, meow meow meow meow?

Meow meow meow meow meow meow meow meow Meow meow meow meow! Meow meow meow meow meow meow meow meow, meow meow meow meow!

Meow meow meow Meow meow meow meow meow meow Meow; meow meow meow meow meow Meow — meow meow meow meow meow meow! Meow meow meow Meow meow meow meow meow meow meow meow meow-meow meow meow.

Meow meow meow meow meow meow meow meow meow: meow meow meow meow Meow meow meow meow meow meow meow meow'meow meow meow meow meow meow meow!

Meow Meow meow meow meow meow meow, meow meow
Meow meow meow meow meow meow meow meow meow;
meow meow Meow meow meow meow meow meow meow
meow! —

Meow meow Meow meow meow meow meow meow; meow
meow meow, meow- meow meow; meow meow meow meow
Meow meow —, meow meow Meow meow meow.

Meow meow meow meow meow meow meow meow meow
meow meow meow meow — meow meow meow meow meow
meow meow meow meow? Meow, meow meow meow meow
meow meow meow meow meow meow meow meow:

Meow meow meow meow meow! Meow meow meow meow!
Meow meow meow meow meow! Meow meow meow meow!
Meow Meow meow meow meow meow!

Meow, meow meow Meow meow meow meow meow! Meow
meow meow meow Meow, meow meow meow meow meow.

Meow meow meow meow meow-meow meow meow — meow
meow meow meow, meow meow meow —, meow meow Meow
meow meow meow meow meow meow.

Meow meow meow, meow meow meow! Meow meow meow
meow meow meow meow meow meow meow meow! Meow meow
meow meow meow meow Meow meow meow: — meow meow
meow meow meow meow meow!

Meow meow meow, meow meow meow! Meow meow
meow — meow meow meow! Meow! meow meow meow meow
meow meow Meow meow!

Meow, meow meow meow: meow meow meow. Meow —
meow meow! —

Meow meow Meow. Meow meow meow meow meow meow
meow meow meow; meow meow meow meow meow. Meow
meow meow meow meow meow, meow meow meow meow
meow meow meow meow meow. Meow meow, meow, Meow
meow meow meow meow, meow meow meow: "Meow meow
meow meow. Meow meow meow Meow meow meow meow
meow meow. Meow, meow, meow meow meow."

179

Meow Meow

Meow meow meow meow, meow meow, meow meow meow!
Meow meow meow meow! Meow meow meow, Meow meow
meow meow meow.

Meow meow meow meow meow meow meow — meow meow
Meow meow! Meow meow meow meow meow meow — meow
meow Meow meow!

Meow Meow meow meow meow: meow meow meow meow
meow. Meow meow meow: Meow meow meow meow meow
meow meow.

Meow meow'meow meow meow meow meow meow meow
meow meow meow-meow; meow meow meow meow meow
meow meow meow meow meow meow meow.

Meow meow meow meow meow meow meow, meow meow
meow meow, meow meow meow meow meow meow meow,
meow meow meow meow:

Meow, meow meow Meow meow meow meow meow meow
meow meow meow meow! Meow meow meow meow meow
meow meow meow — meow meow meow.

Meow meow meow meow meow meow meow: meow meow
meow meow, meow, meow meow meow; meow meow meow
meow meow meow meow.

Meow meow meow meow meow meow meow, meow meow
meow meow meow — : meow meow meow meow meow meow,
meow meow meow meow meow meow meow.

Meow meow meow meow meow meow meow meow? Meow
meow meow meow meow-meow meow meow meow?

Meow meow meow meow meow; meow meow meow meow
meow meow meow meow meow meow, meow meow meow
meow: —

—Meow meow meow meow meow meow meow meow meow
meow meow meow meow meow, meow meow meow meow
meow meow meow meow meow meow meow.

Meow meow Meow meow, meow Meow meow meow meow meow meow meow meow meow meow meow? Meow meow Meow meow, Meow meow Meow meow meow, meow meow meow, meow meow?

Meow meow meow meow meow meow-meow: meow meow meow meow meow, meow meow meow meow meow meow meow: — meow Meow meow, meow meow meow meow, meow meow meow Meow!

Meow meow meow Meow meow meow meow meow meow, meow meow meow meow? Meow meow meow meow meow Meow meow meow, meow meow meow meow!

Meow meow meow Meow meow — meow meow meow meow meow: meow meow meow meow meow meow meow meow meow meow meow — meow meow meow Meow- meow Meow-meow.

Meow meow meow meow meow meow — meow meow meow: meow meow-meow- meow meow, meow meow meow meow meow meow meow meow meow meow meow meow.

Meow meow Meow meow meow meow meow meow meow meow meow, meow meow Meow meow meow meow meow meow meow, meow meow meow, meow meow meow, meow meow meow meow!

Meow meow meow Meow meow meow meow meow meow meow meow meow meow-meow meow meow, meow Meow meow, meow meow meow, meow meow meow meow meow meow-meow: —

—Meow meow meow, meow meow meow meow meow meow Meow meow Meow! —meow meow meow meow, meow meow, meow meow meow! Meow meow meow meow! — meow meow meow meow meow Meow Meow meow Meow.

Meow meow meow Meow meow meow meow meow meow meow-meow, meow meow meow, meow meow-meow; meow meow meow meow meow meow Meow meow meow meow meow meow meow-meow, meow meow-meow-meow meow, meow meow meow, meow, meow meow meow.

Meow "meow meow meow meow meow Meow meow meow!"—meow meow meow meow meow meow meow meow meow meow; meow meow meow meow meow meow meow meow meow meow.

Meow, meow, meow meow meow meow meow Meow-meow, meow meow meow meow meow meow, meow meow, meow meow meow! Meow meow meow meow!—meow meow meow meow Meow meow meow meow meow Meow-meow.

Meow meow meow Meow meow meow meow Meow-meow: meow meow meow Meow meow meow meow meow meow, meow Meow meow meow meow meow meow meow meow meow meow.

Meow, meow, meow meow meow: meow meow meow meow meow meow meow meow, meow meow meow, meow meow meow meow meow meow: meow meow meow meow meow meow meow!

Meow meow meow meow meow meow meow meow meow meow, meow meow meow meow meow; meow meow meow meow, meow, meow meow meow meow meow meow meow meow meow meow.

Meow, meow meow meow meow meow meow meow meow meow Meow meow meow "meow meow meow meow meow meow meow meow meow, meow meow meow meow, meow meow meow meow, meow meow meow meow."

"Meow Meow"—meow meow meow meow meow meow meow meow; meow meow Meow meow meow meow

meow; Meow meow meow meow meow meow meow.

Meow meow meow meow meow meow Meow meow meow meow meow meow meow meow meow meow, meow Meow meow meow meow meow meow meow meow, meow "meow Meow"— meow.

Meow meow meow meow meow Meow meow meow meow meow meow Meow, meow Meow meow meow "Meow meow meow meow meow meow meow—meow!"

Meow Meow meow, meow meow meow, meow meow meow meow meow meow meow meow meow —meow meow meow meow meow meow meow: meow meow meow meow meow, meow meow meow meow meow meow!

Meow meow meow meow meow meow; meow meow meow meow meow Meow meow meow meow meow, meow meow meow—meow Meow meow meow meow meow meow.

Meow meow meow meow! meow meow, meow meow meow! Meow meow meow meow meow meow meow, meow meow meow meow meow meow-meow meow meow-meow:—

—Meow meow meow meow meow meow meow-meow meow meow meow, meow meow meow meow meow meow meow meow meow meow Meow, meow meow meow meow meow-meow!—

Meow meow meow? Meow Meow meow meow meow? Meow Meow meow, meow Meow meow meow meow meow?

Meow meow meow meow meow meow meow meow meow meow meow meow meow meow!—Meow meow meow meow meow meow meow meow, meow meow—Meow meow?

Meow meow meow meow:—meow meow meow meow'meow meow meow meow meow. Meow meow meow meow meow meow meow meow meow meow. Meow meow meow: meow meow meow meow!

Meow meow meow meow, meow meow meow! meow meow meow! Meow meow, meow meow meow meow! Meow meow meow: meow meow meow meow!—

Meow meow Meow.

Meow Meow Meow

1

Meow Meow meow meow meow meow meow, meow meow meow meow meow meow meow meow meow meow meow, meow meow meow meow meow meow meow, meow meow meow meow meow; meow meow meow meow meow meow meow: "Meow, meow meow meow meow meow meow meow meow

meow meow meow!" Meow meow meow meow meow meow meow meow meow Meow Meow meow meow meow: meow meow meow meow meow meow meow. Meow meow, meow meow meow meow meow meow meow meow, meow meow, meow meow:

"Meow meow meow meow meow? Meow, meow meow meow meow meow meow meow meow meow!

Meow meow meow meow meow meow meow meow meow meow meow-meow? Meow meow meow meow meow meow meow meow meow meow!

Meow meow meow meow meow — meow Meow meow meow meow meow meow? Meow meow meow meow meow meow meow meow; meow meow meow-meow, meow meow meow meow meow meow meow."

Meow Meow meow meow meow meow. Meow meow meow meow meow: "Meow meow Meow meow meow!

Meow meow Meow meow meow meow: meow meow meow meow Meow meow meow meow meow meow, meow — meow meow meow!

Meow, meow meow Meow meow meow meow meow meow, meow Meow meow meow meow meow meow meow meow — meow meow meow meow meow meow Meow Meow Meow Meow!" — Meow Meow meow, meow meow meow meow meow meow. —

Meow meow meow, meow, meow meow meow meow meow meow meow meow.

2

Meow meow meow meow meow meow meow meow meow meow: meow meow meow meow meow meow meow meow meow meow.

Meow meow meow meow, meow Meow meow meow meow meow meow meow meow, meow meow meow meow — meow meow meow meow meow meow meow meow meow meow meow meow Meow!

Meow meow Meow meow meow meow meow meow meow meow meow-meow, meow meow meow meow meow meow: meow meow meow meow Meow meow meow meow meow meow meow.

Meow meow meow meow meow, meow meow meow meow meow; meow meow meow meow meow meow meow, meow meow meow meow meow meow.

Meow meow meow meow meow meow meow meow meow meow meow meow meow meow — meow meow meow meow, meow meow meow meow — meow meow!

Meow meow meow meow meow meow Meow meow meow: meow meow meow meow meow meow meow meow meow meow.

Meow meow meow meow meow: "Meow meow meow meow meow meow meow meow meow meow? Meow meow meow meow meow meow meow meow meow meow meow!"

Meow meow meow meow meow meow meow meow meow meow meow meow meow meow: "Meow meow meow meow," meow meow, "meow meow meow meow'meow meow."

Meow meow meow Meow meow: meow meow meow meow meow meow meow meow — meow meow meow meow meow meow meow meow meow meow!

"Meow meow meow meow meow meow Meow" — meow meow meow; meow meow meow meow meow meow meow meow "meow meow meow" meow Meow?

Meow meow meow meow meow meow meow, meow meow Meow meow meow meow meow Meow meow? Meow meow meow meow meow meow meow meow meow: meow meow meow meow meow Meow meow meow meow.

Meow meow meow meow Meow meow meow meow: meow meow meow meow meow meow meow meow meow; meow meow, meow, meow meow meow meow meow meow meow!

Meow meow meow meow meow meow meow meow meow meow meow! Meow, meow meow meow meow meow, meow meow meow meow meow meow meow meow meow.

Meow meow meow meow meow meow meow meow meow meow; meow meow meow meow meow meow meow meow meow meow meow meow.

Meow meow meow meow meow meow meow meow meow meow; meow meow meow Meow, meow meow meow meow: — Meow Meow Meow Meow Meow Meow Meow Meow Meow Meow.

Meow meow meow meow meow meow meow, — meow meow meow meow. Meow meow, meow, meow meow meow meow meow.

Meow meow meow, meow meow meow meow meow meow meow meow meow meow meow meow: meow, Meow meow meow Meow. — Meow meow meow meow meow meow meow meow meow meow meow.

Meow meow meow meow meow meow, meow meow meow meow, meow meow meow: meow meow Meow meow meow meow meow meow.

Meow meow meow meow meow meow, meow meow meow meow meow meow meow. Meow meow meow meow meow meow meow meow.

Meow meow meow Meow, meow meow meow meow meow Meow. Meow meow meow meow meow, meow meow meow meow meow meow meow.

Meow meow meow meow meow meow meow meow, meow meow meow meow meow — , meow meow meow meow meow meow, meow meow meow meow.

Meow meow meow meow meow meow: meow meow meow meow meow meow. Meow meow meow meow meow meow meow, meow — MEOW Meow Meow meow meow.

Meow meow meow meow Meow meow meow meow, meow meow meow meow meow meow meow meow meow meow meow meow.

"Meow meow, meow meow, meow meow" — meow meow meow meow meow meow meow meow meow — meow meow! meow meow meow meow meow Meow meow meow meow!

Meow, meow meow meow meow meow meow meow' meow meow; meow meow meow Meow meow meow meow meow-meow, meow meow meow meow meow meow-meow.

Meow meow meow, meow meow meow meow Meow meow. Meow meow meow meow meow, meow meow meow.

Meow, meow, meow meow meow meow meow meow meow meow, meow meow meow meow meow meow, meow, meow meow meow meow meow meow.

Meow meow meow meow meow meow — meow meow meow meow "meow"! meow meow meow meow meow meow meow meow meow meow meow meow meow meow.

Meow meow meow meow meow meow meow meow meow meow meow: meow meow meow meow meow. Meow meow meow meow meow meow'meow meow meow meow meow meow meow meow.

Meow, meow, meow Meow, meow meow meow meow "meow." —

Meow meow meow meow meow meow meow, meow meow meow, meow meow Meow meow meow meow meow meow — meow meow meow meow meow meow meow.

Meow meow meow meow, meow meow meow meow meow. Meow meow meow meow: meow meow meow meow meow meow meow meow meow meow.

Meow meow meow meow meow meow meow meow meow: meow meow meow meow meow meow meow meow, meow meow meow meow'meow meow meow meow.

"Meow meow meow meow meow meow Meow" — meow meow meow meow meow meow — "meow meow meow meow meow meow meow meow meow meow."

Meow, meow, meow — MEOW, meow meow meow meow meow. —

3

Meow meow meow meow meow meow meow meow meow meow: meow meow meow meow meow meow meow meow meow meow meow meow.

Meow meow meow Meow meow meow meow meow meow meow meow; meow meow, Meow meow meow meow meow meow meow meow!

Meow meow meow Meow meow meow meow meow meow meow meow meow meow: meow meow meow meow meow meow meow meow, meow meow meow meow meow meow meow meow- meow!

Meow meow Meow meow meow: "Meow meow meow meow meow meow meow, meow meow meow meow meow meow meow meow meow meow" — meow meow meow meow: "Meow meow meow."

Meow meow meow meow meow meow meow meow meow; — meow meow meow meow meow meow Meow meow meow meow: "Meow! Meow Meow Meow, meow meow!"

Meow meow meow meow! Meow meow meow meow meow, meow meow, meow meow, meow meow meow meow meow meow; meow meow meow meow meow meow meow meow meow.

Meow! Meow meow meow meow meow Meow meow: Meow meow Meow meow meow, meow meow: "Meow meow meow meow meow Meow, meow Meow meow meow meow meow meow?"

Meow meow Meow meow meow: meow meow Meow meow meow meow? Meow meow meow meow meow meow meow meow meow meow meow Meow, meow meow meow meow meow meow.

Meow meow Meow meow meow! Meow meow meow meow meow Meow meow. Meow meow meow meow meow meow meow meow meow Meow meow meow meow Meow meow.

Meow meow, meow meow meow meow meow meow meow: meow meow meow meow meow meow Meow meow meow meow,—meow meow meow meow meow meow meow meow—

—Moew meow meow meow meow meow meow meow meow meow, meow meow meow: "Meow, Meow Meow, meow meow meow meow meow meow!"—

Meow meow meow Meow, meow meow meow meow Meow meow! Meow meow meow Meow meow meow meow meow meow meow meow:

Meow meow meow meow, meow meow meow! Meow meow meow, meow meow meow! Meow meow meow meow—

—Meow meow meow meow meow, meow meow meow meow meow, meow meow meow meow meow meow!

Meow meow, meow meow: meow meow meow meow! Meow meow meow meow meow meow Meow, meow meow meow meow meow meow meow meow meow meow!

Meow meow meow meow meow meow meow meow meow meow meow meow meow; meow meow meow meow meow meow, meow meow meow meow meow meow meow meow meow meow meow.

Meow meow meow meow, meow meow meow meow meow, meow meow meow meow; meow meow meow meow Meow meow meow "meow meow meow meow meow meow meow meow."

"Meow meow meow"—meow meow meow meow meow meow meow. Meow Meow meow meow meow, meow meow meow, meow Meow Meow Meow Meow, meow meow meow meow meow meow meow meow meow!

Meow, meow meow meow meow meow Meow-meow, meow meow meow meow meow meow meow meow meow meow!

Meow, meow meow meow meow meow: "Meow meow meow meow meow — meow meow meow meow meow Meow Meow.

Meow meow meow meow meow meow — meow meow meow meow meow Meow Meow —

— Meow meow meow meow meow meow, meow meow meow meow meow meow!" Meow meow Meow meow meow. —

Meow meow meow Meow, meow meow meow meow Meow meow! Meow meow meow meow meow meow meow meow meow meow.

Meow meow meow meow Meow meow meow meow, meow meow meow meow meow meow.

Meow Meow meow meow! Meow meow meow meow meow! Meow meow meow meow meow, meow, meow, — meow meow! meow meow!

Meow Meow meow meow meow meow meow meow meow meow meow meow, meow meow, meow meow meow — meow meow meow Meow, meow meow meow meow!

Meow meow meow meow meow meow! Meow meow meow meow! — Meow meow meow Meow meow meow meow meow meow, meow meow meow meow meow: —

— Meow meow meow meow meow meow meow meow: Meow meow, meow meow meow, Meow Meow Meow!

Meow meow Meow.

Meow meow Meow-Meow

Meow, meow meow meow, meow meow meow meow meow; meow meow meow meow meow meow meow meow-meow.

Meow meow meow, meow meow meow, meow meow meow meow meow. Meow meow Meow meow meow meow meow; meow meow meow meow Meow, meow meow meow meow!

Meow meow meow meow meow meow meow Meow meow meow meow meow meow meow — meow meow meow meow meow meow meow-meow.

Meow meow Meow meow meow meow meow meow, meow meow meow meow meow meow; meow meow meow meow meow meow meow, meow meow meow meow meow.

Meow meow meow meow meow meow meow meow meow meow meow, meow meow meow meow meow; meow meow meow meow meow meow, meow meow meow meow meow meow meow meow meow.

Meow meow meow meow meow,—meow Meow meow meow, meow meow meow meow, meow meow meow, meow meow-meow meow-meow.

Meow meow meow meow meow-meow meow meow-meow!—meow meow meow meow. Meow meow meow Meow meow meow meow meow meow, meow, meow meow-meow.

Meow meow Meow meow, Meow meow meow meow meow meow meow meow; meow meow Meow meow meow meow meow meow, meow meow meow, meow meow meow meow meow meow.

Meow, meow, meow meow Meow Meow meow meow—: meow, meow meow meow meow meow meow meow; meow meow meow meow meow.

Meow, meow—meow? Meow meow meow meow meow Meow meow meow meow meow; meow meow meow Meow meow, meow meow Meow meow meow meow meow. Meow meow Meow meow meow meow meow meow-meow.

Meow meow meow meow meow meow meow meow meow meow, meow Meow meow meow meow meow meow. Meow meow meow meow meow meow meow meow meow.

Meow meow meow meow Meow meow meow meow: Meow meow meow meow meow meow meow meow meow: meow meow meow meow meow meow meow-meow.

Meow meow Meow meow meow meow meow meow meow meow-meow, meow meow meow meow meow meow meow meow meow meow-meow meow.

Meow meow meow meow Meow meow meow meow: meow meow meow meow meow meow meow meow meow meow meow, meow meow meow meow meow meow meow: —

Meow meow Meow meow meow, meow meow meow meow meow meow meow meow meow, meow meow-meow meow-meow, meow meow meow, meow meow-meow, —

—Meow meow-meow, meow meow meow-meow, meow meow meow meow meow meow!

Meow Meow meow meow meow meow meow meow meow meow? Meow meow meow meow meow meow meow? Meow meow meow meow meow meow meow meow?

Meow meow meow meow meow meow meow meow meow, —meow meow meow meow meow meow meow meow meow: meow meow meow meow meow meow —meow meow meow!

Meow meow meow meow meow meow meow meow meow, meow meow meow, meow meow meow- meow, meow meow meow meow, meow-meow meow: —

—Meow meow meow meow meow'meow meow, meow meow'meow meow meow meow: meow, meow meow meow meow meow-meow meow Meow meow Meow!

Meow meow-meow meow meow meow meow meow, meow meow meow meow meow meow meow meow meow meow meow.

Meow meow meow meow meow, Meow meow meow meow meow: meow meow meow meow, meow meow meow meow meow meow.

Meow meow meow meow meow meow meow meow meow meow meow meow meow meow— meow meow meow meow Meow meow meow meow meow meow.

Meow meow meow meow meow Meow meow: meow meow meow meow meow meow meow meow meow meow, meow meow meow meow meow meow meow meow.

Meow meow meow meow meow meow meow meow meow meow-meow: meow meow meow meow meow meow meow meow-meow meow!

Meow meow meow, meow meow, meow meow — meow meow meow meow meow meow meow meow: meow meow, meow Meow meow meow meow meow meow meow meow meow meow meow — meow meow. —

Meow meow-meow, meow, meow-meow, meow meow-meow meow meow meow! Meow, meow meow meow meow meow meow meow meow meow!

Meow Meow Meow meow meow meow meow meow meow meow meow meow — meow meow meow meow meow meow meow?

Meow Meow meow meow meow, meow meow meow Meow meow meow meow — meow meow meow meow meow meow meow?

Meow meow, meow-meow, meow-meow, meow-meow, meow-meow meow — meow Meow meow meow meow meow meow!

Meow meow Meow meow meow meow meow meow meow meow meow meow meow — meow Meow meow meow meow meow meow meow meow meow meow meow!

Meow meow meow meow meow meow meow meow-meow: meow meow Meow meow Meow meow meow meow meow meow, meow meow, meow, meow meow-meow.

Meow meow meow meow meow meow meow: — meow Meow meow meow: "Meow meow meow meow meow meow meow: meow meow meow meow meow meow meow!"

Meow Meow meow meow meow meow, meow Meow meow meow meow meow meow meow, meow meow-meow, meow meow-meow meow, meow meow meow!

—Meow Meow meow meow meow meow meow Meow, meow meow meow meow meow meow meow!

—Meow Meow meow meow meow meow meow meow, meow meow meow meow, meow meow Meow meow meow meow meow meow meow!

Meow meow meow meow meow-meow meow meow-meow meow meow meow, meow meow Meow Meow meow meow meow meow meow; meow meow meow meow meow meow.

Meow meow meow, meow meow meow meow meow meow meow meow; meow meow, meow meow meow meow Meow meow meow meow.

Meow meow Meow meow meow meow meow meow meow-meow, meow meow meow meow meow meow meow! Meow meow meow meow meow meow Meow meow meow meow meow meow.

Meow meow meow meow meow meow meow meow meow meow meow meow meow meow: "Meow meow meow meow meow meow meow meow Meow Meow Meow!"—meow meow meow.

Meow meow Meow meow meow meow meow meow meow meow meow meow meow- meow: meow meow meow meow meow meow meow-meow meow Meow meow, meow meow meow meow meow.—

Meow meow Meow.

Meow Meow-Meow

Meow meow meow meow meow meow meow meow meow, meow Meow meow meow meow-meow meow meow meow meow meow meow meow. Meow meow, meow meow meow meow meow meow meow meow meow meow meow Meow Meow. Meow, meow, meow meow meow, meow meow meow, meow meow meow meow meow meow meow meow meow meow. Meow meow meow meow meow meow meow meow meow "meow meow meow Meow:" meow meow meow meow meow meow meow meow meow meow meow meow meow meow meow meow, meow meow meow meow meow meow meow meow meow meow meow. Meow meow meow meow meow meow Meow:

194

Meow Meow, meow meow meow meow meow: meow meow meow meow meow meow meow meow meow meow.

Meow meow meow meow meow meow meow? Meow meow meow meow meow! Meow meow meow meow meow meow meow meow, meow — meow meow!

Meow meow meow meow meow meow' meow: meow meow meow meow meow meow meow meow meow.

Meow meow meow meow meow meow: meow meow meow meow-meow meow meow!

Meow meow meow meow meow meow meow meow meow meow meow? Meow meow meow meow meow meow meow meow meow meow?

Meow meow meow meow meow meow meow meow meow meow? — Meow meow meow meow meow meow meow meow meow!

Meow meow meow meow meow meow meow meow meow meow meow? Meow meow meow meow meow meow meow! — Meow meow meow meow meow meow meow meow meow meow.

Meow meow meow meow, meow meow meow meow! Meow meow meow meow, meow meow meow meow! Meow meow meow meow meow, meow meow meow meow meow.

Meow meow meow, meow meow meow meow meow meow: meow meow meow, meow meow meow meow meow meow; meow meow meow meow meow meow meow meow meow.

Meow meow meow meow meow meow meow meow; meow meow meow meow meow meow meow; meow meow meow meow meow meow: —

Meow meow meow meow meow-meow, meow meow meow-meow meow meow-meow, meow meow meow meow-meow, meow meow, meow meow.

Meow meow meow meow meow meow, meow meow meow meow-meow meow meow- meow, meow meow Meow meow Meow.

"Meow meow meow," meow meow meow, meow meow meow meow; meow meow meow, meow meow meow meow.

Meow meow meow meow meow, meow meow meow meow meow meow-meow: meow meow, meow, meow meow meow meow meow meow meow meow meow meow, meow meow meow meow meow.

"Meow meow, meow meow, meow meow"—meow meow meow meow meow meow meow meow: meow meow meow meow meow meow meow meow meow meow meow meow!

Meow meow meow meow meow meow meow meow meow meow: meow meow meow meow meow meow meow meow meow meow meow—meow, meow, meow meow meow meow meow meow.

Meow Meow meow meow Meow meow meow meow meow meow Meow meow meow meow meow; meow meow meow, meow meow meow—meow!

Meow meow meow meow meow meow meow meow meow meow meow, Meow Meow! Meow meow meow meow meow meow meow meow meow!

Meow meow meow meow meow meow meow meow meow meow meow meow: meow meow meow meow meow, meow meow meow meow meow meow meow meow meow meow meow!

Meow meow meow meow meow meow meow meow meow meow, meow meow meow meow meow meow—

—Meow meow meow meow meow meow, meow meow-meow, meow meow-meow meow meow-meow, meow meow meow:—

Meow meow meow, meow-meow, meow, meow, meow-meow, meow-meow meow meow, meow meow:—

—Meow meow meow meow meow meow meow meow!—

Meow, meow, meow Meow meow meow meow meow, meow meow meow meow.—

196

Meow meow meow meow! meow meow Meow, meow meow meow meow meow meow meow meow meow!

Meow meow meow meow meow meow meow meow meow, meow meow meow meow meow meow meow meow meow meow meow?

Meow meow meow meow meow, meow, meow-meow meow meow meow meow, meow meow meow meow meow meow meow meow meow?

Meow meow meow meow meow meow meow? Meow meow meow meow meow meow meow meow meow? Meow meow meow meow meow meow meow meow?

Meow meow meow meow; meow meow meow meow meow — meow meow meow meow meow meow?

Meow meow meow meow meow meow meow meow meow meow meow meow meow; meow meow meow meow meow meow! —

Meow meow meow meow meow, meow meow meow: meow Meow meow meow meow meow- meow, — meow meow meow, meow meow meow meow meow meow meow.

Meow meow meow meow meow meow meow meow? Meow meow meow meow Meow meow: — meow meow meow meow meow meow meow meow, meow meow meow meow meow meow meow meow, —

— Meow meow meow meow meow meow meow meow Meow! Meow meow, meow meow meow, meow meow meow meow; Meow meow meow meow meow!

Meow meow meow'-meow meow Meow, meow meow meow meow meow! Meow meow meow Meow'meow meow Meow meow meow meow meow, meow meow meow — Meow meow meow meow meow!

Meow meow Meow. Meow meow meow meow meow meow meow meow meow meow, meow meow meow meow. Meow meow meow meow meow:

Meow meow meow meow meow meow, meow meow meow meow meow. Meow meow meow— meow meow meow meow meow, meow meow meow.

Meow meow meow meow meow!—Meow Meow meow meow Meow meow meow meow meow meow meow meow meow meow meow meow meow!

Meow meow meow meow meow meow meow meow meow meow. Meow meow meow meow meow meow meow meow meow.—

Meow meow, meow, meow Meow meow meow, meow meow, meow meow: Meow meow meow meow meow meow, meow meow meow—MEOW Meow!—

Meow meow Meow, meow meow meow meow meow meow meow meow meow.

Meow Meow

1

Meow, meow meow meow meow meow meow meow meow meow meow meow meow meow-meow meow meow meow! Meow meow meow meow meow meow meow Meow meow meow meow meow meow!

Meow meow meow meow meow meow meow meow—meow meow meow meow! meow meow, meow, meow:—meow meow meow: "Meow meow meow meow meow."

Meow meow meow Meow meow meow meow meow meow meow meow meow meow meow: meow meow meow meow meow meow meow meow, meow meow meow meow meow meow meow meow meow!

Meow, meow meow meow meow meow meow meow meow meow meow; meow meow meow meow meow meow meow meow:—meow meow meow meow meow. Meow meow meow Meow meow meow meow meow—meow meow meow meow meow.

Meow meow meow meow meow meow meow meow meow meow meow meow meow. Meow meow meow, meow meow meow: meow meow meow meow meow, meow meow meow meow.

Meow meow meow meow meow, meow meow meow meow meow meow meow meow? Meow meow meow meow meow meow-meow meow meow Meow Meow, meow meow meow meow-meow meow meow-meow?

—Meow! Meow meow meow meow meow meow meow meow meow meow meow meow meow meow; meow meow meow meow meow meow meow meow. Meow meow, meow, meow Meow.

Meow meow: meow meow meow meow meow meow, meow meow-meow, meow meow, meow meow-meow meow — meow meow meow meow! —

Meow meow meow meow meow meow, meow meow meow meow meow meow meow meow meow meow meow: meow meow meow meow meow meow meow meow meow meow.

Meow meow meow, meow — meow meow meow meow meow Meow, — meow meow meow meow meow, meow meow meow, meow meow, meow meow meow.

Meow meow meow meow meow meow meow meow meow meow meow meow meow meow meow meow meow; meow meow meow-meow meow meow-meow meow meow meow meow meow, meow meow meow meow meow-meow meow meow!

Meow meow meow meow, meow meow meow meow Meow meow. Meow meow-meow-meow meow meow meow. Meow meow meow meow, — meow meow meow meow meow meow meow!

Meow meow meow meow meow meow, Meow Meow, meow meow meow meow! Meow meow meow meow meow meow meow meow meow, —

—Meow meow meow meow, Meow Meow, meow meow Meow meow meow meow meow meow meow meow! —

"Meow meow meow meow meow"—meow meow meow meow meow; meow meow meow meow meow meow meow meow meow meow meow.

Meow meow Meow meow meow meow meow,—meow meow Meow meow meow meow meow meow meow meow meow meow meow meow meow: Meow meow meow meow meow Meow!

Meow meow meow meow meow meow meow! Meow meow meow, meow meow meow, meow meow, meow meow meow meow meow meow meow meow. Meow Meow meow meow meow meow meow meow!

Meow meow meow meow: meow meow-meow meow meow meow, meow meow meow meow meow meow meow, meow meow meow meow meow meow meow, meow meow meow meow:— meow meow- meow meow meow meow meow "meow Meow meow Meow!"

Meow, meow, meow meow meow meow meow meow-meow meow, meow meow meow meow meow meow meow: meow meow meow meow meow meow meow meow meow meow meow!

Meow meow, meow meow meow meow meow: meow meow meow meow meow meow meow meow meow meow meow. Meow meow meow meow meow meow meow-meow meow, meow meow meow meow meow meow, meow meow meow meow— "meow meow."

Meow meow meow meow meow meow: meow meow meow—meow meow meow meow meow meow, meow meow meow meow meow meow, meow meow meow meow, meow, meow, meow-meow', meow- meow' meow,—

—Meow meow meow meow meow meow: meow meow-meow meow meow meow meow meow meow meow! Meow meow Meow meow meow meow, meow meow-meow meow meow meow meow.

Meow meow meow meow meow meow meow meow meow-meow? Meow meow meow Meow meow meow meow meow; meow meow meow meow meow meow meow meow meow meow, meow meow meow meow meow.

Meow meow meow meow meow meow meow meow, meow meow: "Meow meow meow meow meow meow meow meow meow, 'meow Meow!'" — meow meow meow meow meow meow meow meow meow.

Meow meow meow meow meow meow meow meow meow, meow meow-meow, meow meow meow meow meow meow meow, meow meow meow "meow meow meow meow meow meow meow-meow!"

Meow meow meow meow meow meow meow meow meow-meow, meow meow meow meow meow meow Meow; meow meow meow meow meow meow meow meow, Meow meow meow meow meow meow meow!

Meow meow meow meow meow-meow meow meow meow meow meow meow meow meow meow-meow, meow meow meow meow meow meow meow meow meow meow meow meow: — meow meow meow meow meow meow meow meow meow meow.

Meow meow meow meow meow meow meow meow meow-meow, meow meow meow meow meow meow meow meow meow meow meow — meow meow meow meow meow meow meow!

Meow meow meow meow meow meow meow meow-meow meow-meow, meow meow meow meow meow meow meow meow meow meow meow meow; meow meow meow meow meow meow, meow meow meow meow meow meow.

Meow meow meow meow meow meow meow meow-meow: meow meow meow meow meow meow meow, meow meow meow meow meow meow meow meow meow meow meow meow.

Meow meow meow meow meow meow Meow meow meow-meow meow meow meow meow-meow: meow meow meow meow meow, meow, meow meow-meow.

"Meow meow meow meow meow meow meow meow meow meow: meow meow meow meow meow!" —

"Meow meow meow meow! Meow meow meow meow meow meow meow meow," — meow meow meow meow-meow.

"Meow meow meow meow? Meow meow meow meow meow meow meow meow meow! Meow meow meow meow meow meow meow meow meow meow meow meow meow."

"Meow? Meow meow Meow meow meow meow meow! Meow meow meow meow meow; meow meow meow meow meow meow'meow Meow meow."

"Meow! Meow! Meow meow meow; meow meow meow. Meow meow meow meow meow meow meow! Meow meow meow meow meow meow!" —

—Meow meow meow meow meow meow meow meow meow-meow meow meow-meow, meow meow meow meow meow meow meow: meow meow meow meow meow-meow meow meow meow-meow.

Meow meow, meow, meow meow meow meow meow meow, meow meow meow meow meow; meow meow meow meow meow meow, meow meow meow meow meow.

Meow, meow meow meow meow meow meow — meow meow meow meow meow Meow meow meow meow, meow meow meow-meow meow meow meow Meow.

Meow meow meow meow Meow meow meow meow meow meow meow? Meow meow meow meow meow meow meow, meow-meow meow!

Meow meow meow Meow meow meow meow meow meow meow meow meow: — meow meow, meow meow meow Meow-meow meow meow!

Meow meow meow "meow" meow meow meow — meow meow meow meow! Meow meow meow, meow — Meow meow meow meow meow meow meow meow!

Meow meow meow meow meow meow meow meow meow meow Meow meow — meow meow: "Meow meow meow meow Meow! Meow meow meow meow meow Meow meow meow!" —

— Meow meow meow-meow meow meow Meow, meow meow meow, meow meow meow meow meow:

Meow meow meow Meow meow meow, meow meow meow meow meow, meow meow: "Meow meow meow meow meow meow meow meow Meow, meow meow Meow?"

Meow meow meow meow meow meow meow meow. —

Meow meow Meow meow meow meow meow meow, meow meow meow "Meow Meow Meow." Meow meow meow meow meow meow meow meow meow meow meow meow meow meow meow meow meow meow meow meow; meow meow, meow, meow meow meow meow meow meow meow meow meow meow meow.

Meow Meow Meow

Meow meow! Meow Meow, meow! Meow meow meow Meow meow meow meow meow meow, meow meow meow meow meow meow!

Meow meow meow meow meow meow meow meow meow; meow meow meow meow meow meow meow; meow meow meow: "Meow meow meow meow meow meow meow meow meow meow meow meow? —

— Meow meow meow meow meow: 'Meow meow meow Meow meow meow meow; meow meow Meow meow meow!' Meow meow meow meow meow — meow?

Meow Meow, meow meow Meow meow; meow meow meow meow Meow Meow meow meow meow, meow meow meow, meow meow meow meow meow meow!

Meow meow meow meow, meow meow meow meow: Meow meow meow meow meow! Meow meow meow meow meow meow meow meow meow meow meow:

—Meow meow meow meow meow meow meow meow: meow meow meow meow meow meow meow Meow Meow!

Meow, meow, meow meow meow meow meow meow meow meow; meow meow meow meow meow, meow meow meow meow; meow meow meow meow meow meow, meow meow.

Meow meow meow meow meow meow meow meow meow meow meow meow: meow meow meow meow meow meow meow meow. Meow meow meow meow meow meow meow meow meow meow.

Meow meow meow meow meow meow meow meow meow meow: meow meow, meow meow meow meow meow meow meow, meow meow meow meow meow meow meow —meow!

Meow meow, meow, meow meow. Meow, meow meow meow, Meow Meow? Meow meow meow meow meow, meow meow meow meow meow meow, meow, meow meow meow meow, meow meow meow: —

—Meow meow meow: 'Meow meow meow meow meow! Meow meow meow Meow meow meow meow meow meow meow meow:' —Meow meow meow!

Meow meow meow meow, Meow Meow? Meow meow meow meow meow meow, meow meow meow meow meow meow meow meow meow meow, meow meow meow meow meow meow:

—Meow meow meow meow meow meow meow meow meow meow meow, meow meow meow: 'Meow meow meow meow meow meow meow? Meow meow meow meow meow meow meow?' —Meow meow meow!

Meow meow meow meow, Meow Meow? Meow meow meow meow meow meow meow meow meow meow meow meow, meow meow meow meow meow meow: 'Meow meow meow!' —

—Meow meow meow meow meow meow meow meow meow meow, meow meow meow meow meow: Meow meow meow!" —

Meow meow! Meow meow, meow! Meow meow meow meow meow meow meow meow meow!

Meow meow meow meow meow meow, meow meow meow meow meow meow meow; meow meow meow meow meow meow meow.

Meow meow meow meow meow meow meow meow; meow meow meow meow meow meow meow meow. Meow meow meow meow, meow meow meow meow meow meow meow meow meow.

Meow meow meow meow meow meow meow'meow meow meow meow-meow: meow meow meow meow meow meow meow, meow meow meow meow meow meow meow meow meow meow meow.

Meow meow, meow — meow meow meow meow meow! Meow, meow meow meow-meow meow meow meow meow: Meow meow Meow meow meow!

Meow meow meow meow meow meow meow meow meow meow. Meow meow meow Meow meow meow meow meow.

Meow meow meow meow meow meow meow meow meow; meow! meow Meow meow meow meow meow meow meow meow meow meow meow!

Meow meow meow meow meow! Meow meow meow meow meow! Meow meow meow meow meow meow meow meow meow meow! Meow meow meow, meow meow meow!

Meow meow meow — meow meow meow, meow meow meow meow. Meow meow meow meow'meow meow meow meow, meow meow meow meow meow-meow meow meow-meow meow meow meow!

Meow meow meow meow; meow meow meow meow meow meow meow

meow. Meow meow meow meow meow; meow meow meow meow meow meow meow.

Meow meow meow meow, meow meow meow meow meow meow meow. Meow meow, meow meow meow meow meow meow meow meow meow meow meow meow?

Meow meow meow meow, meow meow meow-meow. Meow meow meow meow meow meow meow meow meow meow meow meow meow meow, meow meow-meow, meow meow meow, meow meow meow meow meow meow meow meow-meow.

Meow meow meow meow, meow meow meow. Meow meow meow meow meow meow meow meow meow meow meow meow, meow meow-meow meow meow meow-meow meow meow meow.

Meow meow meow, meow meow meow! Meow meow meow meow meow! Meow meow meow meow meow meow: — meow meow meow meow meow meow!

Meow meow meow meow meow meow meow meow meow; meow meow meow meow meow meow meow meow meow meow.

Meow meow meow, meow meow'meow meow meow meow meow, meow meow meow meow meow meow meow: — meow meow Meow meow meow meow meow.

Meow meow Meow meow meow meow, meow meow meow Meow meow Meow meow meow Meow, meow meow meow meow meow: "Meow meow, meow meow meow meow meow!"

Meow meow meow meow meow meow meow meow: meow meow meow meow meow meow meow meow — meow meow meow-meow, meow-meow meow meow Meow!

Meow, meow meow Meow meow, meow meow meow meow, Meow meow meow meow meow meow meow meow meow, meow meow meow meow meow, meow meow meow meow meow meow meow meow meow meow.

Meow meow meow meow meow meow, meow meow meow meow meow meow meow meow meow meow meow: meow meow Meow meow meow meow, meow meow meow meow meow: "Meow meow meow meow meow meow meow!"

Meow meow Meow meow meow meow meow meow "meow meow," meow meow meow meow; meow meow meow meow

meow, meow meow meow meow meow; meow Meow meow —
meow meow meow meow!

Meow meow meow meow meow meow — meow meow meow
meow meow. Meow meow meow meow meow meow meow
meow. Meow meow meow meow meow meow meow meow.

Meow meow meow meow meow meow — Meow meow Meow
meow meow meow: meow meow meow meow Meow meow
meow meow meow meow. Meow meow meow meow meow
meow meow, meow Meow meow meow meow meow,

— Meow Meow meow meow meow meow meow meow,
meow meow Meow meow meow meow meow, meow meow
meow Meow Meow!

Meow meow meow meow: Meow meow meow meow, meow
meow — meow meow Meow meow meow meow meow meow.

Meow meow-meow meow meow meow meow. Meow meow
meow meow meow meow. Meow meow meow meow meow
meow meow. Meow meow meow meow meow.

Meow meow meow meow Meow meow meow meow-meow.
Meow meow meow meow meow meow meow meow meow
meow meow meow meow!

Meow meow meow meow, meow meow meow meow, Meow
meow meow — meow, meow meow meow-meow: "Meow meow
meow!"

Meow meow Meow.

Meow Meow Meow

1

Meow meow meow, meow meow meow meow-meow, Meow
meow meow-meow meow meow meow — meow meow meow;
Meow meow meow meow meow meow, meow Meow meow
meow.

Meow, meow meow meow meow meow meow meow meow
meow: meow meow meow meow, meow meow meow! Meow

meow meow meow meow meow meow meow meow meow-
meow.

Meow meow meow meow meow meow, meow meow meow
meow meow, meow meow meow meow, meow meow meow
meow-meow: meow meow meow meow meow meow meow:—

Meow meow, meow meow meow, meow-meow, meow-
meow, meow meow meow meow, meow meow meow meow:
meow meow meow meow meow meow meow meow-meow
meow meow- meow!

Meow meow meow meow meow meow meow meow, meow
meow, meow-meow meow-meow, meow meow meow meow
"meow meow"? Meow meow meow: "Meow meow meow, meow
meow Meow meow meow: meow meow meow meow."

Meow meow meow meow meow meow meow meow meow,
meow meow- meow, meow meow-meow, meow meow, meow
meow:—

—Meow meow meow meow meow meow meow meow meow
meow meow, meow meow meow meow, meow meow meow-
meow, meow meow:—meow meow meow meow meow meow
meow meow:—

—Meow meow meow meow meow meow meow, meow
meow-meow, meow-meow meow, meow meow meow meow
meow meow meow-meow meow meow meow: meow meow
meow meow

meow meow meow meow:—

—Meow meow meow meow meow meow meow meow
meow—meow meow meow meow meow meow meow meow
meow meow: meow meow meow meow meow meow meow
meow meow-meow:—

—Meow meow meow meow meow meow meow meow
meow, meow meow meow meow meow meow meow meow
meow:—meow meow meow meow meow meow meow meow
meow meow- meow, meow meow meow meow meow meow
meow!

Meow Meow meow meow meow-meow meow Meow meow meow meow-meow'meow meow, meow meow meow! Meow meow meow meow meow meow meow meow meow meow, meow meow meow meow- meow!

Meow meow Meow meow meow meow meow meow meow, meow meow meow meow meow meow, meow meow Meow meow meow meow meow meow meow meow, meow meow meow meow meow meow. —

Meow meow meow meow meow meow meow meow meow: meow meow meow meow meow meow meow meow meow meow? Meow meow Meow meow meow meow meow.

Meow, Meow Meow Meow, meow Meow: meow meow meow meow meow meow meow meow, meow meow meow meow meow meow meow meow — meow meow meow meow Meow meow meow meow.

Meow! Meow meow meow meow, meow meow meow meow meow — Meow meow meow meow meow, meow meow meow, meow meow, meow, meow-meow meow-meow meow Meow meow! —

Meow! Meow meow Meow meow meow meow meow meow meow meow: meow meow meow meow meow Meow meow meow meow meow — meow, meow meow-meow, meow, meow meow-meow, meow-meow meow meow Meow meow! —

Meow meow meow meow meow meow meow meow meow? Meow meow meow meow meow meow meow meow meow meow? Meow meow meow meow meow meow meow — meow meow meow? —

Meow meow meow meow meow meow meow meow: meow meow meow meow Meow meow meow; meow meow meow meow meow meow meow.

2

Meow: meow meow meow-meow meow meow meow meow, meow meow meow meow; meow, meow meow "meow meow,"

meow meow meow: meow meow meow meow meow meow
meow, meow meow.

Meow: meow meow meow, meow meow meow meow meow
meow meow meow; meow meow meow meow, meow meow
meow meow, meow meow meow meow meow meow.

Meow: meow meow meow, meow meow meow meow meow,
meow meow- meow meow meow meow, meow meow
meow'meow meow-meow meow meow meow.

Meow: meow meow meow meow meow meow meow; meow
meow meow-meow, meow, meow meow meow, meow meow
meow meow meow meow meow.

Meow: meow meow meow meow meow meow meow meow
meow meow meow. Meow meow meow meow meow meow,
meow meow meow meow, —

— Meow meow meow meow meow meow meow meow meow
meow meow meow meow: — meow meow meow meow meow
Meow Meow meow meow meow meow meow meow meow!

Meow: — meow Meow meow meow meow meow meow
meow, meow meow meow meow meow, meow meow meow
meow meow meow meow meow meow! —

Meow meow meow: meow meow meow meow meow meow
meow meow meow-meow; meow meow meow meow meow
meow meow meow; meow meow meow meow meow meow.

Meow meow meow: meow meow meow meow meow meow
meow meow meow meow; meow meow meow meow meow
meow; meow meow meow meow meow meow meow meow
meow.

Meow meow meow: meow meow meow meow meow meow
meow meow meow meow meow meow; meow meow, meow,
meow meow meow meow meow; meow meow meow-meow
meow meow meow.

Meow meow meow: meow meow meow meow meow meow
meow meow meow, meow meow meow meow meow meow

meow meow meow: — meow meow meow meow meow meow meow meow meow — ,

Meow meow meow: meow meow meow meow meow meow, meow meow meow meow meow meow meow meow meow: "Meow meow meow!" — meow meow meow meow meow meow meow: "Meow meow Meow!"

Meow meow meow: meow, meow, meow meow meow meow meow meow meow meow, meow meow meow meow-meow meow, meow meow meow meow meow meow meow meow meow meow meow meow.

Meow meow meow: meow meow meow meow meow Meow, meow meow meow meow meow meow meow meow! Meow, meow meow meow meow meow meow meow meow meow meow meow!

Meow meow meow meow meow meow meow meow meow meow meow meow- meow; meow meow meow meow meow meow meow meow meow meow meow meow meow meow meow meow meow meow: —

Meow, meow meow meow meow meow meow meow meow meow meow meow meow! "Meow meow" — meow meow Meow meow meow meow meow.

Meow meow meow meow meow, — meow meow, meow meow meow meow meow meow! — meow meow meow meow Meow, meow meow, meow meow, meow meow meow meow meow meow: —

— Meow meow meow meow, meow meow meow meow meow meow, meow meow, meow, meow meow, meow meow meow meow meow meow:

— Meow meow, meow meow, meow meow, meow meow meow meow meow meow meow-meow meow. Meow meow meow meow meow meow meow-meow meow meow "meow."

Meow meow meow meow meow meow meow meow meow meow-meow meow meow meow meow meow meow meow; meow meow meow meow meow meow meow meow meow meow meow meow meow.

Meow meow meow meow meow meow meow meow; meow meow: "Meow — Meow Meow meow!" Meow meow meow meow meow meow-meow, meow meow, meow meow, meow meow meow meow meow meow meow meow.

Meow meow meow meow meow-meow meow: meow meow, meow meow meow meow meow meow meow meow meow, meow meow-meow meow, meow meow meow: "Meow meow meow!"

Meow meow meow meow meow meow meow meow, meow meow meow meow meow meow meow meow meow meow meow: meow meow meow-meow meow, — meow meow meow meow meow meow meow meow.

Meow meow meow meow meow meow, meow meow, meow meow meow meow meow meow, meow meow meow; meow meow meow meow meow meow meow, meow meow, meow meow, meow meow.

Meow meow meow meow, meow meow meow, meow meow meow meow meow meow meow meow, meow meow meow meow meow meow meow meow meow meow, meow meow-meow- meow meow, meow meow-meow, meow meow-meow meow: meow meow meow meow meow meow meow.

Meow meow meow meow meow Meow meow meow meow, meow meow meow meow meow meow meow: meow Meow meow meow meow meow meow meow, meow meow meow!

Meow: meow meow meow meow meow meow meow meow-meow, meow meow-meow — meow, meow meow, meow meow, meow meow meow meow meow, meow meow meow meow meow meow.

Meow meow meow: meow meow meow meow meow meow meow meow meow, meow meow- meow meow meow meow meow; meow meow meow meow meow, meow-meow, meow-meow meow meow meow!

Meow meow meow, meow, meow meow meow, meow meow-meow, meow meow meow meow meow meow meow meow

meow meow — meow, meow meow meow meow meow meow meow meow!

Meow meow Meow meow meow meow meow meow meow meow meow meow meow — meow meow meow! Meow "meow" — meow meow meow meow meow meow meow meow, meow meow meow-meow meow meow meow-meow!

Meow meow meow meow meow meow meow meow, meow meow, meow meow meow meow, Meow Meow Meow: meow meow meow meow meow meow!

Meow meow meow meow meow Meow meow meow meow, meow meow meow, meow, meow, meow meow, meow meow meow meow meow: "Meow, Meow Meow, Meow Meow Meow, Meow Meow Meow!"

Meow meow Meow.

Meow Meow meow Meow

1

Meow meow — meow meow meow meow: meow meow meow meow meow Meow meow meow Meow meow. Meow meow meow meow meow meow meow meow meow-meow meow meow- meow.

Meow meow — meow meow meow'meow meow: meow meow meow meow meow meow, meow meow meow meow meow meow'meow meow, meow'meow meow!

Meow meow — meow meow meow-meow; meow meow Meow meow meow meow meow meow meow meow, meow meow meow meow meow meow, meow meow meow meow meow meow meow meow meow.

Meow meow — meow meow meow meow'meow meow? Meow meow meow meow'meow meow. Meow meow meow meow meow'meow meow.

Meow meow meow meow, meow meow meow, meow meow meow meow meow, meow meow meow — meow meow meow

meow meow: meow meow meow meow meow meow meow meow-meow meow!

Meow meow meow Meow meow meow meow meow meow meow meow, meow meow meow-meow: — meow, meow meow, meow meow, meow meow! Meow, meow meow meow meow meow meow meow meow!

Meow meow Meow meow meow meow — meow Meow meow meow: meow Meow meow meow meow meow meow meow, meow meow meow meow meow meow meow meow.

Meow meow meow meow, meow meow meow, meow meow meow meow meow meow meow meow meow meow, meow meow meow, meow meow meow, meow meow meow: — meow meow Meow meow meow. —

2

Meow meow meow meow meow meow meow meow meow meow meow meow meow; meow meow meow meow meow meow meow meow meow meow; meow meow meow meow meow meow — meow "meow meow meow."

Meow meow meow meow meow meow meow meow, meow meow meow meow meow meow meow meow meow meow meow: meow meow meow meow meow meow meow meow meow meow.

Meow meow meow meow meow meow meow, meow meow Meow meow meow meow meow meow! Meow meow meow meow meow meow, meow meow meow meow, meow meow meow: — meow meow Meow meow.

Meow, meow meow meow, meow meow meow meow meow meow meow meow, meow meow meow meow meow meow-meow!

Meow meow meow meow meow meow — meow meow Meow meow — meow meow meow meow meow meow: meow meow meow meow meow meow meow meow, meow meow meow meow meow.

Meow meow meow meow meow "meow meow"; meow meow meow meow meow meow meow meow meow meow meow meow, meow meow meow meow meow meow meow meow meow meow meow.

Meow meow, meow meow meow meow meow meow-meow meow meow-meow meow Meow meow meow meow. Meow meow meow meow meow meow meow meow meow, meow, meow meow meow.

Meow meow meow meow meow meow meow meow meow, meow meow meow meow-meow meow'meow meow meow meow meow — meow meow meow meow meow meow.

Meow meow meow meow meow meow meow meow meow meow meow meow: "meow" meow "meow" — meow meow meow meow meow. Meow meow meow meow meow meow meow meow meow meow.

Meow meow meow meow meow meow meow meow meow meow, meow meow meow meow meow meow meow meow — meow meow meow meow meow meow.

Meow meow — meow meow meow meow meow meow meow meow, meow meow meow, meow meow meow! Meow meow meow meow, meow meow meow meow meow meow: "Meow, meow meow meow meow meow!"

Meow meow meow meow meow meow meow meow! Meow meow meow meow meow meow meow meow meow meow meow meow meow meow. Meow meow meow meow meow meow, meow meow meow meow meow meow.

Meow meow meow meow-meow meow meow meow meow meow. Meow meow Meow meow meow meow meow meow meow meow meow — meow meow meow meow meow meow meow!

Meow meow! Meow meow meow meow meow meow Meow Meow meow meow meow meow! Meow meow meow meow meow meow meow meow meow meow — meow meow meow meow meow meow meow; —

Meow meow meow meow meow, meow meow meow, meow meow meow meow. Meow meow meow meow meow meow meow: meow Meow meow meow, meow meow meow meow, meow meow meow!

Meow, meow meow meow meow meow meow meow, meow meow meow meow meow meow meow meow, meow meow meow meow meow meow. Meow meow meow meow meow meow meow meow meow; meow meow meow meow meow meow!

Meow meow meow, meow meow meow meow: meow meow meow meow meow meow — meow, meow meow meow meow meow meow meow!

Meow meow meow meow meow, meow meow meow meow meow meow meow; meow meow meow meow meow meow meow. Meow meow meow meow meow meow.

Meow, meow, meow meow meow meow meow: Meow meow Meow meow meow meow meow: meow meow meow meow meow meow meow meow meow, meow meow: "Meow meow meow, meow meow meow."

Meow, meow meow Meow meow meow meow meow meow meow, meow meow meow meow meow meow meow meow. Meow meow Meow meow meow meow-meow.

Meow-meow, meow meow meow meow meow meow, — meow meow meow meow meow meow! Meow meow meow meow, meow meow meow meow, meow meow meow meow meow "Meow" meow "Meow" meow "Meow."

Meow meow meow meow meow, meow — meow meow meow meow meow- meow! Meow meow meow Meow-Meow — meow meow meow meow meow meow, meow meow meow meow! —

Meow meow meow meow meow — meow meow Meow meow — meow meow meow meow meow meow. Meow, meow, meow meow meow meow, meow meow meow meow meow meow.

Meow meow, meow meow meow meow; meow meow meow: meow meow meow meow meow meow meow meow — meow,

meow meow meow meow meow meow meow! Meow Meow meow meow.

Meow meow meow Meow meow meow meow meow meow meow meow meow meow meow: meow meow meow Meow meow,—meow meow Meow meow meow meow meow meow. Meow meow meow meow meow meow.

Meow meow meow meow meow, meow, meow meow meow; meow meow meow meow meow meow meow meow Meow meow, meow Meow meow "meow": meow meow meow meow, meow meow meow meow meow meow.

Meow meow Meow meow meow meow meow meow meow meow meow: meow meow meow meow meow, meow meow meow-meow. Meow meow meow Meow meow meow meow meow.

Meow meow Meow meow meow meow meow meow meow meow Meow,—meow meow meow meow meow meow—meow meow meow-meow meow meow, meow meow, meow meow meow meow meow.

Meow, Meow meow meow meow, meow meow meow,—meow meow meow meow Meow. Meow meow meow meow Meow meow meow meow meow meow meow meow meow meow meow meow meow.

Meow meow meow meow meow: meow meow meow meow meow meow meow, meow meow meow meow meow meow meow meow meow meow meow meow meow:—meow meow meow meow meow meow!

Meow meow-meow meow Meow meow meow meow meow meow, meow meow meow meow Meow meow meow meow: meow meow meow meow meow meow meow meow meow meow meow meow meow;—

—Meow meow meow meow meow meow meow meow: meow meow meow, meow, meow meow meow meow meow meow-meow meow meow meow-meow meow!

Meow meow meow meow meow meow Meow meow meow meow meow; meow meow meow meow meow Meow meow

meow meow meow meow meow meow meow meow meow meow.

Meow meow meow meow Meow meow meow meow — meow meow meow meow meow meow meow! Meow meow Meow meow meow meow meow meow meow.

Meow meow meow meow meow meow meow meow meow meow: — meow meow, meow meow meow Meow meow meow meow meow! Meow, meow, — meow meow meow:

— Meow meow meow meow meow meow meow, meow Meow meow, meow meow Meow meow meow meow meow meow meow meow.

"Meow — meow meow Meow meow, — meow meow meow?" Meow meow Meow meow meow meow meow meow "meow meow." Meow Meow meow — meow meow meow meow!

Meow meow Meow.

Meow Meow meow Meow

1

Meow meow Meow meow meow meow, meow meow meow meow meow meow meow meow meow- meow meow. Meow meow meow meow?

— Meow meow meow meow meow, meow meow meow-meow: meow meow meow meow Meow meow meow meow.

Meow meow meow meow Meow meow meow: meow meow meow meow meow meow meow meow meow meow meow Meow meow — meow, meow meow meow meow meow meow meow meow.

Meow meow Meow meow meow meow meow meow meow meow meow. Meow meow meow meow meow meow, meow Meow meow meow meow meow meow.

2

Meow Meow meow meow meow, meow meow Meow meow meow meow meow meow meow: meow meow meow meow

meow meow meow meow meow meow meow meow meow
meow meow.

Meow meow meow meow meow meow meow meow meow
meow meow; meow meow meow meow meow meow meow
meow meow "meow" meow "meow" meow meow meow meow.

Meow meow meow Meow meow meow Meow meow meow
Meow Meow Meow Meow meow meow meow meow meow: —
meow meow meow meow meow meow!

—Meow meow meow, meow, meow meow meow'meow
meow, meow meow meow meow meow meow meow meow
meow meow: meow meow Meow meow Meow meow meow
meow meow meow.

Meow Meow meow meow meow meow meow meow meow,
meow meow meow meow meow meow meow; Meow meow
meow meow meow meow meow meow, meow meow, meow
meow, meow meow Meow.

Meow meow meow meow meow Meow meow meow meow,
meow meow meow meow meow meow meow meow meow
meow meow meow meow meow.

Meow meow meow meow-meow meow Meow meow meow,
meow meow meow meow meow meow meow — meow Meow
meow meow meow meow meow meow meow meow meow
meow.

Meow, meow meow meow meow meow meow Meow meow
meow meow meow meow meow meow meow meow meow.
Meow, meow meow meow meow meow meow meow! Meow,
meow meow meow meow meow meow meow! Meow meow
Meow meow.

Meow meow meow meow meow, meow meow meow meow,
meow meow meow meow meow; meow meow meow, meow! —
meow meow meow-meow meow.

Meow meow meow meow meow meow meow meow meow
meow meow meow meow meow meow meow meow; meow
meow Meow meow meow meow meow meow meow-meow
meow:

—Meow meow meow meow, meow meow meow meow meow meow, meow meow meow meow meow meow meow,— meow meow meow meow meow meow meow meow meow meow:

(Meow Meow meow meow meow meow meow meow meow meow meow meow meow: meow meow Meow meow meow meow Meow meow meow meow meow meow meow!)

Meow meow meow meow meow meow meow meow Meow, meow meow meow Meow, meow meow meow meow meow meow meow meow meow meow meow:—

—Meow meow meow meow-meow meow meow-meow meow meow meow meow meow Meow, meow meow meow meow-meow, meow, meow meow meow meow meow meow meow Meow:—

Meow meow meow meow meow meow meow meow meow meow meow, meow meow meow meow meow, meow meow meow meow meow meow meow meow: —

Meow Meow meow meow meow meow meow meow meow meow-meow, meow meow meow meow, meow meow meow meow meow: meow, meow, meow meow meow meow meow meow meow meow meow meow meow meow:—

Meow meow meow meow meow meow meow meow meow Meow, meow meow? Meow meow meow, meow meow meow meow meow meow, meow meow,—meow meow meow meow meow?—

3

Meow meow meow meow meow Meow meow meow meow meow meow meow meow "Meow," meow meow meow meow meow meow meow meow meow.

—Meow meow meow meow meow meow meow meow meow—meow meow meow meow meow meow, meow meow meow meow meow meow:

—Meow Meow meow meow meow meow meow, meow meow meow Meow meow meow meow meow meow meow meow-meow.

Meow, meow meow meow meow Meow meow meow meow, meow meow meow meow; meow meow meow meow meow meow meow, meow Meow meow meow meow meow meow meow-meow meow.

Meow meow meow meow Meow meow meow meow: meow meow meow meow meow meow meow meow meow meow, meow meow meow meow meow; —

—Meow meow, meow-meow, meow meow meow meow, meow Meow meow meow meow meow meow meow, meow meow meow Meow MEOW—meow meow meow meow.

Meow meow meow meow meow meow, meow meow "Meow meow" meow meow, meow meow Meow meow: "Meow meow meow Meow meow meow! Meow meow Meow meow meow—"

—Meow meow Meow meow meow; meow meow meow Meow meow meow meow meow.—

Meow meow Meow meow Meow meow—meow Meow meow meow meow meow meow meow meow meow.

Meow meow meow meow Meow meow meow meow: Meow meow meow meow meow meow; meow meow meow Meow meow meow meow meow meow!

Meow meow meow meow Meow meow meow, meow meow meow meow, meow meow meow: meow meow meow meow meow meow meow meow, meow meow meow meow, —

—Meow meow meow meow meow meow meow meow Meow meow! Meow meow meow Meow meow meow, meow meow meow meow meow meow meow meow meow.—

Meow meow meow meow meow Meow meow meow: meow meow meow meow meow meow, meow meow meow meow meow, meow meow meow meow—meow-meow.

4

Meow, meow meow meow meow meow; meow meow meow meow meow meow meow meow meow meow meow meow meow meow meow meow meow meow meow?—

Meow meow meow meow meow meow meow meow meow: Meow Meow Meow Meow Meow Meow! Meow meow meow meow meow meow meow.

Meow meow meow meow meow meow meow meow meow: meow Meow meow! Meow meow meow meow meow: "meow meow meow meow Meow."

Meow meow meow meow meow meow: meow meow meow meow meow meow meow meow, meow meow meow meow meow meow meow meow!

Meow meow meow meow meow meow meow meow meow meow. Meow, meow meow meow meow.

Meow meow meow meow meow meow meow. Meow meow meow meow Meow meow meow, meow meow meow meow meow-meow!

5

Meow meow meow meow meow meow meow: meow meow meow meow meow Meow, meow meow meow, meow.

Meow meow meow meow meow meow meow meow meow meow; meow meow, meow, meow meow meow meow meow meow—meow meow meow meow Meow meow meow meow meow Meow Meow!

Meow meow, meow meow meow meow meow meow meow meow: "Meow meow meow Meow, meow meow meow Meow meow—meow meow!"

Meow meow meow meow meow meow meow meow meow meow meow meow meow meow meow. Meow meow meow meow Meow meow meow!

Meow meow meow meow meow meow meow meow meow. Meow meow meow meow meow meow. Meow meow Meow

meow,—meow meow meow meow Meow meow meow meow meow!—

6

Meow meow meow, meow meow meow meow meow meow meow meow. Meow, meow, meow meow meow!

Meow meow meow meow meow meow meow, meow meow meow meow meow meow meow meow meow meow.

Meow meow meow meow meow: meow meow meow meow. Meow meow meow meow, meow meow meow meow meow' meow:—meow meow meow meow meow meow meow-meow!

Meow Meow meow meow meow, meow meow meow-meow, meow meow meow meow meow meow meow. Meow, meow meow, meow meow meow meow meow meow meow!

Meow meow meow meow meow; meow Meow meow meow meow meow meow meow meow meow meow, meow meow-meow meow meow Meow meow meow meow meow meow: meow meow meow meow.—

7

Meow meow meow—meow Meow meow meow! Meow meow meow meow, meow meow! Meow meow meow, meow, meow meow meow meow meow.

Meow, meow meow meow! Meow Meow Meow Meow Meow Meow. Meow meow meow, meow meow meow meow, meow meow meow.

Meow meow, meow meow meow, meow meow meow; meow meow meow, meow meow meow: Meow, meow, meow meow, Meow Meow Meow Meow Meow!

Meow meow meow meow meow meow meow meow, meow meow meow meow meow meow meow meow meow meow meow. Meow meow meow, meow meow meow meow meow meow Meow meow?

Meow meow meow, meow meow meow, meow meow Meow, meow meow, meow meow-meow-meow-meow—meow meow

meow Meow meow meow! Meow meow meow meow, meow —
meow meow meow!

Meow meow meow meow meow meow meow meow Meow!
Meow meow, meow meow, meow meow meow, meow meow
meow!

8

Meow meow meow meow meow, meow meow meow meow
meow'meow meow meow, meow, meow meow meow meow
meow meow meow: "Meow meow meow meow."

Meow meow meow meow meow meow. "Meow?" meow
meow meow, "meow meow meow? Meow meow meow meow
meow Meow meow meow!

"Meow meow meow meow meow meow, meow meow meow
meow meow, meow meow meow meow, meow 'meow' meow
'meow': meow meow meow Meow!" —

Meow, meow, meow meow meow, meow meow-meow, meow
meow meow meow meow meow, meow meow, meow meow
meow meow meow meow: "Meow meow meow — Meow
Meow?"

"Meow meow meow meow" — meow meow meow meow
meow meow, meow meow meow meow meow meow meow, meow
meow meow meow meow- meow meow meow-meow.

"Meow meow meow meow" —: meow Meow meow, meow
meow meow meow!

Meow meow meow, meow meow, meow meow meow meow
meow — meow meow meow, meow meow, meow meow meow
meow meow meow meow! Meow meow meow — MEOW Meow!

Meow meow meow, meow meow meow Meow Meow Meow
Meow? Meow meow meow meow meow meow meow meow
meow meow? Meow meow meow Meow Meow meow "meow"
meow "meow"?

"Meow meow meow! Meow meow meow! Meow meow meow meow!"—Meow meow, meow meow, meow meow meow meow!

9

Meow meow meow meow meow—meow meow meow meow meow meow. Meow meow meow meow meow meow meow meow meow meow meow meow.

Meow meow meow Meow meow meow meow meow; meow Meow meow meow meow, "Meow meow meow: meow meow, meow meow meow!"

Meow meow meow meow meow meow meow meow meow; meow Meow meow meow meow meow, "Meow meow meow: meow meow, meow meow meow!"

Meow meow meow, meow meow meow meow meow meow meow meow meow meow meow meow, meow meow meow; meow Meow meow meow meow meow meow meow meow meow meow meow meow meow meow!

10

"Meow meow meow meow! Meow meow meow meow!"—meow meow meow meow meow meow meow; meow meow meow meow meow meow meow meow meow meow, meow meow meow meow'meow meow.

Meow Meow meow meow: Meow meow meow meow meow meow meow meow meow meow meow meow meow meow meow meow meow?

Meow meow meow meow meow meow meow—meow meow meow? Meow meow meow meow meow meow meow meow, meow meow Meow meow meow—meow?

—Meow meow meow meow meow meow meow meow meow meow meow meow meow meow meow meow?—Meow meow meow, meow meow, meow meow meow meow meow meow meow!

11

Meow meow meow meow meow meow meow meow meow
Meow meow meow meow meow, —

—Meow meow meow meow, meow meow meow meow
meow meow meow meow meow meow, meow meow meow
meow meow meow meow meow meow!

Meow meow meow meow meow, meow meow meow, meow
meow meow meow meow meow meow meow meow meow
meow meow, meow meow meow meow meow meow meow,
meow meow, meow meow, meow meow meow-meow.

Meow meow meow meow meow meow, meow meow meow
meow: —meow meow meow meow meow meow, meow meow
meow meow meow meow meow, —meow meow meow, meow,
meow meow meow.

Meow meow meow meow meow meow: meow meow meow
meow meow meow meow meow meow meow meow meow,
meow meow meow meow meow meow meow.

Meow, Meow meow meow, meow Meow Meow meow meow,
meow meow meow meow meow meow meow meow meow
meow meow, meow meow meow meow meow meow "meow"
meow meow meow.

Meow meow meow meow meow meow, meow meow meow
meow meow meow, Meow Meow Meow Meow! Meow, meow
Meow meow meow meow meow: "Meow meow meow meow,
meow meow meow Meow, meow meow Meow!"

12

Meow meow meow, Meow meow meow meow meow meow
meow meow meow meow: meow meow meow meow meow
meow meow meow meow meow meow; —

—Meow, meow meow meow meow meow meow meow
meow meow meow meow meow' meow; meow meow meow
meow meow meow meow meow meow.

Meow meow meow meow meow meow meow meow meow
meow, meow meow meow meow! Meow Meow meow meow

meow meow meow meow meow meow — meow meow meow meow meow meow!

Meow, meow meow meow meow meow meow meow — meow meow meow meow meow meow! — meow meow meow meow meow meow meow meow meow meow meow, meow meow meow meow meow meow.

Meow meow meow meow meow meow meow meow meow, meow meow meow meow meow — meow-meow, meow meow meow — meow meow meow meow meow meow meow meow:

(Meow Meow-meow-meow meow meow meow meow meow; meow meow meow meow meow meow meow meow meow meow — MEOW-meow-meow!)

Meow meow meow meow Meow meow Meow, meow meow meow meow meow meow, meow Meow meow meow meow: meow meow meow meow meow meow meow meow — meow meow, — meow meow meow meow meow meow meow meow! —

— Meow meow, meow meow "Meow Meow" meow meow meow, meow meow meow meow meow meow — meow meow meow, meow meow meow meow meow Meow! —

Meow meow meow, meow meow meow meow meow meow, meow Meow! Meow meow meow meow meow meow meow meow meow-meow!

Meow Meow'Meow Meow meow meow meow: meow meow meow meow meow meow meow, — meow meow meow meow meow meow! Meow meow meow Meow meow meow meow meow meow meow!

Meow meow meow meow meow Meow Meow meow meow meow meow meow meow meow meow: meow meow meow meow meow Meow meow! Meow meow meow meow Meow meow meow meow!

13

"Meow meow meow meow? Meow meow meow! Meow meow — meow meow meow meow meow; meow meow — meow meow meow meow meow meow meow meow meow." —

Meow meow meow meow meow meow "meow"; meow meow meow meow, meow, meow meow meow, Meow meow meow meow meow meow. Meow meow meow. —

Meow meow meow meow: meow Meow meow meow meow meow meow meow meow! Meow meow meow meow meow meow meow meow meow meow.

Meow meow meow meow "meow meow," meow meow meow meow meow meow meow meow meow! Meow meow meow meow meow meow meow meow!

Meow meow meow meow meow meow meow meow meow meow meow meow, meow meow meow meow: — meow meow meow meow meow: "Meow meow meow!"

Meow meow meow meow meow meow, meow meow, meow meow meow meow meow! Meow meow, meow meow meow meow meow meow meow meow-meow meow!

14

"Meow meow meow meow meow meow meow" — meow meow meow meow. Meow, meow, meow meow meow: Meow meow meow meow meow meow meow!

Meow meow meow meow meow meow-meow (meow meow meow meow meow meow): "Meow meow meow meow meow meow meow."

Meow meow meow meow meow meow; meow meow, meow, meow meow meow meow meow meow, meow meow meow meow meow Meow Meow MEOW — meow meow!

Meow Meow meow Meow meow meow meow meow meow, meow meow meow meow: meow meow meow meow, meow meow meow meow meow meow, — Meow Meow meow meow!

Meow meow meow meow meow meow meow: Meow Meow meow meow! Meow meow meow meow meow meow meow meow meow meow!

Meow meow meow meow meow meow meow meow meow meow meow meow meow: meow meow meow meow, meow meow-meow meow!

Meow meow meow meow meow meow meow meow meow; meow meow meow meow meow meow meow meow meow meow!—

Meow meow meow, meow meow meow meow meow meow meow meow meow meow meow meow meow meow!—

15

Meow meow meow Meow meow meow meow meow meow meow meow, meow meow meow meow meow meow,—meow meow meow meow meow meow meow meow, meow meow meow.

"Meow meow meow meow meow meow meow! Meow meow meow meow meow meow!"

"Meow meow meow meow meow meow meow meow meow meow meow meow: meow meow meow meow meow meow! Meow meow meow meow meow meow meow meow."

"Meow meow meow meow—meow meow meow meow meow meow meow; meow meow meow meow meow meow meow meow,—meow meow meow meow meow meow meow meow meow."—

—Meow, meow, Meow meow meow, meow meow meow meow meow meow! Meow meow meow meow meow meow-meow!—

16

"Meow meow meow meow meow meow meow meow"—meow meow meow meow meow meow meow meow meow meow meow meow meow.

"Meow meow, meow meow meow meow; meow meow meow meow!"—meow meow meow meow Meow meow meow meow meow meow meow.

Meow meow meow meow, Meow meow meow, meow meow meow meow Meow meow! Meow meow-meow'-meow-meow meow meow meow, meow meow meow meow meow meow meow meow: meow meow, meow meow meow meow meow meow meow:—

Meow meow meow meow meow meow meow meow, meow meow meow meow meow meow meow meow; meow meow Meow meow: meow meow meow meow meow meow meow;—

—Meow meow meow meow, meow meow meow: Meow meow meow meow! Meow meow, meow meow, meow meow Meow meow meow!

Meow meow meow meow meow meow, meow meow meow meow meow meow meow meow meow, meow meow meow meow, meow meow meow meow.

Meow meow: meow meow Meow meow meow meow-meow! Meow meow meow meow meow meow, meow meow meow "meow"; meow meow meow meow meow meow.

Meow meow meow meow meow meow meow meow meow: meow meow meow meow meow meow. Meow meow meow meow meow meow: "Meow meow meow meow meow meow meow meow? Meow meow meow!"

Meow Meow meow meow meow meow meow meow meow meow meow: "Meow meow meow meow! Meow meow meow meow!" Meow, meow, meow meow meow meow meow.

Meow meow meow, meow meow meow meow meow Meow meow meow meow-meow meow; meow meow meow meow meow meow meow!

Meow meow meow meow meow meow meow, meow meow meow meow meow meow meow!

Meow meow: meow meow meow meow: meow meow Meow meow. Meow Meow meow meow meow meow meow!

Meow meow meow meow meow meow Meow meow meow meow, meow meow meow! — Meow meow meow meow meow meow meow!

17

Meow meow meow meow — meow meow meow meow, meow meow meow meow — meow meow meow meow meow meow meow "Meow"?

Meow meow meow meow meow meow meow meow meow-meow! Meow meow meow meow meow Meow-Meow meow!

Meow-meow meow! Meow meow meow meow meow meow meow meow! Meow meow Meow meow meow meow meow meow meow, meow meow meow meow meow meow-meow!

Meow meow meow meow meow meow meow meow: — meow meow meow meow meow meow meow! Meow meow meow meow — meow meow meow meow meow meow meow meow meow?

Meow meow meow meow meow meow meow meow, meow meow, meow meow: meow meow meow meow meow meow meow meow meow.

Meow meow meow meow meow meow meow, meow meow meow meow meow'meow meow: meow meow meow meow meow, meow meow.

Meow meow-meow meow, meow! Meow meow-meow! Meow, meow meow meow meow meow! Meow meow meow meow meow meow meow meow meow.

Meow meow meow meow meow meow, meow meow meow, meow meow meow meow meow meow meow, meow meow meow meow meow, meow meow, meow meow-meow. Meow meow meow meow meow meow Meow meow, meow meow meow — meow meow!

Meow meow meow meow meow meow meow meow meow meow meow: meow meow Meow: — meow meow meow meow meow!

Meow meow Meow meow meow meow meow meow meow meow meow meow meow meow meow: meow meow meow meow meow meow meow meow.—

18

Meow meow meow, meow meow meow meow meow meow, meow meow meow meow meow, meow meow: meow meow meow meow, meow meow meow meow meow meow.—

Meow meow meow meow! Meow meow meow-meow meow meow meow meow meow; meow meow meow meow meow meow meow meow meow meow meow, meow meow meow!

Meow meow meow meow meow meow meow, meow meow meow, meow meow meow, meow meow meow: meow meow meow meow meow meow meow,—meow meow meow!

Meow meow meow meow meow meow, meow meow meow meow meow meow meow: meow meow meow meow meow meow meow meow meow meow meow meow:—

—Meow meow-meow meow meow meow, meow meow! Meow, meow meow meow meow meow meow meow meow meow meow meow meow meow meow meow—meow meow!

Meow meow meow meow meow meow meow meow meow meow meow meow, meow meow meow meow meow meow, meow meow, meow meow meow-meow.

Meow meow meow, meow meow meow meow meow meow meow,—meow meow meow meow meow meow meow meow meow, meow meow meow meow meow meow meow!

Meow, meow meow, meow meow meow meow meow meow meow meow meow, meow meow meow, meow meow meow meow meow:—

—Meow meow meow meow meow meow "meow," meow—meow meow meow meow meow meow meow!—

19

Meow meow meow meow meow meow meow meow; meow meow meow meow meow meow meow meow: Meow meow meow meow-meow meow meow meow meow meow. —

Meow meow meow meow meow meow meow, Meow meow meow, meow meow meow meow Meow meow meow meow!

Meow meow: meow meow meow meow, meow meow, meow meow, meow meow meow meow meow meow meow meow meow meow.

Meow Meow meow meow meow: meow meow meow meow meow meow meow, meow meow meow meow meow meow, meow meow meow meow, meow meow meow meow meow meow.

Meow meow meow meow meow, meow meow meow meow meow-meow-meow —meow meow meow meow meow meow; meow meow meow meow meow meow meow meow meow-meow.

Meow meow meow meow meow meow meow meow meow, meow meow meow meow meow? Meow meow meow meow meow meow; meow, meow, meow meow meow meow meow meow meow meow meow.

Meow meow meow meow meow meow meow meow, meow meow meow meow meow: meow meow meow meow meow meow meow meow meow meow?—

—Meow meow meow meow, meow meow meow meow meow meow meow meow meow meow; meow meow meow meow, meow meow meow meow meow meow meow meow: —

—Meow meow meow Meow, meow meow meow Meow; meow meow meow, meow Meow meow meow meow meow meow:—

—Meow meow meow meow meow, meow meow meow meow meow meow meow; meow meow meow, meow meow meow meow meow meow:—

—Meow meow meow meow-meow, meow meow meow meow meow meow meow meow meow-meow, meow meow

meow meow meow:—meow, meow meow Meow Meow Meow meow meow meow meow meow meow?

20

Meow meow meow, meow Meow meow meow? Meow Meow meow: Meow meow, meow meow meow meow meow!

Meow meow meow-meow—meow meow, meow meow; meow meow meow meow! Meow Meow —Meow meow meow meow meow meow!

Meow meow meow meow meow meow meow meow meow meow?—Meow meow meow meow-meow, meow meow meow meow meow meow meow meow!

Meow meow meow Meow meow meow meow, Meow meow meow! Meow meow! Meow meow meow meow meow!

Meow meow meow meow meow meow meow meow meow, meow Meow meow meow—Meow Meow Meow!—

21

Meow meow meow meow: meow meow meow meow meow meow meow meow meow,—meow meow meow meow Meow meow meow meow!

Meow meow meow meow meow meow meow meow meow meow meow meow, meow Meow meow meow meow meow meow meow meow meow!

Meow meow meow meow meow meow meow meow; meow meow meow meow meow meow: meow meow meow meow meow meow meow. Meow meow Meow meow meow.

Meow meow meow meow, Meow meow meow, meow meow meow meow: meow meow meow meow meow meow meow meow,—

—Meow meow meow meow meow, meow meow meow meow meow meow meow meow meow meow.

234

Meow meow meow meow meow meow Meow meow Meow!
Meow meow meow meow meow, meow meow: meow meow
meow meow meow meow.

Meow meow, meow meow—meow meow meow meow
meow: meow meow meow meow meow meow meow meow
meow meow meow!

Meow Meow meow! meow meow meow meow meow meow
meow meow!—meow meow, meow, meow meow meow meow
meow meow meow meow meow!

Meow meow meow meow meow, meow meow meow meow
meow meow—meow' meow. Meow meow meow meow meow
meow meow meow: meow meow meow meow meow meow
meow meow meow meow meow.

Meow meow meow meow meow meow meow meow meow
meow meow: meow meow meow meow meow meow meow
meow meow meow meow meow!

Meow meow meow meow meow meow, meow meow meow
meow meow meow meow,—meow meow meow "meow meow."
Meow meow meow meow meow meow meow meow meow
meow: "Meow meow meow—MEOW meow meow!"

Meow, meow meow, meow meow meow meow, meow meow
meow Meow meow meow! Meow meow meow meow meow
meow, meow—meow meow meow Meow.

22

Meow Meow meow—meow meow meow, meow! meow meow
meow Meow meow! Meow meow—meow meow meow meow
meow; meow meow meow meow meow meow!

Meow meow meow, meow meow: meow meow "meow"—
meow meow meow meow, meow meow "meow"—meow meow
meow meow! Meow meow meow meow meow meow!

Meow meow meow meow meow meow meow meow, meow,
meow, Meow Meow-Meow: meow meow meow meow meow
meow meow meow.

Meow meow meow meow meow meow meow meow meow
meow: meow meow meow meow meow meow meow meow
meow meow meow meow.

Meow meow meow meow meow meow meow. Meow meow
meow meow meow meow meow meow, meow! Meow Meow
Meow — meow meow meow meow!

23

Meow meow Meow meow meow meow meow: meow meow
meow, meow meow; meow meow meow, meow meow; meow,
meow, meow meow meow meow meow meow meow.

Meow meow meow meow meow meow meow meow meow
meow meow meow meow meow meow. Meow meow meow
meow meow meow meow meow meow meow meow meow meow
meow!

24

Meow meow-meow: meow meow meow meow meow meow
meow Meow! Meow meow meow meow meow: meow meow
Meow meow — meow-meow!

Meow meow meow-meow meow meow-meow, meow-
meow! — Meow meow meow meow meow meow: "Meow,
Meow meow meow meow, meow meow meow meow meow
meow — meow!

Meow meow meow meow Meow meow meow meow meow:
meow meow meow meow meow meow meow meow meow
meow meow meow meow.

Meow meow meow meow Meow meow meow meow meow
meow meow meow meow: "Meow meow meow meow: meow
meow Meow Meow Meow meow meow meow meow meow!
Meow meow meow meow meow meow?"

— "Meow meow meow meow meow meow meow meow
meow, meow meow meow meow meow meow meow meow
meow meow meow meow! Meow meow meow meow meow
meow meow meow meow."

Meow meow Meow meow meow meow meow; meow meow meow meow meow meow meow meow Meow, meow meow meow meow meow meow meow, meow Meow meow meow meow meow meow!

Meow meow meow meow meow meow meow Meow — meow, Meow meow meow, meow meow meow meow meow meow meow!

25

Meow meow meow meow meow meow meow meow, meow, meow meow meow meow meow meow meow meow meow meow meow meow meow meow. —

Meow meow meow, meow meow meow meow meow meow Meow Meow meow meow meow meow meow meow meow meow meow meow meow meow.

Meow meow meow — meow meow meow meow meow, meow meow meow meow: meow meow meow meow meow meow meow meow meow meow.

Meow meow meow meow meow. Meow meow meow meow meow meow meow meow meow meow.

Meow meow meow meow: "Meow, meow meow meow meow meow meow meow meow, meow meow meow meow meow meow, meow meow meow meow meow": — meow meow meow meow Meow, meow meow meow meow, meow meow meow.

Meow meow meow, meow meow meow — Meow Meow Meow Meow! Meow, meow meow meow meow meow meow meow meow meow meow meow meow- meow!

Meow meow: meow meow meow meow — meow Meow meow — meow meow meow: meow meow meow meow meow! —

— Meow meow, meow meow! Meow Meow "meow"! Meow, Meow meow meow, meow meow meow meow meow meow- meow meow meow-meow-meow!

26

Meow meow meow! Meow meow meow meow meow meow meow meow meow meow meow? Meow meow meow meow meow meow meow meow? —

—Meow meow meow meow meow meow meow meow meow: "Meow meow meow meow meow meow meow meow, meow meow meow meow; meow meow meow meow meow meow meow!

Meow meow meow meow meow meow meow, meow meow meow meow meow meow meow meow meow meow!

Meow meow meow meow meow-meow meow meow, meow meow meow meow meow meow meow meow meow!

Meow meow meow, meow meow meow meow meow meow meow meow meow meow meow meow meow meow meow, meow meow: "Meow meow meow Meow." Meow meow meow meow meow meow.

Meow meow meow meow meow meow meow meow meow meow meow; meow meow meow meow meow meow meow meow. Meow meow meow meow meow meow meow meow.

Meow meow meow meow, meow, meow meow meow Meow meow Meow — meow meow meow meow!

Meow meow Meow meow meow meow meow meow meow meow! Meow Meow meow meow!

Meow meow meow, meow, meow meow meow meow — meow meow, meow meow meow meow meow meow meow meow, — meow meow meow meow meow: "Meow meow meow meow meow?"

Meow Meow, meow meow meow, meow meow meow meow meow meow meow meow, meow meow, — meow meow meow meow meow-meow.

Meow meow meow — meow Meow meow; meow meow meow meow meow meow meow meow: —

—Meow meow meow meow meow meow meow meow meow meow, meow meow Meow Meow meow meow — meow meow meow meow meow meow!

Meow meow — meow meow meow meow meow meow meow meow meow. —

27

Meow meow meow, meow meow meow meow meow meow? Meow meow Meow meow meow meow meow "meow meow"? —

Meow meow meow meow meow meow meow meow meow meow meow? Meow meow meow meow meow meow meow meow?

Meow Meow, Meow Meow, Meow Meow Meow, Meow Meow Meow Meow! — Meow meow meow, meow meow meow meow meow meow?

28

Meow meow meow meow? Meow meow meow? Meow meow meow meow meow?

Meow meow meow, meow Meow meow meow meow meow meow meow meow, meow meow meow meow meow meow, meow meow meow Meow meow meow meow meow meow meow.

Meow meow meow meow meow meow meow meow meow, meow meow meow, meow meow meow, meow meow meow, meow meow meow-meow.

Meow meow meow meow meow meow meow meow meow meow; meow meow meow meow meow meow meow meow meow meow meow. Meow meow meow meow meow meow meow meow meow meow.

Meow meow meow meow meow meow meow "meow," meow meow meow meow meow "meow'meow meow." Meow meow meow meow meow meow meow, meow, meow!

Meow meow meow meow, meow meow, meow meow meow meow meow! Meow meow meow: meow meow meow meow meow meow meow meow.

Meow meow meow: meow meow meow meow meow. Meow!
Meow meow! Meow meow meow-meow!

Meow meow meow! Meow meow meow meow meow meow
Meow'Meow Meow meow! Meow, meow meow meow meow,
meow meow meow meow! —

29

"Meow meow meow!" — meow meow meow meow meow meow
meow meow; "meow meow meow meow meow meow?" —

Meow meow meow? Meow meow meow; meow meow Meow
meow meow: meow meow meow meow — meow meow?

Meow meow meow, meow meow meow meow? Meow meow
meow meow meow meow meow meow meow meow meow?
Meow meow meow meow meow meow meow meow meow?

Meow meow meow meow meow meow meow meow meow
meow, meow meow meow meow meow — meow meow meow?

Meow meow meow meow meow meow meow meow meow
meow meow meow meow, meow meow meow meow meow —
meow meow meow?

Meow meow meow meow meow. Meow meow meow meow
meow meow meow meow meow meow meow meow meow
meow meow meow, —

— Meow meow meow meow meow meow meow meow meow
meow meow, — meow meow meow, meow meow meow. Meow
meow meow meow meow meow.

Meow meow meow, Meow meow meow, meow Meow meow
meow meow: Meow Meow! —

30

Meow meow, meow Meow! Meow meow meow meow meow,
Meow meow! Meow meow meow meow meow meow!

Meow meow meow meow meow, meow Meow meow meow!
Meow Meow-meow! Meow-meow! Meow meow meow meow
meow meow meow meow!

Meow meow meow meow, meow Meow, meow meow meow meow meow — meow meow meow meow

meow Meow meow meow! Meow, meow meow meow meow meow meow meow!

Meow, meow meow meow meow meow meow meow meow meow! Meow, meow meow meow meow meow meow meow meow meow — meow meow meow! —

— Meow Meow meow meow meow meow meow meow meow meow meow meow meow: meow meow meow meow meow meow meow, meow meow-meow meow, meow meow meow meow- meow: —

— Meow meow meow meow meow meow meow meow Meow: meow meow meow meow meow meow, meow meow meow meow meow meow: —

— Meow meow, meow meow meow meow meow meow, meow, meow, meow, meow meow meow-meow: —

— Meow meow meow, meow meow meow meow-meow, meow meow meow meow meow!

Meow Meow, meow meow meow meow meow, Meow meow! Meow meow meow meow meow meow! — -

Meow meow Meow.

Meow Meow

1

Meow meow, meow meow meow meow meow meow meow meow, Meow meow meow meow meow meow meow meow meow, meow meow meow meow meow, meow meow meow meow meow meow meow meow meow meow meow meow meow meow meow meow meow meow meow meow meow. Meow'meow meow meow meow meow meow meow meow meow meow meow meow meow meow, meow meow meow meow meow meow meow meow meow-meow meow meow meow meow meow — meow, meow, meow meow meow, meow meow meow meow meow meow meow meow. Meow, meow, meow meow meow:

Meow, meow meow meow meow meow meow! Meow meow meow meow meow meow meow meow, meow meow meow: Meow! Meow! Meow meow meow meow meow meow meow!

Meow meow meow meow meow meow: meow! Meow Meow meow meow meow meow! Meow! Meow! Meow meow meow meow meow meow meow meow meow meow!

Meow meow meow meow meow meow meow meow meow meow meow meow meow meow! Meow meow meow meow meow meow: meow meow meow meow meow meow meow meow meow meow.

Meow meow meow meow meow, meow meow meow meow meow meow. Meow meow meow Meow meow meow meow meow-meow meow meow meow meow meow Meow meow meow meow — meow meow!

Meow meow, meow meow, meow? Meow! Meow! Meow meow, meow meow, — meow meow meow meow! Meow meow meow, Meow meow meow!

Meow, Meow, meow meow meow meow, meow meow meow meow, meow meow meow meow meow — meow meow Meow meow, meow meow meow meow!

Meow meow meow! Meow meow, — Meow meow meow! Meow meow Meow, meow meow meow meow Meow meow meow meow meow meow!

Meow meow meow! Meow meow! Meow meow meow meow — meow! meow meow! meow! — Meow, meow, meow — meow meow meow!

2

Meow, meow, meow Meow meow meow meow, meow meow meow meow meow meow meow meow, meow meow meow meow meow meow. Meow meow meow meow meow meow meow, meow meow meow meow meow meow, meow meow meow; meow meow meow meow meow meow meow meow meow. Meow meow meow meow meow meow; meow meow, meow, meow meow meow meow meow meow meow, meow meow

meow meow meow meow meow meow meow. Meow meow meow meow meow meow, meow meow meow Meow'meow meow: meow meow Meow meow meow meow meow meow meow meow meow, meow, meow meow, meow-meow meow, meow meow-meow. Meow meow meow, meow, meow meow meow meow, meow meow meow meow meow meow meow meow meow meow meow.

Meow meow, meow meow meow, Meow meow meow meow meow meow, meow meow meow meow meow meow meow, meow meow meow meow meow meow meow. Meow meow meow meow meow meow meow meow meow meow meow meow meow meow.

"Meow Meow," meow meow, "meow meow meow meow meow meow meow meow meow meow meow: meow meow meow meow meow meow meow meow meow?

Meow meow meow meow meow: meow meow meow meow meow meow meow meow. Meow meow meow meow meow meow meow meow meow meow; meow meow meow meow meow meow meow meow meow.

Meow meow meow meow meow, meow meow meow meow meow meow meow meow — meow meow meow meow meow meow! Meow meow meow meow meow meow meow!

Meow meow meow meow meow meow meow meow, meow meow, meow meow? Meow meow meow meow meow, meow meow meow meow meow meow meow meow meow meow. —"

—Meow meow meow, meow Meow, meow meow meow meow meow meow meow! Meow meow meow meow meow meow meow meow: meow meow meow meow, meow meow meow meow meow meow meow meow meow.

Meow meow meow meow meow meow meow meow meow meow; meow meow meow meow meow meow meow meow meow 'meow meow meow meow?

Meow meow meow meow meow meow; meow meow meow meow meow meow meow meow meow-meow.

Meow meow meow meow meow meow meow meow meow: meow meow meow meow meow meow meow meow meow meow.

Meow meow — meow meow meow meow meow meow-meow-meow? Meow meow meow meow! Meow meow meow meow meow meow meow; meow meow meow meow meow meow meow!

Meow meow meow meow meow meow meow meow meow meow meow meow meow meow meow meow? Meow meow meow meow meow, meow; meow meow meow meow meow.

Meow meow meow meow meow meow meow meow meow meow! Meow meow meow meow meow meow meow meow. —

— "Meow Meow," meow meow meow meow, "meow meow meow meow meow meow, meow meow meow meow: meow meow meow meow meow meow meow meow meow meow — meow meow.

Meow meow, meow meow; meow meow meow meow meow meow. Meow meow, meow meow meow meow; meow meow meow meow meow meow meow.

Meow meow, meow meow meow meow; meow meow meow meow meow meow meow meow. Meow meow meow, meow meow meow meow meow meow; meow meow meow meow meow meow meow meow meow.

Meow meow meow meow, meow meow 'Meow' meow meow meow 'Meow.' Meow meow meow meow. Meow meow meow meow meow meow." —

— Meow meow meow meow meow-meow! meow Meow, meow meow meow meow, meow meow meow meow meow meow meow meow meow meow meow meow meow: —

— Meow meow meow meow meow meow meow meow meow meow meow! Meow Meow meow meow meow meow meow meow meow meow meow meow.

Meow meow — meow meow meow meow meow-meow meow meow meow? Meow, meow, meow Meow meow meow, meow

meow meow meow meow meow meow-meow, meow meow meow meow meow meow.

Meow Meow Meow Meow Meow Meow Meow? Meow meow meow, meow meow meow meow? Meow meow meow meow meow meow meow meow meow meow meow meow? Meow meow meow meow meow meow.

Meow meow, meow-meow, meow meow meow meow meow meow meow meow meow; meow meow meow meow meow meow, meow, meow meow meow meow meow meow.

Meow meow meow meow meow —: meow meow meow meow meow meow, meow meow meow meow meow meow meow meow meow meow meow. Meow, meow, meow meow meow "meow."

Meow meow meow, meow meow meow — meow meow meow meow meow meow meow meow! Meow meow meow, meow meow meow meow meow meow meow meow meow meow meow meow meow!

Meow meow meow meow — meow meow meow meow meow meow meow meow meow. "Meow meow meow?" meow meow meow meow; "meow meow meow, meow meow meow Meow meow meow meow meow."

Meow meow meow meow meow meow meow; meow meow meow meow meow meow "meow" meow "meow meow meow meow" meow "meow," meow meow meow meow meow meow meow meow meow meow!

Meow Meow meow — meow Meow meow meow meow meow meow'meow meow? Meow, meow meow, meow meow meow Meow meow meow, meow meow meow meow meow meow meow meow meow meow, —

—Meow meow meow meow meow meow meow meow Meow, meow meow meow meow meow meow meow meow; meow meow meow meow meow meow Meow meow:—

Meow meow Meow meow-meow meow Meow meow, meow Meow meow meow meow meow, —meow Meow meow, meow meow meow meow meow meow:

"Meow, meow meow meow meow meow meow meow! Meow, meow meow meow meow meow meow meow!"

Meow meow meow meow meow — Meow meow meow meow meow meow meow meow meow: meow meow meow meow meow meow: "Meow meow meow, meow meow meow meow, meow meow."

Meow meow meow meow meow meow meow, meow meow meow, meow meow meow, meow meow meow meow meow.

"Meow meow meow, meow meow meow meow meow meow meow, meow meow meow" — meow meow meow meow, meow meow meow meow meow meow meow meow meow meow meow.

Meow meow, meow meow meow meow meow meow; meow meow meow meow; meow meow meow meow meow meow meow meow meow meow meow meow.

Meow meow meow meow meow meow meow, meow meow meow meow meow: meow meow meow meow meow meow meow, meow meow meow meow meow meow meow meow:

— "Meow, meow meow meow! Meow meow meow meow meow!"

Meow meow Meow meow meow meow meow meow, meow meow meow meow meow meow meow meow: meow meow meow meow meow — meow meow meow, meow meow meow meow!

Meow meow meow, meow meow meow meow! — meow meow meow meow meow meow meow! Meow meow meow meow meow meow meow meow meow! — meow meow meow meow meow meow meow!

Meow, Meow! Meow! Meow! — Meow meow Meow, meow meow meow meow; meow meow meow meow meow. Meow meow meow meow meow meow meow meow meow.

"Meow meow meow meow, meow meow!" — meow meow meow meow, "meow meow meow meow meow meow meow meow meow meow meow meow.

Meow meow meow meow meow, meow meow, meow meow meow meow meow! Meow, meow, meow meow meow-meow, meow meow Meow meow meow!

Meow meow meow meow meow meow; meow meow meow meow meow. Meow meow meow meow meow meow meow, meow meow meow meow meow meow meow meow."

—"Meow meow meow meow meow-meow, meow meow meow!" meow Meow, meow meow meow meow meow. "Meow meow meow meow meow meow Meow meow meow meow meow meow meow!

Meow Meow meow meow meow meow meow — Meow meow meow Meow meow meow meow, meow Meow meow: meow meow meow meow meow meow-meow meow?"

—"Meow meow meow meow," meow meow meow meow meow; "meow, meow meow, meow meow meow meow meow meow, meow meow meow!

Meow meow, Meow Meow! Meow meow meow meow meow meow meow meow meow.

Meow meow meow meow, Meow Meow, meow meow meow meow meow meow: meow meow meow meow meow meow meow, meow meow meow meow meow meow meow'meow meow!

Meow meow meow meow meow meow, Meow Meow, meow meow meow meow meow meow: meow, Meow Meow Meow Meow Meow Meow Meow Meow, — meow meow meow Meow meow!

Meow meow meow meow meow meow meow meow meow meow — meow meow meow meow meow meow meow meow meow meow meow meow!

Meow, meow meow meow meow meow: meow meow meow meow meow, meow meow meow meow, meow meow meow meow meow meow meow meow meow, meow meow meow meow meow.

Meow meow meow meow meow meow meow meow meow
Meow, meow meow meow meow meow meow; meow meow,
meow meow meow-meow, meow meow meow meow, meow
meow meow meow meow meow meow meow meow: —

—Meow meow meow meow meow meow meow meow meow
meow meow meow meow meow meow meow meow, meow
meow meow meow, meow meow meow meow, meow meow
meow meow meow meow meow meow meow meow meow.

Meow meow meow meow meow meow, Meow Meow, meow,
meow meow meow meow meow meow meow meow meow
meow: — meow meow meow meow meow meow meow meow
meow!

Meow meow meow, meow meow meow, meow meow meow
meow, meow meow meow meow meow meow meow meow
meow meow meow, meow meow meow! —

'Meow meow Meow meow meow meow,' meow meow meow,
'meow meow meow meow Meow meow meow. Meow meow
meow meow meow meow.

Meow meow meow meow meow meow meow meow Meow
meow meow, — meow meow meow meow meow! Meow meow
meow meow meow meow meow meow meow meow.

Meow meow meow meow meow meow, meow meow meow,
meow meow meow, meow meow meow — Meow meow meow
meow meow, meow meow meow meow, meow meow meow
meow:

—Meow meow meow meow meow meow meow meow meow
meow, meow meow meow meow meow meow, meow meow
meow meow meow meow meow meow meow, —

—Meow meow meow meow meow meow meow meow meow
meow meow meow meow, meow meow meow meow meow
meow Meow.

Meow meow meow meow meow. Meow meow meow meow
meow meow: meow meow meow meow meow — meow meow
meow Meow meow!

Meow meow meow meow meow meow meow meow-meow meow meow meow. Meow— Meow Meow'meow meow-meow.'"—

Meow meow meow meow meow meow meow meow meow meow meow meow, meow meow Meow meow meow meow meow meow: meow Meow meow meow meow meow meow meow meow. Meow meow meow, meow meow meow meow meow meow meow meow meow meow, meow meow meow meow meow; meow meow meow meow meow meow meow meow. Meow meow, meow, meow meow meow, meow meow meow meow meow meow meow meow, meow meow meow meow meow meow, meow meow meow.

Meow Meow Meow

Meow meow meow, Meow meow meow meow meow meow "meow-meow" meow "meow meow meow meow" meow "meow," meow meow meow meow meow meow meow Meow meow Meow meow Meow.

Meow meow meow, Meow meow meow meow meow meow-meow, Meow meow meow meow meow meow meow meow meow meow.

Meow meow meow, Meow meow meow meow meow meow meow meow-meow meow meow meow, meow meow meow meow meow meow meow meow meow meow meow meow meow.

Meow meow meow meow meow meow "meow" meow Meow meow meow meow meow meow; meow meow meow meow Meow meow meow meow meow; Meow meow meow meow meow meow "meow."

Meow meow meow, Meow meow meow meow meow meow meow Meow meow meow meow, meow meow meow meow Meow meow meow meow meow meow Meow: meow meow meow meow meow meow, meow meow meow meow meow meow.

Meow meow meow, Meow meow meow meow meow meow meow meow meow meow meow; meow meow meow, meow meow meow, meow meow meow meow meow?

Meow meow meow, Meow meow meow meow meow meow meow meow meow meow meow- meow, meow meow, meow meow meow, meow meow meow meow meow meow meow.

Meow meow meow, Meow meow meow meow meow meow meow meow meow meow meow meow meow meow meow: meow meow meow, meow meow meow meow meow meow meow meow.

Meow meow meow, Meow meow meow meow meow meow meow meow meow-meow meow meow-meow; Meow meow meow meow meow meow meow, "Meow meow meow" meow "Meow."

Meow meow meow, Meow meow meow meow meow meow meow meow-meow meow, Meow meow meow meow "Meow" meow "meow Meow meow meow" meow "meow Meow-meow meow meow" meow "meow Meow meow."

Meow meow meow, meow meow meow meow Meow meow meow meow meow, meow meow meow, meow meow meow meow meow meow meow meow meow.

Meow meow meow, meow meow meow Meow meow meow, meow meow meow meow meow meow meow meow meow:— meow meow meow meow meow meow meow meow meow.

Meow meow meow, meow meow meow meow meow meow meow meow, meow meow meow meow meow meow meow meow meow meow meow meow meow meow:—

—Meow meow meow meow meow meow, meow meow meow, meow meow meow meow meow meow.

Meow meow meow, meow meow meow meow meow meow meow meow meow meow meow meow meow meow meow meow meow! Meow meow meow meow meow meow meow meow meow meow meow?

Meow meow meow, Meow meow meow meow meow, meow meow meow meow meow meow meow meow meow:—meow meow! Meow meow meow meow meow, meow meow meow meow meow: "Meow meow meow meow meow?—

—Meow meow meow meow meow meow meow meow meow meow? Meow meow meow meow meow? Meow meow meow — meow?" —

Meow meow meow, Meow meow meow meow meow meow meow: meow meow- meow meow meow meow meow meow meow!

Meow meow meow meow meow meow meow, meow meow meow meow: meow meow meow meow-meow meow meow meow meow meow meow meow meow meow!

Meow meow, Meow meow meow! Meow meow meow meow meow meow meow meow meow meow?

Meow meow meow meow meow meow meow meow meow-meow meow meow meow.

Meow meow meow meow-meow, meow meow meow meow meow meow meow meow: meow meow, Meow meow meow, meow meow meow meow meow, meow meow meow meow meow meow.

"Meow meow meow meow meow? Meow meow meow, meow?" Meow meow meow meow meow; meow meow, Meow meow meow, meow meow meow meow meow meow meow meow meow —

—Meow meow meow meow meow meow meow meow meow meow meow meow, meow meow meow meow meow meow meow meow meow meow meow meow-meow!

Meow meow meow meow meow, meow meow meow meow meow meow meow meow, meow meow meow meow meow Meow, Meow meow meow! —Meow, Meow meow meow, meow meow meow meow:

—Meow meow meow meow meow meow meow meow, meow meow meow meow meow meow meow meow meow meow, —

—Meow meow meow meow meow meow meow meow, meow meow meow, meow meow meow meow meow meow meow, meow, meow meow meow meow: —

—Meow meow meow meow meow meow, meow meow meow meow meow meow meow, meow meow meow meow meow meow meow-meow meow,—

—Meow meow meow meow, meow meow meow, meow meow meow: meow, meow, meow meow meow meow meow meow meow meow meow-meow,—

—Meow meow meow, Meow meow meow, meow meow meow—meow meow meow meow meow meow meow meow! Meow meow, meow meow meow meow meow meow meow meow meow,—

—Meow meow meow meow meow, meow meow meow meow meow meow meow meow meow meow meow meow, meow meow meow meow meow meow meow meow meow meow! —

Meow meow meow, meow meow Meow meow meow meow, meow meow meow meow meow meow, meow meow meow meow meow meow meow meow meow: —Meow Meow Meow Meow Meow, meow, meow meow meow meow meow meow meow meow!

Meow Meow meow meow meow,—meow meow, meow: Meow meow meow meow—meow meow? — Meow meow, meow: meow meow meow, meow, Meow meow meow! Meow meow meow meow meow! —

Meow meow Meow.

Meow Meow Meow-Meow

1

"Meow meow meow meow Meow meow, Meow Meow: meow meow Meow meow meow meow meow-meow, —meow meow meow meow meow meow meow:

—Meow meow meow meow Meow meow meow meow meow, meow meow, meow, meow, meow meow-meow!

Meow meow meow-meow meow, meow meow meow meow meow, meow meow, meow, meow, meow meow:

Meow meow meow meow meow meow meow meow meow meow—meow meow meow meow meow meow meow-meow. —

Meow meow meow meow, meow meow meow meow,— meow meow meow meow: meow meow meow meow meow meow — meow meow meow!

Meow meow meow Meow meow: meow meow meow meow meow meow meow; meow meow meow meow meow meow, meow meow meow!

Meow meow meow meow Meow meow, meow meow meow meow meow: meow meow meow meow meow-meow, meow meow meow meow meow.

Meow meow meow — meow meow meow meow meow meow; meow meow meow meow meow meow — meow meow!

Meow meow meow meow, Meow meow meow meow; meow meow meow meow, meow meow meow meow: — Meow meow, meow meow meow, meow meow Meow meow meow meow!

Meow meow, meow meow meow, meow meow meow, meow meow meow, meow meow — meow:

— Meow meow meow meow meow, meow meow meow, meow, meow, meow, meow! Meow meow meow meow meow, meow meow, meow, meow- meow, meow-meow meow!

Meow meow meow meow meow, meow meow meow meow? Meow meow meow meow meow meow; meow meow meow meow meow!

Meow meow meow meow, Meow meow meow meow meow meow. Meow meow meow? Meow meow meow meow! Meow meow meow meow!

Meow meow meow meow meow: meow meow meow meow! — Meow! Meow meow! Meow meow meow meow meow meow meow meow meow?

Meow meow! Meow meow! Meow meow meow meow meow? Meow meow meow? Meow meow meow meow meow meow meow meow meow meow meow.

Meow meow meow meow meow meow meow meow meow; meow meow meow meow

meow meow meow, meow meow meow meow meow meow!

Meow meow meow meow meow meow meow meow: Meow meow meow meow, — meow meow meow meow meow, meow meow meow meow?

Meow meow meow! Meow meow, meow meow! Meow meow! Meow meow! — Meow! Meow meow meow meow meow!

Meow, meow meow meow, meow meow meow, meow meow meow! Meow meow Meow meow meow meow — meow meow meow meow!

— Meow meow meow meow meow, meow meow meow, meow, meow! Meow meow meow meow meow, meow meow-meow meow meow meow!

Meow meow meow meow-meow? Meow meow meow meow meow meow-meow meow: meow meow meow meow meow meow — meow meow meow?

Meow meow meow meow meow? Meow meow meow meow; meow meow meow meow meow! Meow meow meow meow — Meow meow meow meow; meow meow meow meow meow meow meow meow meow! —

— Meow, meow meow, meow, meow meow meow meow-meow! Meow meow meow meow? Meow meow meow meow meow Meow meow meow meow meow, meow meow meow meow meow meow!

Meow meow meow meow meow meow, meow meow meow meow meow meow. Meow meow, meow Meow meow meow meow meow meow, meow meow Meow — meow meow meow!

Meow meow meow meow meow meow meow meow meow meow meow! Meow meow meow meow meow? — Meow Meow!" —

2

Meow meow Meow meow meow meow, meow meow meow meow meow meow meow:

"Meow Meow! Meow meow meow meow meow meow meow! Meow meow meow meow meow meow meow,—meow meow meow meow meow meow meow meow meow meow.

Meow meow meow meow meow meow meow'meow-meow-meow meow meow'meow-meow-meow. Meow meow meow meow meow meow meow meow meow meow meow meow— meow meow meow! Meow meow meow meow meow meow meow meow!

Meow meow meow meow meow meow meow meow meow meow meow meow meow meow,— meow meow meow meow meow meow meow meow meow meow meow meow meow meow meow meow meow meow?

Meow meow Meow meow meow meow meow, meow meow meow meow, meow meow meow: meow meow meow meow meow Meow meow meow meow meow Meow. Meow, meow meow meow meow, Meow!

Meow meow Meow meow meow meow meow meow meow meow, meow! meow meow meow meow meow meow meow meow meow meow meow."—

Meow meow Meow meow meow meow meow meow, meow meow meow: "Meow Meow, meow meow meow meow meow meow meow!

Meow meow meow meow meow meow meow meow meow meow; Meow meow meow meow meow meow meow meow.

Meow meow meow meow meow, meow, meow-meow: meow meow meow meow meow meow meow meow:—

—Meow meow meow meow meow meow meow meow meow meow, meow meow meow meow meow meow meow meow—

—Meow meow meow, Meow Meow, Meow meow meow— meow meow meow meow!"—

"Meow," meow Meow, meow, "meow meow meow meow meow"—Meow Meow meow meow meow meow meow, meow meow meow meow, meow, meow meow.

"Meow Meow meow, Meow Meow? Meow meow meow meow —"

Meow meow meow meow meow meow, meow meow meow meow meow meow meow'meow meow meow meow meow meow meow meow, meow meow meow meow. — Meow, meow, meow Meow meow meow meow meow meow meow Meow meow meow meow. —

Meow meow Meow.

3

Meow!

Meow meow! Meow meow! Meow!

Meow meow meow meow'meow meow meow? Meow!

"Meow meow meow meow —

Meow!

"Meow meow meow Meow'meow meow meow meow: —

Meow!

"Meow meow meow meow,

Meow!

"Meow meow meow meow meow meow meow.

Meow!

"Meow meow meow meow —

Meow!

"Meow — meow meow meow meow meow meow: Meow!

"Meow meow: Meow! Meow!

Meow!

"Meow meow meow meow meow — Meow!

"Meow meow meow meow!" Meow!

Meow Meow Meow (Meow meow Meow meow Meow Meow)

1

Meow Meow meow meow meow meow meow meow meow
meow meow meow meow meow meow meow-meow, 'meow
meow meow, —

Meow 'meow meow meow meow meow meow meow meow
meow meow — meow meow meow meow, meow meow meow
meow meow meow meow meow meow meow meow meow:

Meow meow meow meow meow meow meow, meow meow
meow meow meow meow meow, meow meow meow meow
meow Meow! meow meow Meow! meow meow meow meow
meow meow: —

—Meow, meow, meow meow meow meow meow meow!
Meow meow, meow meow meow meow meow meow meow
meow meow meow meow, meow meow meow meow meow
meow meow meow meow meow! —

Meow, meow meow Meow meow meow meow meow Meow
meow meow meow meow-meow meow meow — meow meow
meow meow meow?

Meow meow meow Meow meow meow meow meow meow
Meow meow meow meow meow meow, meow meow meow
meow meow meow Meow meow: meow Meow meow meow,
Meow Meow!

Meow Meow Meow Meow, Meow Meow!

2

Meow meow meow meow meow meow meow, meow meow,
meow meow meow meow meow meow meow meow:

Meow meow meow meow meow meow meow meow meow
meow meow, meow meow Meow meow meow meow meow
meow meow meow-meow, meow meow meow meow meow
meow meow meow-meow:

Meow meow Meow meow meow meow meow meow Meow meow meow, meow-meow, meow-meow, meow meow meow meow meow meow-meow: —

—Meow meow meow meow Meow'-meow meow Meow meow, meow meow meow meow meow meow meow meow meow meow meow; meow meow Meow meow meow meow meow meow meow meow meow meow —

Meow, meow meow Meow meow meow meow meow Meow, meow meow meow meow-meow meow meow — meow meow meow meow meow?

Meow meow meow Meow meow meow meow meow meow Meow meow meow meow meow meow, meow meow meow meow meow meow Meow meow: meow Meow meow meow, Meow Meow!

Meow Meow Meow Meow, Meow Meow!

3

Meow meow meow meow meow meow meow meow meow meow meow meow, meow meow meow meow meow meow meow meow meow meow meow meow meow-meow:

Meow meow Meow meow meow meow meow meow meow meow meow meow, meow meow meow meow meow meow meow meow meow, meow, meow meow:

Meow meow Meow meow meow meow meow meow Meow meow meow meow meow meow meow meow, meow meow meow meow meow meow meow, meow meow meow meow-meow: —

—Meow meow meow meow meow meow meow, meow meow meow meow meow meow meow meow-meow meow meow Meow:

Meow, meow meow Meow meow meow meow meow Meow, meow meow meow meow-meow meow meow — meow meow meow meow meow?

Meow meow meow Meow meow meow meow meow meow
Meow meow meow meow meow meow, meow meow meow
meow meow meow Meow meow: meow Meow meow meow,
Meow Meow!

Meow Meow Meow Meow, Meow Meow!

4

Meow meow Meow meow meow meow meow meow meow
meow meow meow- meow meow- meow meow meow meow
meow meow meow meow:

Meow meow meow meow meow meow meow meow meow
meow meow, meow meow meow, meow meow meow, meow
meow meow meow meow meow:

Meow Meow meow meow meow meow meow meow meow
meow meow meow meow meow meow meow-meow meow
meow: —

— Meow meow meow meow meow meow meow meow meow
meow; meow meow meow meow meow meow, meow meow
meow meow meow meow-meow: —

Meow, meow meow Meow meow meow meow meow Meow,
meow meow meow meow-meow meow meow — meow meow
meow meow meow?

Meow meow meow Meow meow meow meow meow meow
Meow meow meow meow meow meow, meow meow meow
meow meow meow Meow meow: meow Meow meow meow,
Meow Meow!

Meow Meow Meow Meow, Meow Meow!

5

Meow Meow meow meow meow meow meow, meow meow
meow meow meow, meow meow meow meow meow meow
meow meow meow:

Meow meow meow meow meow meow meow, meow meow
meow meow meow meow, meow meow meow'meow meow
meow meow meow meow:

Meow meow meow meow meow meow meow: "Meow meow meow meow,—meow meow meow meow meow meow meow meow—

Meow meow meow meow meow, meow meow meow meow meow meow meow meow, —meow! meow meow! meow meow!"—

Meow, meow meow Meow meow meow meow meow Meow, meow meow meow meow-meow meow meow—meow meow meow meow meow?

Meow meow meow Meow meow meow meow meow meow Meow meow meow meow meow meow, meow meow meow meow meow meow Meow meow: meow Meow meow meow, Meow Meow!

Meow Meow Meow Meow, Meow Meow!

6

Meow meow meow meow meow meow'meow meow, meow meow Meow meow meow meow meow meow meow meow meow-meow meow:

Meow meow meow meow meow meow meow, meow meow meow meow-meow meow meow meow meow:

—Meow meow meow meow meow meow meow, meow meow meow meow meow meow meow meow meow meow:—

Meow meow meow meow meow Meow meow Meow meow meow meow meow meow meow, meow meow meow meow, meow meow meow meow meow: meow meow, meow meow meow Meow meow Meow!—

Meow, meow meow Meow meow meow meow meow meow Meow, meow meow meow meow-meow meow meow—meow meow meow meow meow?

Meow meow meow Meow meow meow meow meow meow Meow meow meow meow meow meow, meow meow meow meow meow meow meow Meow meow: meow Meow meow meow, Meow Meow!

Meow Meow Meow Meow, Meow Meow!

7

Meow meow Meow meow meow meow meow meow meow meow meow, meow meow meow meow meow meow meow meow meow meow meow:

Meow Meow meow meow meow meow meow meow meow, meow meow meow meow'meow meow meow meow meow meow meow: —

—Meow meow meow meow meow: —"Meow, meow meow meow meow meow meow meow! Meow meow meow, —meow, meow, meow meow meow! Meow! meow meow meow!

—Meow meow meow meow meow meow meow meow? Meow meow meow meow meow meow meow meow meow? Meow! meow meow meow!" —

Meow, meow meow Meow meow meow meow meow Meow, meow meow meow meow-meow meow meow—meow meow meow meow meow?

Meow meow meow Meow meow meow meow meow meow Meow meow meow meow meow meow, meow meow meow meow meow meow Meow meow: meow Meow meow meow, Meow Meow!

Meow Meow Meow Meow, Meow Meow!

Meow Meow Meow Meow

Meow Meow Meow

—Meow meow meow meow meow meow meow Meow'meow meow, meow meow meow meow meow; meow meow, meow, meow meow. Meow meow meow meow meow meow meow meow meow meow meow meow meow, meow meow meow meow meow meow—meow meow meow meow meow meow meow, meow meow meow meow meow,—meow meow meow meow meow meow meow meow, meow meow meow meow meow meow meow meow meow meow.

"Meow Meow," meow meow, "meow meow meow meow meow meow meow?"—"Meow meow meow meow meow meow!" meow meow, "Meow meow meow meow meow meow meow meow meow meow, Meow meow meow meow meow."— "Meow Meow," meow meow meow meow meow, "meow meow meow meow meow meow meow meow meow meow meow. Meow meow meow meow meow meow-meow meow meow meow?"—"Meow meow," meow Meow, meow meow, "meow meow meow meow meow meow meow! Meow meow meow meow meow meow meow meow meow, meow meow meow meow meow meow meow meow meow: meow meow meow meow meow meow meow meow, meow meow meow meow meow."—

Meow meow meow meow meow meow meow meow, meow meow meow meow meow meow meow meow. "Meow Meow," meow meow, "meow meow meow Meow Meow Meow meow meow meow meow meow meow meow meow meow, meow meow meow meow meow meow? Meow, meow meow meow meow meow!"—"Meow meow meow meow, meow meow?" meow Meow, meow; "meow Meow meow meow Meow meow meow meow. Meow meow meow meow meow, meow meow meow meow meow meow meow meow meow. Meow meow meow Meow meow meow meow meow meow meow meow meow, meow meow meow meow meow."—"Meow meow meow meow, Meow Meow," meow meow meow, meow meow meow meow meow; "meow meow meow meow meow-meow

meow meow meow meow? Meow meow meow meow, meow
meow-meow meow meow meow meow meow meow meow
meow."—"Meow, meow meow," meow meow, "meow meow
meow meow meow meow meow meow: Meow meow meow-
meow meow meow meow meow! Meow meow meow meow
meow meow meow meow meow, meow, meow, meow, meow-
meow, meow-meow- meow. Meow meow meow meow meow
Meow meow meow meow meow-meow."—

Meow Meow, meow, meow meow meow meow meow, meow
meow meow meow meow meow meow meow meow, meow
meow meow meow meow meow meow:—meow meow meow
meow meow meow meow meow meow, meow meow meow,
meow meow meow:

Meow Meow meow meow meow meow meow-meow, meow
meow meow meow meow meow meow meow meow, meow
meow meow! Meow meow meow Meow meow meow meow
meow meow meow meow meow-meow meow meow¹ meow
meow.

Meow meow meow! Meow meow meow meow meow meow,
meow meow meow meow meow meow: meow meow Meow
meow meow—meow?

Meow meow Meow meow meow Meow meow meow meow,
meow meow meow meow meow, meow meow meow meow
meow meow meow meow, meow meow, meow, meow meow,
meow:

—Meow meow meow, meow meow meow meow meow
meow. Meow meow meow meow meow meow meow meow
meow meow meow, meow meow meow-meow meow meow
meow meow, meow meow meow meow meow—meow meow—
meow meow, meow meow;

—Meow meow meow meow meow-meow meow meow
meow, meow meow meow meow Meow meow meow, meow
meow meow meow meow meow meow meow meow, meow
meow meow meow, —meow meow meow meow meow meow
meow meow, meow meow meow!

Meow meow meow meow, meow meow meow:—meow Meow meow Meow meow meow meow meow meow meow-meow meow meow: Meow meow, meow meow meow!

Meow meow, meow meow meow meow meow meow meow meow meow! Meow meow meow meow meow Meow meow meow meow meow-meow meow meow meow meow!

—Meow meow meow meow Meow meow meow meow meow meow meow meow meow 'meow meow, meow, meow meow, meow meow meow meow meow meow meow meow meow meow meow meow meow meow meow meow;—

Meow, meow meow meow meow meow meow, meow meow meow meow meow meow Meow meow, meow meow meow-meow, meow meow meow meow meow meow meow meow.

Meow Meow meow Meow meow meow meow meow meow meow meow—meow, meow- meow, meow-meow, meow; meow meow, meow meow, meow meow-meow, meow meow meow meow meow meow meow meow meow meow: "Meow meow meow meow!"

Meow meow meow meow meow Meow meow meow; meow meow meow meow Meow meow meow meow meow meow meow meow meow meow meow-meow; meow meow meow Meow meow meow meow meow, meow Meow meow meow, meow meow.

Meow meow Meow meow meow, meow meow meow meow meow meow meow, meow meow meow, meow meow meow; meow meow meow meow meow meow meow,— meow meow meow meow "meow."

Meow meow meow meow meow meow: meow meow meow meow meow? Meow meow meow meow meow meow meow meow meow meow meow?

Meow meow, Meow meow meow-meow meow meow meow meow, meow meow meow meow meow meow meow meow meow, meow meow meow meow meow meow meow meow meow; meow meow Meow meow meow-meow meow meow meow meow meow meow meow.

Meow meow meow meow meow meow meow meow meow?
Meow meow meow meow meow meow meow Meow meow
meow meow meow, meow meow meow meow meow meow
meow meow Meow meow meow meow meow meow, meow
meow meow meow —

—Meow meow meow-meow meow meow, meow meow
meow-meow meow meow meow, meow meow meow meow
meow meow meow meow meow: "Meow, meow Meow meow
meow meow meow meow meow meow Meow!"

Meow meow Meow meow meow meow meow meow meow
meow meow meow meow meow: meow meow meow meow
meow meow meow meow! Meow meow meow meow meow,
meow meow meow-meow, meow meow meow meow meow
meow meow!

Meow, meow, meow meow meow — meow meow meow
meow meow meow Meow, meow meow meow meow meow
meow Meow: meow meow meow meow meow meow meow
meow meow meow meow. Meow meow meow meow meow
meow meow, meow meow meow meow meow.

Meow meow meow meow meow meow meow meow meow
meow? Meow meow Meow, meow meow meow meow, meow
meow, meow meow-meow, meow Meow-meow meow meow
meow meow —

Meow meow meow meow "meow" meow? Meow meow
meow meow meow? Meow meow meow meow meow meow
meow meow meow meow meow meow —, meow meow meow
meow Meow meow meow meow meow;

—Meow meow meow meow, meow meow meow meow,
meow meow meow, meow, meow meow-meow, meow meow
meow meow meow, meow meow meow meow- meow, meow
Meow? meow Meow? meow Meow?

Meow meow, meow, meow meow, meow meow! Meow meow
meow meow meow meow meow meow-meow! Meow meow
meow meow meow meow meow meow meow meow!

Meow meow meow meow Meow meow meow meow, meow
meow-meow-meow-meow meow meow meow — meow Meow
meow meow meow, meow Meow meow meow meow: meow
meow meow Meow meow, meow meow meow meow meow-
meow.

Meow! meow! meow meow-meow! Meow meow meow,
meow meow meow meow meow! Meow meow meow meow,
meow meow meow meow meow! Meow, meow meow-meow,
meow meow meow meow meow meow meow!

Meow meow, meow meow, meow meow! Meow, meow meow
meow meow meow meow, meow meow meow meow! Meow
meow meow — meow meow meow meow! Meow meow meow!

Meow Meow meow Meow

Meow meow meow meow Meow meow meow meow meow
meow meow meow meow meow, meow meow meow meow
meow meow meow meow meow meow meow meow meow
meow, — meow meow meow: meow Meow meow meow meow
meow meow meow meow meow meow meow meow meow.
Meow meow meow meow, meow, meow meow meow meow
meow meow, meow meow meow meow meow meow meow
meow meow, meow meow — meow! meow meow meow meow
meow meow, — meow meow meow meow meow meow meow
meow: meow meow meow meow meow meow meow meow.
Meow meow meow meow meow meow meow meow meow,
meow, meow meow meow meow meow meow meow, meow meow
meow meow meow meow meow meow meow meow meow meow
meow meow meow, meow meow meow meow meow meow meow,
meow meow: "Meow meow meow, meow meow meow meow,
meow meow meow meow meow, meow meow." Meow meow
meow meow meow meow meow; meow meow Meow meow
meow meow meow, meow meow meow meow meow meow:
meow meow meow meow meow meow-meow meow meow
meow meow meow.

Meow meow, meow meow meow meow meow meow meow
Meow'meow meow, meow meow meow meow meow meow,
meow meow meow meow meow meow meow meow; meow

meow meow meow Meow. Meow meow meow meow meow
meow meow meow meow meow meow meow, meow meow
meow meow meow meow, meow meow meow meow meow
meow meow meow meow meow meow meow.

"Meow meow," meow Meow, "meow meow meow meow
meow meow, meow meow meow meow meow meow meow
meow meow meow meow meow. Meow meow meow meow
meow meow meow-meow, meow meow meow meow meow
meow meow meow meow meow meow meow meow!" — "Meow
meow meow meow?" meow meow meow, meow meow meow,
"meow meow meow meow, meow meow meow, Meow Meow,
meow meow meow meow meow meow meow meow, — meow
meow meow meow meow meow meow meow meow meow
meow meow meow!" — "Meow Meow meow meow meow meow
meow?" — meow Meow, meow. — "Meow meow meow meow
meow," meow meow meow, "meow meow meow, meow meow
meow meow meow meow meow: meow meow meow meow
meow meow meow meow meow meow meow." — Meow meow
Meow meow meow meow. — "Meow meow meow meow
meow?" meow meow meow: "meow meow meow meow meow
meow meow meow meow meow?" — Meow meow meow meow
meow meow meow: meow meow meow meow meow, meow
meow, meow meow meow meow meow meow meow meow
meow meow; meow meow meow meow meow meow meow
meow: meow meow meow meow meow.

"Meow meow meow," meow Meow meow meow, "meow
meow meow meow meow meow, meow meow meow meow
meow meow; meow meow meow meow meow meow meow
meow meow. Meow meow meow meow meow meow meow
meow! Meow meow meow meow meow meow meow meow
meow, — meow meow meow meow meow meow?"

— "Meow!" meow meow meow meow meow meow meow,
meow meow meow meow meow meow — "Meow Meow, Meow
meow meow meow Meow meow meow meow meow meow
meow meow!" —

Meow meow meow meow meow meow meow meow meow
meow meow meow meow meow, meow meow meow meow

meow meow meow — meow meow meow. "Meow meow? Meow meow, Meow Meow?" meow meow meow meow, "meow meow meow meow, meow meow meow: Meow, meow, meow; meow meow meow, meow meow meow meow meow!" —

Meow meow meow meow, meow meow meow; meow meow meow meow, meow meow meow meow meow meow: "Meow meow meow meow meow meow meow meow?"

"Meow meow meow meow, meow," meow meow meow meow, "meow meow meow meow meow? Meow meow Meow Meow Meow meow meow meow meow!"

"Meow meow meow?" meow Meow, meow-meow: "meow meow Meow? Meow meow Meow? Meow meow meow! Meow meow meow meow?" — meow meow meow meow meow meow.

Meow meow, meow, meow meow meow Meow'meow meow, meow meow meow meow meow meow meow meow. Meow, meow, meow meow meow meow meow meow meow meow meow, meow meow meow, meow meow Meow meow meow.

"Meow Meow," meow meow, meow meow meow, "meow meow meow meow meow meow meow meow meow meow meow: meow meow meow meow meow meow meow meow meow!

Meow meow meow meow meow meow meow, meow meow meow meow meow-meow, meow meow meow meow meow meow: 'Meow, meow meow meow meow meow meow!'

Meow meow meow meow meow meow meow meow meow meow meow Meow meow: meow meow meow meow, meow, meow meow-meow, meow-meow meow meow meow; meow meow meow meow, meow meow-meow, meow meow meow-meow meow meow.

Meow — meow meow meow meow meow meow meow meow meow-meow meow meow meow! Meow Meow meow meow meow meow meow meow meow Meow Meow, meow meow meow meow meow meow?

Meow meow meow meow, meow meow meow meow, meow meow meow meow meow, meow meow meow meow meow Meow Meow!" —

Meow meow meow meow; meow meow meow meow, meow, Meow meow meow meow meow meow, meow meow meow meow meow meow meow meow meow meow meow meow meow. "Meow! Meow! Meow meow Meow!" meow meow meow meow meow meow, meow meow meow meow — "Meow meow Meow meow meow! Meow meow meow Meow Meow! Meow Meow, meow meow meow-meow!

Meow meow meow Meow, meow meow-meow meow meow meow! Meow Meow meow meow meow meow meow meow meow meow, meow meow meow meow meow?

Meow meow Meow meow meow meow meow meow meow meow, meow Meow meow meow meow meow: meow meow meow meow meow! Meow Meow meow meow meow meow? Meow meow meow Meow meow.

Meow meow meow meow meow meow: meow! Meow meow meow meow meow meow meow meow meow: Meow Meow meow meow meow. Meow meow meow meow meow meow meow meow meow meow.

Meow meow meow Meow meow: meow meow meow meow meow meow! Meow meow, meow meow meow meow meow meow meow meow." —

Meow meow meow Meow meow meow meow meow. Meow meow meow

meow: "Meow Meow, meow meow meow meow!

Meow meow meow meow: meow meow meow meow meow meow meow! Meow meow meow meow meow meow meow meow meow meow meow meow meow!

Meow meow meow meow meow meow meow? Meow meow meow meow meow meow meow meow: meow meow meow meow meow Meow meow, meow meow meow meow meow meow — meow meow meow meow!"

"Meow meow meow!" meow meow Meow, meow meow meow meow: "meow meow meow meow meow meow meow meow meow meow meow, meow meow!

Meow meow meow meow meow meow, meow! meow meow meow meow, meow meow meow, meow meow meow meow! Meow meow meow meow meow meow meow meow meow meow meow meow;

—Meow meow meow meow meow, meow meow meow meow meow meow meow meow! Meow meow meow meow meow meow meow meow, meow meow meow-meow.

Meow meow meow meow meow? Meow meow meow meow? Meow! Meow meow, meow meow! Meow Meow meow — meow meow meow."

Meow meow Meow.

Meow meow meow Meow

1

Meow Meow meow meow meow meow meow meow meow meow meow meow meow meow, meow meow meow meow meow meow meow meow. Meow meow meow meow meow meow meow meow meow meow meow meow meow meow meow, meow meow meow meow meow meow, meow meow meow meow: meow meow meow meow meow meow meow. "Meow meow meow meow meow meow meow meow?" meow Meow meow meow meow meow meow, meow meow meow meow meow meow meow. Meow meow meow meow meow meow meow, meow meow meow-meow, meow meow meow meow meow meow: "Meow! Meow! Meow meow meow meow? Meow meow meow Meow meow — meow meow meow meow!"

Meow meow meow meow meow meow meow; meow meow meow meow meow meow meow meow meow meow meow, meow meow meow meow meow meow'meow meow. "Meow meow meow meow meow meow meow meow," meow meow meow meow meow meow, "meow meow meow meow meow meow."

Meow meow meow meow meow, meow, meow meow meow meow meow: "Meow meow meow meow meow meow-meow. Meow meow meow meow meow meow meow meow meow meow meow meow. Meow meow meow meow meow meow meow meow meow."

"Meow meow?" meow meow meow meow meow meow meow: "meow meow meow

meow meow meow meow meow meow meow? Meow meow meow 'meow meow'? Meow 'meow meow'?

Meow, meow, meow meow meow meow meow meow-meow, meow meow meow meow, meow, meow-meow meow — meow meow meow meow 'meow meow.'

— Meow meow meow meow 'meow.' Meow meow meow meow meow meow meow, meow meow meow meow — meow meow meow meow meow meow meow meow.

Meow meow meow meow meow meow meow meow meow meow meow meow meow, meow, meow, meow meow meow: meow meow meow meow meow meow meow.

Meow meow meow meow meow meow meow; meow meow meow meow meow meow meow! Meow meow meow meow meow meow meow meow — Meow meow meow meow meow meow meow meow meow meow. Meow meow, meow — meow meow, meow.

Meow-meow: meow meow meow meow meow meow, meow meow meow, meow meow Meow, meow meow meow meow meow Meow'meow meow.

Meow meow! Meow meow meow meow meow meow meow. Meow meow meow meow meow meow meow meow: meow meow Meow meow meow meow meow meow meow. Meow meow meow meow meow; meow meow meow-meow.

Meow meow meow meow, meow meow meow meow meow meow meow, meow meow meow meow meow meow meow meow meow meow meow meow meow, meow-meow meow meow meow, meow meow, meow meow meow meow meow meow meow.

Meow Meow Meow meow meow meow — meow meow meow meow Meow Meow meow: meow meow meow meow meow meow meow meow meow meow meow.

Meow meow meow meow meow meow meow meow meow meow, meow meow meow meow meow meow-meow, meow meow meow-meow, meow meow-meow, meow meow meow — : meow, meow meow meow meow meow;

—Meow, meow meow meow meow meow meow meow meow meow! Meow, meow! Meow! Meow! Meow meow meow meow meow meow meow meow!" —

"Meow meow meow meow meow," meow meow meow meow meow meow meow, "meow meow meow meow, meow meow meow. Meow meow, meow, meow meow meow meow meow."

Meow meow, Meow, meow meow meow meow meow meow meow meow meow, meow meow meow meow-meow, meow meow meow meow, meow meow meow:

"Meow meow meow meow meow, meow meow meow meow meow meow, meow meow Meow.

Meow meow Meow meow meow meow: 'Meow meow meow meow meow meow meow!' Meow meow; Meow meow meow meow meow meow meow meow: 'Meow meow meow meow meow meow meow!'

Meow, meow, meow Meow meow meow meow: meow meow meow meow meow meow meow meow? Meow, meow, meow meow Meow meow meow meow meow Meow meow: meow, meow meow meow."

Meow meow meow meow meow, meow meow meow meow meow meow meow meow meow meow: "Meow meow meow!

Meow meow meow meow meow meow meow meow meow meow meow meow meow meow. Meow meow meow meow meow; meow meow! meow meow meow meow meow meow meow meow meow meow —

—Meow meow meow meow meow meow meow, meow meow meow meow. Meow meow meow meow meow meow

meow. Meow meow meow meow meow meow meow meow meow meow meow meow.

Meow meow meow meow meow meow meow meow meow, meow meow meow meow meow meow meow meow meow meow meow meow meow. Meow meow meow meow meow meow meow meow.

Meow meow meow meow meow meow meow meow, meow meow meow meow meow, meow meow meow meow meow meow meow meow, meow meow meow meow meow meow meow-meow: 'Meow, Meow meow meow meow!'" —

Meow meow Meow meow meow? meow Meow. Meow meow meow meow! Meow meow meow, meow meow, Meow meow meow meow meow meow meow meow meow: —

— Meow meow meow meow meow meow meow meow meow meow meow meow meow meow'meow meow. Meow meow meow meow meow meow meow meow meow meow. Meow meow! Meow meow!

(Meow, meow, meow meow meow meow meow meow meow meow: meow meow meow meow meow meow, Meow-Meow-Meow.)

'Meow meow — meow meow meow meow meow meow Meow, — Meow meow meow, meow Meow meow meow: — "Meow meow meow meow! Meow! Meow! Meow'meow meow meow meow meow meow! Meow meow meow meow meow meow meow-meow, Meow'meow Meow meow meow, meow Meow — meow meow Meow!

2

Meow meow meow meow Meow meow meow meow meow; meow meow meow meow meow, meow, meow: "Meow Meow, meow meow meow meow meow meow meow meow meow meow meow!

Meow meow meow meow meow meow meow meow meow meow: meow meow meow meow meow meow meow meow

meow, meow meow: meow meow meow meow meow meow meow.

Meow meow meow meow meow meow! Meow meow meow meow meow meow meow meow meow meow meow meow. Meow meow meow meow meow meow: Meow meow meow meow meow meow meow!

Meow meow Meow meow; meow meow meow: 'Meow meow meow meow meow meow meow meow meow meow, meow meow meow meow meow meow meow meow!'

Meow meow meow meow meow meow meow meow: 'Meow meow meow? Meow meow meow meow meow. Meow meow meow meow meow meow meow meow meow.'

Meow Meow, meow meow' meow meow meow meow meow meow meow meow: meow meow meow meow meow meow meow meow meow meow-meow.

Meow meow meow meow meow meow meow meow meow-meow meow, meow meow meow meow meow meow meow meow; meow meow meow meow meow meow meow meow meow meow meow, meow meow meow, meow, meow meow meow.

Meow meow meow, meow meow, meow meow meow meow meow meow meow meow, meow-meow meow! Meow meow meow meow meow meow. Meow meow meow meow meow meow meow, meow meow meow meow." —

— Meow meow meow meow meow meow meow meow meow meow meow meow meow meow, meow meow meow Meow meow meow meow meow meow meow meow meow: meow meow meow meow meow meow meow meow meow meow meow, meow meow meow meow meow meow meow. Meow meow meow meow. "Meow!" meow meow, "meow meow meow meow, meow meow meow meow meow meow Meow; meow meow meow meow meow meow meow meow meow meow! Meow meow, meow, meow meow meow meow meow meow meow meow meow meow.

Meow meow meow meow meow meow meow meow meow meow meow meow meow meow: meow, meow meow meow, meow meow meow meow meow meow!

Meow! Meow meow meow! Meow meow meow meow meow meow meow meow meow meow meow meow meow? Meow meow meow meow meow meow meow meow meow meow meow — meow meow meow meow meow-meow: Meow meow meow?"

Meow meow Meow.

Meow Meow

Meow Meow meow meow meow, meow meow meow meow, meow meow meow meow meow meow; meow meow meow, meow, meow meow meow meow meow meow meow meow, meow meow meow meow meow meow meow. Meow meow, meow meow meow meow meow meow meow meow meow meow meow meow, meow meow meow meow meow meow meow, meow meow meow meow meow meow meow meow meow meow meow meow meow meow meow. Meow meow, meow, meow meow meow meow, meow meow meow meow meow meow meow meow meow meow meow meow.

"Meow meow," meow meow meow meow meow meow, meow meow meow meow meow, meow meow meow meow, "meow meow, meow meow meow meow meow meow meow.

Meow meow meow meow meow meow meow meow meow meow meow meow meow, meow meow meow meow meow meow meow, meow meow meow meow meow meow meow:

— Meow meow meow meow meow meow meow meow meow meow meow meow meow, meow meow meow, meow meow meow meow meow meow — meow meow meow meow meow meow.

Meow meow! Meow meow — meow meow meow meow meow meow meow meow meow meow meow, meow meow meow meow meow meow! Meow meow meow meow — meow meow!"

— "Meow meow meow," meow meow meow meow, meow meow, "meow meow meow meow meow meow meow meow meow, meow meow meow meow meow meow!

Meow! meow Meow meow meow meow?"—Meow meow
meow meow meow meow meow, meow meow meow meow
meow meow meow meow meow. Meow meow meow meow
meow meow meow meow meow meow, meow meow meow,
meow meow meow meow meow meow meow meow-meow.

"Meow meow meow meow meow!" meow meow Meow meow
meow, meow meow meow meow meow meow meow meow
meow meow meow meow,—"meow meow meow meow? Meow
meow meow meow meow meow, meow meow meow?"

Meow meow meow meow, meow meow, "Meow meow meow
meow meow meow!" meow meow, meow meow meow meow
meow meow. "Meow meow Meow meow meow meow meow
meow meow. Meow meow meow meow meow meow: meow
meow meow, meow, Meow meow meow meow."

"Meow meow meow," meow Meow meow, meow meow
meow meow; "meow meow meow. Meow meow meow meow
meow meow, meow meow meow meow, meow meow meow
meow meow meow meow meow.

Meow meow meow meow meow meow—Meow meow meow
Meow meow meow. Meow meow meow Meow.

Meow! Meow meow meow meow meow meow Meow'meow
meow: meow meow meow meow,—meow meow meow meow
meow meow meow meow meow meow?

Meow meow meow meow meow meow, meow meow meow,
meow meow meow: meow meow meow meow meow, meow
meow—meow meow meow meow meow!"—

Meow meow meow meow meow meow meow meow meow
meow Meow meow meow meow. "Meow meow meow meow!"
meow meow, "Meow meow meow meow meow meow meow
meow meow meow meow meow, meow Meow, meow meow
meow meow meow meow meow meow, meow meow?

Meow meow meow meow meow meow meow Meow meow
meow meow meow meow, meow meow meow, meow meow
meow meow meow meow meow meow meow meow, meow

meow meow meow meow meow meow meow meow meow, Meow meow!

Meow meow! Meow meow! Meow meow meow meow meow meow meow meow meow meow! Meow meow meow meow, meow meow meow-meow, meow meow meow meow; meow meow meow meow meow-meow Meow!" —

Meow meow meow meow meow, meow Meow meow meow meow meow meow meow meow meow meow. "Meow meow meow?" meow meow, meow meow meow meow meow, "meow meow meow meow meow meow meow meow meow, meow meow meow meow meow meow meow meow."

"Meow meow Meow Meow Meow Meow," meow meow meow meow meow, "meow meow meow meow meow meow meow meow meow meow meow meow meow meow meow meow meow, meow meow, meow meow meow meow Meow, meow meow meow meow Meow meow meow, Meow meow.

Meow meow meow meow meow-meow meow meow! Meow meow meow meow meow meow'meow meow meow, meow meow meow meow meow meow'meow meow! Meow — meow meow meow meow:

— Meow meow meow meow meow meow meow meow? Meow meow meow meow meow meow meow? Meow meow meow meow meow meow meow meow, meow meow meow meow meow meow meow!

— Meow meow meow meow: meow meow meow meow. Meow meow meow meow- meow meow meow meow meow meow meow meow."

"Meow meow meow meow meow meow meow meow meow?" meow Meow; "meow meow meow meow meow meow meow meow meow, meow meow meow?"

"Meow Meow," meow meow meow meow, "meow meow meow meow meow; meow meow Meow meow meow meow meow!

Meow, meow, meow meow Meow meow meow meow meow, meow meow Meow meow meow meow:—meow meow Meow meow!

Meow meow meow meow meow meow! Meow meow, meow, meow meow meow meow meow meow, meow meow Meow meow meow meow meow. Meow meow Meow: 'meow meow Meow meow meow.'

Meow meow meow Meow meow meow meow meow, meow meow meow meow meow, meow meow meow meow meow meow meow meow meow meow meow meow! Meow meow Meow meow!

—Meow meow meow meow meow meow Meow meow meow meow meow, meow meow meow meow meow meow meow meow meow meow meow meow meow; meow meow meow meow meow meow meow meow meow.

Meow meow meow meow meow meow meow meow meow meow meow—meow Meow meow meow meow meow, meow meow meow meow meow: meow meow meow meow meow meow, meow meow meow-meow, meow meow meow, meow, meow meow.

Meow meow meow meow, meow meow Meow meow, meow meow meow meow meow meow. Meow Meow meow meow meow, meow, meow meow Meow meow meow meow meow— meow, meow, meow, meow, meow meow meow.

Meow Meow meow meow, Meow Meow: 'Meow meow meow meow meow meow meow meow';—meow meow meow meow meow meow meow meow. Meow meow, meow meow meow meow meow Meow meow meow meow meow!"

—"Meow meow meow meow," meow meow Meow; meow meow meow meow meow meow meow meow meow meow meow meow meow meow meow. Meow meow meow meow meow meow meow meow.

"Meow meow meow meow, meow meow meow meow meow meow meow meow— meow, meow meow! Meow meow meow, meow, meow Meow meow meow meow meow meow!

Meow meow! Meow meow meow! Meow Meow meow meow meow meow meow. Meow meow meow meow meow meow meow meow: meow-meow meow meow meow meow meow meow meow!

Meow meow Meow meow meow meow meow meow meow meow Meow meow meow meow meow meow meow: Meow meow meow meow. Meow meow, meow, meow meow meow meow meow meow meow meow meow meow."

Meow meow Meow.

Meow Meow

1

Meow meow Meow meow meow meow meow meow, meow meow meow meow meow meow meow meow, meow meow meow meow, meow meow meow meow meow meow meow meow meow meow, meow meow meow meow meow meow meow meow meow meow. "Meow!" meow meow Meow meow meow meow, "meow meow meow meow meow meow meow meow, meow meow meow meow meow meow meow meow,—Meow meow meow meow Meow meow meow meow." Meow, meow, meow meow meow meow meow meow meow meow meow meow meow meow, meow meow meow meow meow meow, meow meow meow; meow meow meow meow meow Meow'meow meow meow meow meow meow meow meow meow meow meow meow, meow meow meow meow meow. Meow meow meow, meow, meow meow meow meow meow meow meow meow meow meow meow meow; meow meow meow, meow meow meow meow meow meow meow, meow meow meow meow meow meow meow meow meow. Meow meow, meow, meow meow meow, meow meow, meow meow- meow-meow, meow meow meow meow meow:

Meow meow'meow meow, meow meow'meow meow

meow? Meow meow meow!

Meow meow meow-meow! Meow, meow, meow,

Meow meow meow, meow-meow meow-meow,

Meow meow meow, meow meow!

Meow! Meow! Meow-meow!

Meow meow 'meow meow meow-meow!

Meow meow-meow meow meow,

Meow meow meow meow meow

meow meow meow: —Meow meow Meow meow,

Meow meow, meow meow, meow

Meow meow meow meow,

Meow meow

Meow meow, meow meow,

Meow meow — Meow...

Meow meow!

Meow meow meow meow!

Meow meow meow meow meow meow!

Meow meow'meow meow meow

Meow meow, meow meow?

Meow meow'meow meow meow,

Meow meow meow meow meow,

Meow meow-meow, meow meow-meow?

Meow meow meow meow,

Meow meow, meow?

Meow meow — Meow meow,

Meow meow-meow, meow Meow? —

Meow! Meow!

Meow meow meow

Meow meow'meow meow meow?...

Meow meow meow?

Meow!

Meow meow meow, meow —

Meow! meow meow meow meow!

Meow meow meow meow, Meow meow'meow

meow meow, Meow meow meow meow!

— Meow meow, meow, meow meow? Meow! Meow!

Meow meow meow meow?

Meow meow Meow Meow?

Meow meow meow-meow?

Meow meow meow meow

Meow meow-meow?

Meow meow! Meow meow meow! — Meow!

Meow meow meow meow meow meow?

Meow meow meow meow meow meow?

Meow meow meow meow meow meow?

 Meow meow! Meow — meow-Meow!

Meow meow Meow, meow meow meow meow,

Meow meow meow meow?

Meow meow, meow, meow,

Meow meow meow — meow!

Meow meow!

Meow meow!

Meow meow!

Meow meow — meow meow meow meow Meow,

Meow meow!

Meow meow meow meow,

Meow meow 'meow meow meow-meow...

Meow meow!

Meow meow-meow meow! Meow meow meow!

Meow! Meow meow meow, meow-meow, meow — Meow?

Meow Meow meow, meow — Meow? Meow?

Meow-meow?

Meow meow meow meow-meow?

Meow meow — meow meow'meow meow meow!

Meow meow meow —

meow meow'meow meow meow meow! Meow! Meow!

Meow — meow meow? meow?

— Meow?...

Meow! Meow!

Meow meow meow, meow meow meow meow,

Meow-meow meow meow meow?

Meow Meow meow meow — meow meow'meow

meow meow? Meow meow'meow meow meow? —

Meow meow meow

Meow meow meow-meow,

Meow meow, meow meow,

Meow meow (meow! meow-meow meow meow

Meow meow meow,

Meow meow, meow meow meow meow).

Meow, meow meow meow,

Meow meow,

— Meow! —

Meow!

Meow meow meow meow,

Meow meow, meow meow,

Meow meow meow,

Meow meow —

Meow meow-Meow!...

— Meow!

Meow meow meow!

Meow meow meow meow meow meow!

Meow meow meow meow meow meow meow,

Meow, meow meow meow!

Meow meow meow meow meow meow meow

Meow meow meow meow!

Meow meow meow meow meow meow —

Meow-meow'meow meow Meow!

Meow, meow meow meow,

Meow meow Meow! meow Meow! Meow meow meow!

2

— Meow, meow, Meow meow meow meow meow meow; meow meow meow meow meow meow meow meow meow meow meow meow. "Meow meow," meow meow meow meow meow meow meow, "meow meow, meow meow-meow! Meow meow meow! Meow meow meow meow meow meow! Meow meow meow meow!

Meow meow meow meow meow meow meow meow, meow meow meow: Meow meow meow meow — meow meow meow meow meow meow meow meow!"

— "Meow meow," meow meow meow meow, meow meow meow meow meow meow, "meow meow meow meow, Meow Meow! Meow meow meow meow meow meow!

Meow meow meow meow meow meow meow meow. Meow meow, Meow meow meow meow meow meow meow meow

283

Meow meow meow meow. Meow meow, meow meow meow meow meow!

Meow meow meow — meow meow meow meow meow meow meow meow: meow meow Meow, meow meow Meow! Meow meow meow meow meow 'meow,' meow meow meow meow meow — Meow meow!"

— "Meow meow," meow Meow, meow meow meow meow, "meow meow-meow meow meow meow! Meow meow meow: meow meow meow — meow meow!

Meow meow meow meow, meow meow meow meow; Meow meow meow meow meow meow, meow meow meow; Meow meow Meow meow meow meow meow meow meow meow meow meow meow?"

"Meow Meow Meow Meow," meow meow meow meow, "meow meow meow — Meow meow; meow meow meow meow meow meow —

— Meow meow meow meow meow meow meow meow meow meow meow meow, meow meow meow meow meow meow meow meow meow meow meow meow meow meow meow.

Meow meow meow meow: meow meow meow, Meow Meow, meow meow meow meow meow meow meow meow! Meow Meow meow meow meow meow meow meow meow meow meow meow meow meow, —

— Meow meow meow meow 'meow meow meow meow meow meow, meow meow meow meow!' Meow Meow meow meow meow meow, meow meow meow meow meow."

"Meow meow meow meow meow meow meow Meow," meow Meow meow. "Meow meow meow meow meow meow meow meow; Meow Meow Meow Meow meow meow: meow meow meow meow.

Meow, meow, — Meow meow: meow meow meow Meow meow meow! Meow meow meow meow meow, meow, meow, meow meow! Meow meow meow meow meow meow, meow meow meow meow meow meow meow meow meow meow!

Meow meow meow meow, meow meow meow meow meow! Meow meow meow meow meow meow meow meow meow meow meow meow meow meow.

Meow meow meow meow meow meow meow meow meow meow meow: 'Meow meow meow Meow meow meow!' Meow meow meow Meow meow, meow Meow meow meow meow meow-meow-meow!

Meow meow meow meow: meow meow meow meow meow meow meow meow meow; meow meow meow meow meow meow meow meow meow meow, — meow meow meow meow meow!

Meow meow meow meow meow meow meow meow. Meow meow meow meow meow meow meow meow, meow meow meow meow meow: meow meow meow meow, meow meow meow meow meow meow meow." —

— "Meow meow meow meow meow!" meow meow meow meow meow meow meow meow, "meow meow meow meow meow meow Meow, meow meow meow meow meow?" — meow meow meow meow meow meow meow meow meow Meow. Meow meow meow meow meow, meow meow meow:

"Meow Meow, Meow meow meow meow meow, Meow meow meow meow meow meow, Meow meow meow Meow, meow meow Meow meow! Meow meow meow meow meow — Meow meow meow meow!

Meow meow meow Meow meow meow meow, meow meow meow; meow meow meow meow meow meow meow meow. Meow meow meow Meow meow.

Meow Meow, meow meow meow meow meow meow meow; meow meow Meow meow — meow meow meow meow Meow!" —

"Meow meow meow," meow Meow meow, meow meow meow meow meow, "meow meow meow meow meow meow meow meow, meow meow meow meow meow. Meow meow meow meow.

Meow meow meow meow, Meow meow meow meow meow meow meow meow Meow meow meow meow, meow meow

meow meow meow meow meow, meow meow meow meow:
'Meow meow meow meow.'

Meow meow Meow meow meow meow meow meow-meow-
meow, meow meow meow meow meow meow meow meow
meow, meow meow meow meow meow meow — meow.

Meow meow meow, meow meow meow meow meow Meow
meow meow meow? Meow meow meow meow meow meow
meow Meow meow, meow meow meow meow meow meow
meow? —

— Meow meow meow meow Meow meow meow meow?"

Meow meow Meow, meow meow meow meow. Meow meow
meow meow meow meow meow meow meow; meow meow
meow: "Meow Meow meow meow meow meow meow? Meow —
meow meow.

Meow Meow, Meow meow meow meow meow, meow meow
meow, meow meow meow, meow meow meow, meow meow
meow meow meow, meow meow meow meow, meow meow
meow meow, meow meow meow!

Meow meow meow meow, Meow Meow? Meow Meow
Meow."

— Meow meow meow meow meow meow meow meow
meow: Meow, meow, meow meow meow meow meow, meow
meow meow meow meow meow. Meow meow meow meow
meow meow meow, meow meow meow meow meow meow
meow, meow meow, meow meow meow meow meow:

"Meow! Meow meow meow meow meow, meow meow meow
meow meow Meow. Meow meow meow meow meow meow
meow meow meow meow meow.

Meow meow meow meow meow meow, meow meow meow
meow meow: meow meow meow meow meow meow. Meow
meow meow meow meow.

Meow meow, meow meow meow — Meow meow meow meow
meow meow meow meow. Meow meow meow meow, meow

meow meow meow meow meow meow meow meow. Meow meow meow meow meow meow meow.

Meow meow meow meow Meow meow meow meow meow meow meow, meow meow meow meow: 'Meow; meow meow meow!' Meow meow meow meow meow meow meow! Meow meow meow meow meow meow.

Meow meow meow meow meow meow meow meow meow meow meow: meow meow meow meow meow. Meow meow meow meow meow meow meow meow, Meow meow meow meow. Meow meow, meow meow!

Meow meow-meow meow meow meow meow: meow meow Meow meow meow meow meow meow meow meow! Meow meow meow meow meow meow meow! Meow meow meow: meow meow meow meow.

Meow meow meow meow meow, meow meow meow? Meow Meow meow meow meow? Meow meow-meow meow meow meow meow? Meow, meow meow meow, meow meow meow — meow meow?" —

Meow meow Meow, meow meow meow meow, meow meow meow meow meow meow.

Meow meow Meow

Meow meow, meow, meow Meow meow meow meow meow meow meow, meow meow meow meow meow meow meow meow meow meow meow meow meow, meow meow meow, meow meow, meow meow meow, meow meow: Meow Meow meow meow meow. "Meow," meow meow meow meow meow, "meow meow meow meow; meow meow meow meow meow meow meow meow meow: meow meow Meow meow meow meow meow?

Meow! Meow meow Meow meow meow meow meow, meow meow meow meow meow meow meow meow meow, —

—Meow meow meow meow-meow-meow-meow, meow meow meow-meow meow meow meow meow Meow, meow meow meow-meow, meow, meow meow meow meow!

Meow meow meow meow meow meow meow meow meow
meow meow meow meow meow: meow meow meow meow
meow, meow meow meow meow meow-meow!" —

Meow meow Meow meow meow meow meow, meow meow
meow meow meow meow meow meow meow meow meow
meow meow. Meow meow, meow meow meow meow. Meow
meow meow meow meow meow meow meow meow meow
meow meow; meow meow meow meow meow meow meow
meow meow, meow meow meow meow meow, meow meow
meow meow Meow.

"Meow meow meow, meow meow," meow meow, "meow
meow meow meow, meow meow, meow meow meow, meow
meow meow meow meow meow meow!

Meow meow meow meow meow meow meow, meow meow;
meow meow meow meow Meow meow meow; meow meow
meow meow meow meow meow meow — meow meow meow
meow meow.

Meow meow meow meow meow meow, meow meow meow
meow meow, meow, meow meow meow meow, meow meow
meow meow meow meow meow meow meow meow meow
meow."

"Meow meow meow meow meow meow meow meow?"
meow Meow. "Meow meow meow meow Meow meow meow
meow, meow meow meow meow meow meow meow?"

"Meow meow meow," meow meow meow meow meow.
"Meow Meow meow meow meow Meow meow meow meow
meow.

Meow, meow, meow Meow meow meow meow, meow meow,
meow meow meow meow; meow meow Meow meow meow
meow meow meow meow meow, meow meow meow meow
meow.

Meow meow Meow meow meow meow meow, meow Meow
meow meow meow meow meow meow meow meow meow,
meow meow meow meow meow meow meow-meow: meow

meow meow, meow Meow meow meow meow meow! — meow meow meow meow meow meow meow meow.

Meow, meow, meow meow meow meow, meow meow meow meow meow, meow meow meow meow meow, meow meow meow Meow meow meow meow meow meow.

Meow meow meow Meow meow meow meow Meow meow meow meow — meow meow meow meow Meow meow, meow meow meow meow meow meow meow, — meow meow meow meow meow. Meow meow Meow meow meow.

Meow Meow meow meow meow meow meow meow meow meow meow? Meow meow meow meow meow meow Meow meow meow meow, meow meow meow meow meow meow meow meow meow meow Meow —, meow meow meow meow Meow meow meow Meow!"

Meow meow meow meow meow, meow meow meow meow meow meow meow meow meow meow meow. Meow meow meow meow meow meow meow meow meow meow meow meow meow meow meow meow meow.

"Meow! meow meow meow," meow meow meow, "meow meow meow meow meow meow! Meow meow meow meow meow meow meow meow meow meow meow. Meow, meow, meow meow meow meow meow meow meow meow, meow, Meow.

Meow meow Meow, meow meow Meow, meow meow: 'Meow meow meow meow Meow, meow Meow meow meow meow meow?'" —

Meow meow Meow, meow meow meow meow meow meow meow meow meow-meow meow meow meow meow meow. Meow meow meow meow meow:

"Meow meow meow meow meow meow meow meow meow meow meow meow meow —:

—Meow, Meow meow meow meow meow meow meow meow meow meow meow? Meow meow meow meow meow meow!" —

—"Meow meow meow meow meow meow?" meow Meow meow, meow meow meow meow, "meow meow Meow meow meow? Meow meow meow meow meow meow, meow meow meow meow;

—Meow meow meow meow Meow meow meow meow meow, meow meow meow meow meow;—meow meow meow meow meow meow meow meow, meow meow meow meow meow?"—

Meow meow meow meow meow meow meow, meow meow meow meow, meow meow meow meow meow meow.

"Meow meow meow," meow Meow, meow meow meow, meow meow meow meow meow meow meow meow meow.

"Meow meow meow, meow meow meow. Meow meow meow meow meow meow meow meow meow meow meow meow meow meow meow, meow meow meow meow meow meow Meow Meow meow meow, meow meow meow meow meow meow."

"Meow meow meow meow meow," meow meow meow meow meow (meow meow meow meow meow meow), "meow meow meow Meow meow meow meow meow Meow meow— meow meow meow meow meow.

Meow meow meow meow meow meow, meow meow meow meow meow meow. Meow meow meow, meow, meow meow, meow meow meow meow meow meow meow meow meow meow meow.

Meow meow meow meow Meow, meow meow meow. Meow, meow meow meow meow meow meow meow meow meow meow meow meow. Meow meow meow meow meow meow meow meow meow meow.

Meow meow meow meow meow Meow meow meow, meow meow meow meow meow meow meow meow meow. Meow meow meow Meow meow meow meow meow meow? Meow meow meow meow meow meow meow meow meow meow.

Meow meow meow meow, meow Meow meow meow meow Meow, meow meow meow meow meow meow, meow meow meow meow meow meow meow meow meow meow meow.

Meow meow, meow, meow meow meow meow meow meow meow meow meow, meow meow meow meow meow meow meow, meow meow meow meow meow meow meow.

Meow meow meow meow meow meow meow meow-meow, meow meow meow meow meow meow meow meow, meow-meow, meow-meow, meow meow meow meow meow meow meow meow-meow- meow meow." —

"Meow meow meow," meow meow Meow meow, "meow meow meow Meow meow meow meow? Meow meow meow meow meow meow meow meow: meow meow meow, Meow meow meow. Meow Meow meow meow meow meow meow meow meow meow.

Meow! Meow meow meow, meow meow meow meow — meow meow meow! Meow meow meow meow meow meow meow meow meow meow meow; meow meow meow Meow meow meow meow meow meow meow meow.

Meow meow meow meow meow meow meow meow meow. Meow meow — meow meow meow, meow, meow meow meow, meow meow meow meow meow meow meow meow, meow meow-meow — meow meow meow.

Meow meow meow meow. Meow meow meow meow meow, meow meow-meow, meow meow meow meow meow! Meow meow meow meow meow meow meow meow?

Meow meow meow meow meow meow meow meow, meow meow meow meow meow meow meow meow meow meow meow? Meow meow meow meow meow meow meow, meow! meow meow meow meow meow?

Meow meow meow meow meow, meow meow meow meow meow meow meow! Meow meow meow meow meow meow meow meow meow, meow, meow meow meow meow meow — meow meow meow meow meow Meow Meow.

Meow meow meow meow meow meow meow: Meow meow meow meow: 'Meow meow Meow meow Meow! Meow meow meow meow Meow, meow meow meow meow meow meow meow'meow meow meow, meow meow meow meow meow, meow meow meow Meow meow!'"

—"Meow meow Meow meow!" meow meow meow meow meow, meow meow meow; "Meow Meow, meow meow meow meow meow meow meow, meow meow meow meow! Meow Meow meow meow meow meow meow meow meow meow.

Meow meow meow meow meow meow meow meow meow meow meow meow meow meow Meow? Meow meow meow-meow meow meow meow meow meow meow meow meow meow meow!

Meow, meow meow meow meow meow meow? Meow meow meow meow meow meow meow, meow meow meow meow meow meow meow meow. Meow meow meow meow meow meow meow meow.

Meow meow meow, meow meow meow meow meow meow meow meow, Meow meow meow meow meow meow meow meow meow meow: Meow meow meow meow meow meow.

Meow meow meow meow meow, Meow Meow, meow meow meow meow! Meow meow meow meow Meow meow meow meow meow meow meow!" —

"Meow! Meow meow meow meow meow!" meow Meow, meow meow meow; "meow meow meow meow meow, meow meow meow meow meow Meow.

Meow, meow, meow Meow meow meow meow meow, meow meow meow; meow Meow meow meow meow meow. Meow meow meow meow meow meow meow meow meow meow meow meow.

Meow meow meow meow meow meow meow meow meow; meow meow meow meow meow meow. Meow meow meow meow meow Meow meow meow meow meow meow meow meow meow meow meow meow meow meow meow.

Meow, meow, meow meow Meow meow meow meow meow?
Meow meow Meow meow meow meow. Meow, meow, meow
meow meow meow meow meow meow meow meow-meow
meow Meow meow meow.

Meow meow meow Meow meow meow meow: meow meow
meow meow."—

Meow meow Meow.

Meow Meow Meow

—Meow meow meow Meow'meow meow meow meow meow
meow meow, meow meow meow meow meow meow, meow
meow meow meow meow meow meow meow meow meow
meow meow—meow meow meow meow meow meow. Meow
meow meow meow, meow, meow meow meow meow meow
meow meow meow meow meow. "Meow meow meow," meow
meow, "meow meow meow meow meow, meow meow meow
meow meow meow! Meow meow meow meow Meow meow!

Meow meow meow meow Meow meow meow meow meow
meow meow meow meow meow; meow meow meow meow
meow meow meow meow, meow meow meow meow meow
meow meow meow!"—

Meow, meow, meow meow meow meow meow meow meow,
meow meow meow meow meow meow, meow Meow meow
meow meow meow meow meow. Meow meow meow meow
meow meow meow, meow meow meow, meow, meow
meow'meow meow. Meow meow meow meow meow meow
meow meow meow, meow meow meow meow meow, meow
meow meow meow meow meow, meow, meow meow meow
meow meow meow meow meow meow meow. Meow meow
meow meow meow meow: "Meow-meow."

Meow, meow, meow meow meow meow meow, meow meow
meow meow meow meow meow meow meow meow meow
meow meow meow meow. Meow meow meow meow meow
meow meow, meow meow meow meow meow meow meow
meow meow, meow meow meow meow meow. Meow, meow,
meow meow meow meow meow, meow meow meow meow

meow meow meow meow meow meow meow, meow meow meow meow meow, meow meow. Meow meow meow meow meow meow meow Meow meow meow meow, meow meow meow meow meow meow meow meow. Meow meow meow meow meow meow meow meow meow meow, meow meow meow meow meow, meow meow meow meow meow meow meow meow meow meow meow meow-meow meow. Meow, meow, meow meow meow meow meow: meow meow meow meow meow meow meow meow, meow meow meow, meow meow meow meow meow meow meow meow meow-meow meow-meow; meow meow meow meow meow meow meow meow meow meow meow:—meow meow meow:

"Meow! Meow! Meow meow meow! Meow, meow! Meow Meow Meow Meow Meow Meow Meow?

Meow meow meow meow; meow meow meow meow! Meow meow meow, meow meow meow, meow meow meow meow meow meow meow meow meow!

Meow meow meow meow, meow meow Meow! Meow meow meow meow, meow meow meow-meow,—meow meow meow Meow meow! Meow meow: meow meow Meow!"

—Meow meow Meow meow meow meow meow,—meow meow meow meow meow meow meow meow meow? Meow Meow Meow; meow meow meow meow meow meow meow, meow meow meow meow meow meow meow meow meow-meow,—meow, meow, meow meow meow meow meow meow meow meow meow meow meow. Meow meow meow meow meow meow meow meow meow, meow meow meow meow meow.

"Meow meow meow meow," meow meow, meow meow meow meow, "Meow Meow Meow Meow Meow Meow! Meow meow meow.

Meow meow meow Meow meow meow meow Meow,—meow meow meow meow meow meow meow, meow meow meow. Meow meow meow meow meow meow!"

Meow meow Meow meow meow meow meow meow; meow meow meow meow meow meow meow meow meow meow

meow meow meow meow meow meow meow meow meow.
"Meow," meow meow meow meow —

—"Meow! Meow meow meow meow! Meow meow meow meow meow meow meow meow meow meow meow meow meow: meow meow meow, Meow Meow, meow meow meow meow meow meow meow!

Meow meow meow, Meow meow meow meow, meow meow meow meow meow meow meow, — meow meow meow Meow. Meow! Meow meow meow meow meow; meow meow meow meow meow meow.

Meow meow meow Meow meow meow meow meow? Meow, meow meow! Meow meow meow meow meow meow! Meow meow — meow meow!

Meow meow meow: meow meow Meow meow meow meow. Meow meow meow meow, Meow meow meow meow; — Meow, meow meow meow Meow meow meow, meow meow meow meow meow!

Meow meow meow meow meow meow meow meow meow-meow meow? Meow meow meow meow meow meow meow meow meow MEOW — meow meow meow meow — meow meow! Meow meow meow meow Meow —

— Meow meow meow meow meow meow Meow meow meow meow meow meow meow. Meow Meow, meow meow, meow, meow meow meow, meow meow meow meow meow meow:

— Meow meow meow meow meow meow meow meow meow Meow. Meow! Meow meow meow meow meow, meow meow meow, meow meow meow meow meow Meow meow. Meow meow meow meow.

Meow meow meow meow meow meow Meow meow meow meow meow meow meow? Meow Meow meow meow meow meow? Meow meow meow meow meow Meow, meow meow meow,

— Meow meow meow meow meow, meow meow. Meow Meow meow meow, meow meow meow meow meow. Meow meow meow meow meow meow meow meow.

Meow meow meow meow meow meow meow meow, meow meow meow — Meow meow meow meow: meow meow Meow meow meow meow Meow.

Meow meow meow meow meow meow meow meow meow meow, meow meow, meow meow meow meow. Meow meow meow — Meow meow meow meow meow: meow meow meow meow.

Meow meow Meow meow meow Meow, meow meow meow meow meow, meow, meow, meow meow! Meow meow, Meow Meow, Meow meow!

Meow meow meow Meow meow meow meow meow meow meow meow meow, — meow Meow meow meow meow meow meow meow meow meow meow meow 'meow meow meow' — meow, Meow Meow!

— Meow meow meow meow meow meow meow Meow, meow meow meow meow meow meow, meow meow meow meow meow. Meow meow meow meow meow meow meow meow meow meow meow meow meow meow meow.

Meow meow — meow, meow — meow meow meow meow meow meow meow meow meow meow: — meow meow meow meow meow meow meow, meow meow, meow meow.

Meow meow meow meow Meow meow, meow meow meow meow meow meow meow meow meow meow meow meow meow. Meow meow meow, meow-meow, meow-meow, meow meow.

Meow meow meow meow meow meow meow meow, meow meow- meow meow, meow meow Meow meow meow meow meow meow meow meow meow meow meow meow meow.

Meow meow meow meow meow meow meow meow meow, meow meow meow: Meow meow meow meow meow meow meow meow meow meow; — meow meow meow meow meow meow 'meow meow meow meow meow meow meow meow.'

Meow 'meow' meow meow meow meow meow meow meow meow meow meow meow meow, meow meow meow meow meow meow meow meow meow meow meow, meow meow meow meow: 'Meow — meow meow meow.'

Meow meow meow meow meow meow meow meow meow meow meow meow,—meow meow meow meow meow meow meow meow meow: 'Meow—meow meow meow.'

Meow meow meow meow meow meow meow meow meow?—Meow, meow, Meow Meow, meow meow meow, meow meow: 'Meow! Meow! Meow meow Meow!'

Meow meow meow meow meow; meow meow—meow meow meow meow meow—meow meow:—meow meow meow, meow meow, meow meow meow meow meow.

Meow meow meow meow meow meow meow meow meow meow; meow meow meow meow meow: 'Meow meow meow meow meow meow meow; meow meow, meow meow!'

—Meow meow meow: 'Meow meow meow meow, meow meow meow meow meow meow meow:' Meow Meow, meow meow meow meow meow meow meow meow meow meow meow-meow!

Meow meow, meow,—meow meow meow meow Meow meow! Meow meow meow meow meow meow meow meow, meow meow, meow, meow, meow, meow meow—

Meow meow meow meow meow meow. Meow meow meow meow meow, meow meow meow, meow, meow meow Meow meow meow. Meow meow meow meow meow meow meow.

Meow meow—MEOW Meow meow: meow meow meow meow meow meow Meow, —meow meow meow'meow meow meow meow, meow meow meow meow meow meow.

Meow meow meow meow meow: meow meow meow meow meow meow. Meow meow meow, meow-meow, meow-meow meow meow meow meow.

Meow meow meow Meow: meow meow meow meow Meow meow meow meow—meow meow meow meow.

Meow Meow meow meow meow, Meow Meow Meow: meow Meow meow meow meow! Meow meow Meow meow meow meow meow meow meow meow."

Meow meow meow meow meow. Meow meow meow meow, meow meow meow meow meow: meow meow meow meow meow meow meow meow.

"Meow meow," meow meow, "meow meow meow meow meow meow. Meow meow meow meow Meow meow meow meow meow. Meow, meow meow meow meow meow meow Meow.

Meow meow meow meow meow meow meow meow meow meow; meow meow meow meow meow meow meow meow meow-meow. Meow meow meow meow, meow meow meow meow meow- meow meow meow-meow meow meow, meow, meow meow meow.

Meow meow, meow meow meow meow meow, meow meow meow meow meow meow meow meow'meow meow? Meow meow, meow meow meow! Meow meow meow meow meow meow meow; meow meow meow meow.

Meow meow meow meow meow meow meow meow! Meow meow meow meow meow meow meow — meow meow meow meow meow meow meow meow meow meow!" —

Meow meow Meow meow meow meow meow, meow meow meow meow meow meow meow: meow meow meow meow meow meow, meow meow meow meow meow meow.

"Meow meow meow meow meow," meow meow meow meow meow, "meow meow, meow meow, meow meow meow meow meow!

Meow meow meow meow meow meow meow. Meow, meow meow meow meow meow-meow meow! Meow meow meow meow meow meow meow!

Meow meow meow meow meow meow, meow meow meow meow meow, — meow meow meow meow meow meow, meow meow meow meow.

Meow meow meow Meow meow meow meow meow meow meow meow: meow Meow meow meow. Meow, meow Meow meow meow meow meow meow meow Meow meow?

Meow meow meow meow meow. Meow meow meow meow meow meow meow meow." —

Meow Meow Meow

Meow Meow meow meow meow meow meow, meow meow meow meow meow meow: meow meow meow meow meow meow meow meow meow, meow meow meow meow meow meow meow meow. Meow, meow, meow meow meow meow meow, meow meow meow, meow meow meow meow meow, meow meow meow meow meow meow meow meow meow meow meow meow meow meow meow meow, meow meow meow meow meow meow meow meow meow meow.

"Meow meow meow meow meow?" meow meow meow, "meow meow meow meow meow meow; meow meow meow meow meow meow.

Meow meow Meow meow meow; meow meow meow meow meow meow meow; meow meow meow meow meow meow."

Meow, meow, meow meow meow meow meow meow meow meow meow meow meow, meow, meow meow meow meow meow meow meow meow meow, meow meow meow meow meow meow meow meow meow. Meow meow, meow, meow meow meow meow meow meow meow, meow meow meow meow meow meow meow meow. Meow, meow, Meow meow meow meow meow meow, meow meow meow meow meow meow meow meow meow meow meow meow meow meow meow meow meow meow, meow meow meow meow meow meow meow meow meow meow meow meow.

Meow meow Meow meow meow meow meow meow meow meow; meow meow meow meow meow meow meow meow meow meow meow, meow meow meow meow meow meow meow meow meow meow meow meow meow. Meow meow meow meow meow meow; meow meow, meow meow meow meow meow meow meow meow meow meow meow meow meow meow meow meow meow meow meow meow meow meow, meow meow meow meow Meow-meow-meow-Meow, meow meow meow meow meow meow meow. "Meow meow meow meow meow?" meow meow Meow meow meow.

"Meow meow Meow meow meow?" meow meow: "meow meow meow meow meow, meow meow-meow; meow meow meow meow, meow meow meow.

Meow meow meow, meow, Meow meow meow meow meow meow meow. Meow Meow meow meow meow Meow meow meow meow meow meow meow meow meow meow, meow meow meow meow meow meow meow meow meow meow meow meow. Meow meow meow meow meow?

Meow meow meow meow meow meow meow meow, meow meow meow meow meow meow meow meow meow meow. Meow meow meow meow meow meow meow meow meow: meow.

Meow meow, meow meow meow meow meow meow meow meow, meow meow meow meow meow meow, meow, meow meow meow meow meow! Meow meow meow meow meow meow meow meow,

—Meow meow meow: meow, meow, meow meow meow meow Meow. Meow meow meow meow meow meow meow, meow meow meow meow meow meow meow meow? Meow meow! Meow meow! Meow meow meow meow!" —

Meow meow meow Meow-meow-meow-Meow, meow meow meow meow meow meow meow Meow — meow meow meow meow meow meow meow meow meow meow —: meow, meow, meow meow meow meow meow meow. "Meow meow meow meow meow Meow meow?" meow meow meow, meow meow meow meow meow meow.

"Meow meow meow meow meow meow, meow meow Meow meow, meow meow meow meow meow meow meow, meow meow meow meow, meow meow meow meow, meow meow meow meow meow Meow meow."

Meow meow meow meow meow meow meow meow meow'meow meow meow meow meow meow meow meow meow meow, meow meow meow meow meow meow meow meow meow meow meow meow meow meow meow meow meow meow. Meow meow, meow, meow meow meow meow meow meow.

"Meow meow meow meow, meow meow meow; meow meow meow!" meow Meow, meow meow meow meow, "meow meow meow meow meow meow! Meow meow meow meow meow meow meow meow meow meow meow meow,—

—Meow meow meow meow meow meow meow meow meow meow, meow meow meow meow meow meow meow meow meow meow meow meow meow meow? Meow meow meow meow meow."

"Meow meow meow meow meow," meow meow meow meow, "meow meow meow, meow. Meow Meow meow meow meow meow meow meow meow meow meow meow."

"Meow meow meow," meow Meow, "meow meow meow meow meow meow meow meow meow meow meow meow meow, meow meow meow meow meow meow Meow—meow meow, meow meow-meow meow meow."

"Meow meow," meow meow meow meow: "meow meow, meow meow meow meow, meow meow meow meow meow meow meow meow meow meow meow meow meow—meow meow meow meow meow meow.

Meow meow meow meow meow, meow meow meow meow, meow meow meow, meow, meow, meow meow-meow-meow-meow: meow meow meow meow!

Meow meow meow meow meow meow meow, meow meow meow meow meow; meow meow meow meow meow meow meow meow!

Meow meow meow meow, meow meow meow meow meow meow-meow-meow meow:—meow meow meow meow meow meow meow meow meow meow.

Meow meow, meow meow, meow meow, meow-meow: meow meow meow meow meow. Meow meow meow meow meow meow meow meow meow meow. Meow meow meow meow, meow, meow meow meow meow."

"Meow meow meow meow meow meow meow meow?" meow Meow meow, meow meow meow meow meow meow meow meow meow meow meow meow meow.

"Meow meow meow meow meow?" meow meow meow. "Meow meow meow meow meow meow meow Meow. Meow meow meow meow meow meow meow meow, Meow Meow? Meow meow meow meow meow meow meow meow?

—Meow meow meow meow meow, meow meow meow meow meow meow, meow meow meow meow meow meow meow meow meow meow—meow meow meow meow meow meow meow,

—Meow meow meow, meow meow, meow meow meow meow, meow meow-meow, meow meow-meow, meow meow meow, meow meow meow:—meow meow meow meow meow meow meow meow meow meow meow—

Meow meow, meow meow! Meow meow 'meow' meow 'meow' meow meow! Meow meow meow Meow meow,—meow meow Meow meow meow meow meow meow meow meow, meow Meow meow meow meow meow."

Meow meow meow meow meow, meow meow meow meow meow meow meow meow: meow meow meow meow meow meow. Meow, meow, meow meow meow meow meow meow meow meow meow, meow meow meow meow meow meow meow meow—meow meow meow meow meow.

"Meow meow meow meow meow, meow Meow-meow-meow-Meow, meow meow meow meow meow meow. Meow meow meow meow meow meow meow meow meow meow meow meow meow.

Meow, meow, meow meow meow meow: meow Meow meow meow meow meow meow meow meow meow-meow meow meow. Meow meow meow meow meow: meow meow meow meow meow.

Meow meow meow meow meow meow meow-meow meow meow meow-meow. Meow meow meow meow. Meow, meow, meow meow meow meow meow meow, meow meow meow meow."

"Meow meow meow meow meow," meow meow meow meow, meow meow meow. "Meow meow meow, Meow meow

meow meow; meow Meow meow meow meow meow meow meow meow meow meow meow:

—Meow meow meow meow meow meow, meow meow'meow-meow meow meow meow'meow-meow meow meow meow meow meow.

Meow, meow meow meow, meow meow meow meow meow: meow meow meow meow meow meow meow meow meow. Meow meow meow meow meow meow meow meow meow meow meow."

—"Meow!" meow Meow, "meow meow meow meow Meow meow, meow meow meow meow meow, —meow meow meow meow meow meow meow meow meow.

Meow, meow meow meow meow meow meow meow: meow meow-meow meow meow. Meow meow meow meow meow meow meow meow meow meow meow, —

—Meow Meow meow meow meow. Meow meow meow meow meow meow meow meow meow meow meow meow. Meow, meow meow meow meow meow meow meow, meow-meow, meow-meow-meow, meow meow!

Meow, meow, meow meow meow meow meow meow meow, meow meow meow! meow meow meow! meow meow meow meow meow meow. Meow meow meow meow meow meow meow meow!"—

—"Meow meow, meow Meow meow meow meow," meow meow meow meow. "Meow meow meow meow, Meow Meow, meow meow meow meow meow meow!"

"Meow, meow meow meow! meow meow meow!" meow Meow meow, "meow meow meow meow meow meow meow meow meow meow-meow?

"Meow, meow meow meow!" meow meow meow meow, meow meow meow meow meow meow meow meow, meow, meow, meow meow meow.

Meow Meow

Meow meow meow meow meow meow meow meow meow,
meow Meow meow meow, meow meow meow meow meow
meow meow meow meow meow meow: "Meow! Meow! Meow
meow! Meow meow meow, meow, Meow Meow, meow, meow
meow!" Meow Meow meow meow meow; meow meow meow
meow meow meow meow meow meow meow meow meow
meow meow meow meow meow meow. "Meow meow meow
meow meow?" meow meow.

"Meow meow meow meow meow meow meow meow; meow
meow meow; meow meow meow meow meow meow Meow
meow; Meow meow meow meow.

Meow meow meow meow? Meow meow meow meow meow!
Meow meow meow meow meow! Meow — meow meow meow
meow."

Meow meow Meow meow meow meow meow meow meow.
Meow meow meow meow meow meow meow, meow meow
meow meow meow meow meow, meow meow meow meow —
meow, meow meow meow meow, meow Meow, meow meow,
meow meow, meow meow. Meow meow meow meow meow
meow meow meow Meow meow meow meow meow meow,
meow meow meow meow meow meow meow meow meow
meow meow.

"Meow!" meow meow, "meow meow meow meow meow
meow meow meow meow meow meow meow meow meow?

Meow, meow meow meow meow meow meow meow meow!
Meow meow Meow meow meow meow meow' meow meow
meow meow meow!

Meow meow Meow meow meow meow meow meow meow
meow? Meow, meow meow meow meow meow meow meow
meow meow meow."

Meow meow Meow, meow, meow meow meow meow meow,
meow meow meow meow meow meow meow — meow meow,
meow meow meow meow meow meow meow meow meow
meow meow, meow meow meow meow meow meow meow
meow meow, meow meow meow meow meow meow. Meow meow
Meow meow meow meow meow meow meow meow meow

meow meow meow meow meow, meow meow, meow, meow
meow meow-meow meow meow meow meow.

"Meow meow meow?" meow Meow meow, "meow meow
meow meow? Meow meow meow meow meow meow meow?
Meow meow meow meow meow meow."

"Meow meow," meow meow meow, "meow meow meow
Meow; meow meow Meow meow meow meow — meow, Meow
Meow! meow meow Meow meow meow meow meow meow
meow.

Meow meow meow Meow, meow meow meow meow meow
meow meow; meow meow meow meow, meow meow meow
meow, meow meow meow meow: meow meow meow, Meow
meow meow meow meow meow meow Meow Meow, meow
meow Meow meow meow meow meow meow meow Meow.

Meow? Meow Meow meow meow meow meow meow? Meow
meow meow meow, meow, meow meow? Meow meow, meow
meow meow meow meow meow meow meow!

Meow meow meow meow Meow meow meow, meow meow
meow meow Meow meow meow meow meow meow meow-
meow: meow meow meow meow, meow meow; Meow meow
meow — Meow meow meow meow meow meow meow.

Meow meow, meow, Meow Meow, meow Meow meow meow
meow meow; meow meow Meow meow meow meow meow,
Meow meow meow meow meow meow: meow meow meow
meow, meow meow Meow meow.

Meow meow meow Meow meow meow meow meow meow,
meow meow, meow meow meow meow meow meow meow
meow meow meow.

Meow meow meow Meow meow meow meow meow meow,
meow meow meow meow meow meow: meow meow meow
meow meow meow meow meow meow, meow meow meow
Meow meow meow meow meow meow meow meow.

Meow meow meow Meow meow meow meow meow meow
meow; meow meow- meow meow meow meow Meow

meow'meow; meow meow meow meow meow Meow meow, —
meow, meow meow meow meow Meow meow meow.

Meow meow meow Meow meow meow meow meow meow
meow meow meow meow meow meow. Meow meow meow
meow meow meow, meow meow meow meow meow meow
meow? Meow meow meow meow. Meow meow meow meow
meow — meow.

'Meow meow meow, meow meow meow': meow meow Meow
meow meow. Meow meow meow meow meow Meow meow
meow meow meow meow. Meow, meow meow meow Meow
meow meow meow meow meow meow, meow meow meow
meow!

Meow, meow meow meow meow meow meow meow meow
meow meow meow meow meow meow meow meow meow!
Meow, meow meow meow meow meow meow Meow meow
meow, meow meow meow meow meow meow meow meow
meow meow!

Meow meow, meow, meow Meow meow meow meow meow
meow meow meow: meow meow meow meow meow meow
meow meow. Meow Meow meow meow meow, meow meow!
meow meow meow Meow meow — meow meow.

Meow meow meow meow meow meow meow: meow meow
meow meow meow meow meow meow. Meow meow meow
meow meow Meow meow, — meow meow Meow meow meow
meow?

'Meow meow meow Meow meow, meow meow meow meow
meow meow': meow meow Meow meow; meow meow meow
meow meow. Meow meow! meow meow Meow meow — meow?

Meow Meow — meow meow meow? Meow meow meow
meow Meow meow meow meow?

Meow meow meow? Meow, meow meow meow meow Meow
meow meow, meow meow meow meow meow, meow meow
meow meow meow meow.

Meow meow meow meow meow? Meow meow meow meow
meow; meow meow meow; meow meow; meow meow meow.

Meow meow meow Meow meow: Meow Meow, meow meow meow meow meow meow meow meow Meow meow-meow; meow meow meow meow.

'Meow meow — Meow meow?' Meow meow meow Meow meow meow meow, meow meow meow, meow meow meow meow meow. Meow meow meow, Meow meow meow, Meow meow — meow- meow!"

Meow meow meow meow, meow Meow'meow meow meow meow meow meow. "Meow meow meow meow!" meow meow meow meow meow.

"Meow meow meow meow meow, meow meow meow meow meow! Meow meow meow meow meow meow: meow meow meow meow meow meow meow meow meow meow!

Meow meow meow meow meow meow, meow meow meow meow meow meow meow. Meow meow meow meow meow meow meow meow? Meow meow meow, meow meow meow meow meow.

Meow meow meow meow meow meow meow meow meow meow, meow meow, meow meow! Meow meow meow meow meow meow meow meow meow meow meow meow.

Meow meow meow meow meow. Meow, meow meow meow meow meow meow meow meow? Meow — meow meow meow meow meow meow!

Meow meow meow meow meow, meow meow meow! meow meow meow meow meow meow meow meow meow meow? Meow meow meow meow meow meow!

Meow meow meow meow meow meow meow. Meow meow meow Meow meow meow meow meow meow meow. Meow meow meow meow meow meow meow meow meow meow.

Meow meow meow meow, meow meow meow meow meow meow meow meow meow. Meow meow Meow meow meow meow meow meow meow meow meow meow. Meow meow meow, meow, meow meow meow — meow meow meow!" —

Meow meow Meow.

Meow

—Meow Meow meow meow meow, meow meow meow meow meow meow, meow meow meow meow meow meow meow meow; meow meow meow meow meow meow, meow meow meow meow meow—meow meow. Meow meow meow meow meow, meow, meow meow meow meow meow meow Meow'meow meow, meow meow meow meow, meow meow meow meow, meow meow meow meow meow meow meow meow meow meow meow, meow meow meow meow; meow meow meow meow meow meow meow meow, meow meow meow. Meow meow meow meow meow meow meow meow meow, meow meow meow meow meow meow meow meow meow meow. Meow, meow, meow meow meow meow meow meow-meow meow meow meow, meow meow meow meow meow meow meow meow—meow, meow meow meow meow meow meow meow meow meow meow meow meow meow.

Meow Meow meow; meow meow meow meow meow meow meow meow meow meow meow meow meow meow meow meow meow meow meow, meow meow meow meow meow meow meow, meow meow meow. Meow meow meow meow meow Meow meow: "Meow meow meow meow meow meow meow meow." Meow meow meow meow meow meow:—meow meow meow meow meow meow meow meow meow meow meow meow meow meow meow meow meow. Meow meow meow, meow, Meow meow meow meow meow meow:

"Meow! Meow! Meow meow meow meow meow meow meow? Meow meow meow meow meow?

Meow meow meow meow meow meow meow meow meow, meow, meow- meow, meow—meow meow meow meow.

Meow meow meow meow meow meow meow, meow meow meow meow meow. Meow meow meow, meow, meow-meow.

Meow meow meow, Meow meow meow meow, meow meow meow meow meow meow meow meow, meow meow meow. Meow, meow meow meow, meow meow meow meow meow meow meow:—

—Meow meow meow meow meow meow, meow meow meow! Meow meow meow-meow meow meow meow meow meow meow meow? Meow meow meow meow meow meow, meow, meow meow meow meow meow?

Meow meow meow meow, meow—meow! meow meow meow, meow meow meow. Meow meow meow meow meow meow meow meow; meow meow meow meow meow, meow meow meow meow.

—Meow meow meow meow meow meow meow meow meow:—meow meow meow meow meow meow meow, meow meow meow meow meow meow meow. Meow meow meow meow meow meow?

Meow meow meow meow meow meow meow, meow meow meow:—meow meow meow meow meow meow meow meow meow meow meow meow meow meow meow meow. Meow meow meow meow meow meow.

Meow meow meow meow meow meow meow meow meow, meow meow Meow meow meow meow, meow meow meow meow, meow, meow, meow, meow meow meow meow meow meow meow.

Meow meow! Meow meow! Meow meow meow meow, Meow meow meow? Meow meow meow meow meow. Meow meow meow meow meow, meow meow, meow meow meow meow meow meow.

Meow meow! Meow meow meow meow meow meow. Meow meow meow! Meow! Meow meow meow meow.

Meow meow meow, meow meow-meow, meow meow! Meow meow meow meow! Meow—meow! Meow meow meow meow, meow meow meow meow: meow meow meow meow meow meow meow meow meow meow—

—Meow meow meow meow meow meow meow, meow meow? Meow meow meow meow, meow meow meow. Meow—meow meow Meow. Meow!—

—'Meow meow, meow meow meow meow meow!' Meow meow Meow meow meow meow meow meow. Meow meow

meow meow meow: Meow meow Meow meow meow. Meow meow meow meow.

Meow meow meow meow, meow meow meow, meow meow meow, meow meow'meow meow, meow meow, meow meow, meow meow-meow — Meow meow meow meow Meow meow. Meow!

— Meow meow meow meow: Meow! Meow meow meow meow? Meow Meow meow meow? Meow Meow meow meow — meow! meow meow meow meow meow?

— Meow meow meow meow? Meow! Meow meow meow — meow — meow meow meow? Meow meow meow! Meow, meow meow, meow meow, meow meow, meow meow meow, meow meow meow meow!

— Meow? Meow meow meow meow meow meow meow meow? Meow meow meow? Meow, meow meow meow meow meow — meow meow meow meow? Meow meow meow meow meow! Meow!

Meow — " (meow meow Meow meow meow, meow meow meow meow meow meow.)

"Meow!" meow meow meow meow, "meow meow! Meow meow meow! Meow meow, meow, meow meow meow! Meow meow meow meow meow meow meow; meow meow meow meow meow meow meow meow meow meow —

Meow meow meow meow meow meow; meow meow meow meow meow? Meow meow-meow! Meow meow, meow meow, meow meow meow! Meow meow meow meow meow meow meow meow meow — meow meow?"

(Meow meow meow meow meow meow meow, meow meow meow meow meow meow meow meow meow meow, meow meow meow meow) — "Meow meow meow! Meow! Meow meow meow meow meow meow meow meow? Meow, meow meow meow meow meow! —

"Meow meow," meow Meow, "meow meow meow, meow meow! Meow! Meow meow meow, meow, meow, meow meow meow meow?

310

Meow meow meow meow, Meow meow meow!" (meow
meow meow meow meow, meow meow meow meow meow
meow meow meow meow meow.)

"Meow meow meow meow," meow meow meow, meow
meow meow, "meow meow meow meow? Meow meow meow
meow meow meow?

Meow meow meow meow meow meow meow meow meow
meow meow meow meow meow meow,—meow meow meow
meow meow meow meow—

—Meow, meow meow meow meow! meow meow, meow,
meow meow! meow meow meow meow meow meow meow
meow meow?"

Meow meow Meow, meow meow meow meow meow meow
meow meow, meow meow meow meow meow meow meow:
meow meow! meow meow meow meow meow meow meow
meow meow. Meow meow, meow, meow meow meow meow
Meow meow meow meow meow meow.

Meow Meow

Meow meow meow meow meow meow meow meow Meow,
meow meow meow meow meow meow meow, meow meow
meow meow meow meow. Meow, meow, meow meow meow
meow meow, meow meow meow meow meow meow, meow
meow meow meow meow meow meow meow meow:
meow meow meow meow meow Meow Meow Meow. Meow
meow! meow meow meow meow meow meow meow meow
meow meow. Meow meow meow meow, meow, meow meow,
meow Meow meow meow meow meow meow meow meow
meow meow: meow meow meow meow meow meow meow
meow meow meow meow meow meow meow meow meow.

Meow Meow meow meow meow meow meow, meow meow!
meow meow meow meow meow meow meow meow! Meow
meow meow meow meow meow meow meow meow meow
meow meow meow meow: meow meow meow meow meow
meow meow meow meow meow meow, meow meow meow,
meow meow, meow meow meow, meow meow, meow meow

meow meow, meow meow meow, meow meow meow; meow meow meow, meow, meow meow meow meow meow meow meow, meow meow meow meow meow meow meow meow,— meow meow meow, meow meow meow meow, meow meow meow meow meow meow meow meow. Meow meow meow, meow, meow meow meow meow meow Meow'meow meow, meow meow meow, meow meow meow meow meow meow meow meow meow meow meow meow meow meow meow meow meow; meow meow meow meow meow meow meow meow.

Meow meow meow Meow meow meow meow meow; meow meow meow meow meow meow meow meow meow meow, meow meow meow meow meow meow. Meow meow meow meow meow meow meow meow meow meow meow, meow meow meow meow meow Meow meow meow. Meow meow meow meow:

"Meow meow meow! Meow meow meow! Meow meow meow Meow meow meow meow meow Meow meow? Meow meow meow Meow meow meow meow meow meow meow meow meow, meow Meow meow meow meow meow meow meow-meow: Meow Meow Meow—:

—Meow meow meow meow meow meow, meow meow meow! Meow meow meow Meow meow! Meow meow Meow meow meow meow meow meow meow meow-meow meow meow meow-meow meow meow meow?

Meow meow meow meow meow meow meow meow meow meow meow meow: meow meow meow meow'meow meow meow, meow meow meow meow meow, meow meow meow meow meow? Meow meow meow meow meow meow meow,

—Meow meow meow meow meow meow meow meow, meow meow meow meow, meow meow, meow meow, meow meow meow, meow meow meow:—meow meow meow?

Meow meow, meow, meow meow meow, meow meow meow meow meow meow meow, meow, meow, meow meow meow! Meow meow meow meow meow Meow meow meow meow meow:—

—Meow meow meow meow, meow meow meow, meow meow meow! Meow meow meow meow meow meow meow meow meow meow. Meow meow meow meow meow — meow meow meow meow meow meow meow meow meow.

Meow meow meow meow meow meow meow, — meow meow meow, meow meow meow! Meow meow meow'meow-meow! Meow, meow meow meow meow meow Meow meow meow meow meow meow meow.

Meow meow meow meow meow meow meow: meow meow meow meow, meow, meow meow meow meow meow meow meow. Meow meow meow meow meow: meow meow meow meow meow meow-meow!

Meow meow meow meow meow meow meow meow meow meow: meow meow meow meow Meow meow meow meow meow meow meow meow. Meow meow meow meow meow meow meow Meow meow meow: meow!

Meow meow meow, meow, meow meow meow meow. Meow meow meow meow Meow, meow meow meow meow meow meow, meow, meow meow meow meow meow! Meow meow, meow meow meow, meow meow!"

Meow meow Meow, meow meow meow meow meow meow. Meow meow meow meow meow meow meow meow meow meow meow meow; meow meow meow meow meow, meow, meow meow meow meow meow.

"Meow Meow, meow meow meow meow meow meow meow meow meow meow meow meow meow meow, meow meow meow meow Meow. Meow meow meow meow meow meow; meow meow meow meow meow meow — :

—Meow meow meow meow meow meow meow meow meow meow, meow meow

meow? Meow meow meow meow; meow meow meow meow, meow meow meow meow meow.

Meow meow meow, meow, meow meow meow meow meow meow meow meow. Meow meow meow meow meow meow meow; meow meow meow meow meow meow meow meow.

Meow meow! meow meow meow meow meow meow meow meow meow meow. Meow meow meow meow meow meow meow meow meow. Meow meow meow meow meow meow meow meow meow.

Meow meow meow, Meow Meow, meow meow meow meow meow meow meow meow meow, meow meow: meow meow meow meow meow. Meow meow meow meow meow meow meow meow meow.

Meow meow meow meow Meow meow meow, Meow Meow, meow meow meow meow meow —meow, meow, meow, meow, meow meow meow, meow meow, meow,—

—Meow meow meow, meow, meow meow meow Meow meow meow meow, meow meow, meow meow meow meow meow meow, meow meow, meow meow meow meow meow meow meow meow;

—Meow meow meow, meow meow, meow meow! Meow! meow meow meow meow meow meow meow meow meow meow?

Meow meow meow, Meow Meow, meow meow meow meow-meow meow meow meow; meow meow meow meow meow meow meow meow meow meow meow meow.

Meow meow, meow meow meow meow meow meow meow meow meow meow meow-meow; meow meow meow meow meow, meow meow meow meow meow meow: 'Meow meow Meow?'

Meow meow meow meow meow meow meow meow meow meow meow meow meow meow meow meow: meow meow meow meow, meow meow-meow meow meow meow-meow, meow meow meow meow meow meow:

'Meow Meow meow meow? Meow meow meow meow meow meow meow meow, meow meow meow, meow meow meow: meow meow —meow meow meow meow Meow!'

'Meow meow meow meow meow meow meow meow meow meow meow?' meow meow meow meow meow; 'meow meow

meow meow meow? Meow meow meow meow meow meow meow?'

Meow meow meow meow meow meow meow meow meow meow meow meow meow meow, meow meow meow meow meow meow meow meow meow meow meow meow meow. Meow meow meow meow meow.

Meow meow meow meow meow meow meow meow meow meow, Meow Meow. Meow meow meow meow meow meow, meow meow meow meow meow meow meow meow: meow meow meow meow meow meow meow meow meow meow.

Meow meow meow meow meow meow meow meow meow meow meow, meow meow meow meow meow: — meow meow meow meow meow meow meow meow meow meow meow meow meow meow meow meow meow, —

—Meow meow meow meow meow meow meow meow meow, meow meow meow meow Meow meow meow — meow meow meow meow, meow meow meow meow meow meow, meow meow meow, meow meow meow,

—Meow meow meow meow meow meow meow meow meow meow meow meow MEOW — meow meow meow meow meow, Meow Meow, meow Meow meow!"

Meow meow meow meow meow meow meow, meow meow meow meow meow Meow meow meow meow meow meow; meow Meow meow meow meow, meow meow meow meow, meow meow meow meow, meow meow meow meow meow meow meow. Meow meow meow meow, meow, meow meow meow meow meow meow meow meow, meow meow meow meow meow meow, meow meow:

"Meow meow, meow meow meow, Meow meow meow meow meow meow meow meow meow. Meow meow meow meow Meow meow Meow meow meow meow meow meow meow."

('"Meow meow meow meow?' Meow Meow!" meow meow meow meow meow meow meow meow meow meow; "meow meow meow meow meow meow meow meow Meow, meow meow meow meow meow Meow! Meow meow meow 'meow meow

meow meow' — meow! Meow meow meow meow meow meow meow meow meow!")

"Meow meow, meow, meow meow meow meow meow meow," meow Meow; "meow meow meow — meow meow meow meow meow, meow meow meow.

Meow meow, meow meow meow meow, meow meow meow meow meow meow meow meow meow, meow meow meow meow meow meow. Meow meow meow meow meow meow, meow meow meow meow meow meow meow meow.

Meow meow meow meow meow, meow meow, meow meow meow meow meow, meow meow meow meow meow Meow Meow, meow meow meow meow meow meow meow meow meow meow meow.

Meow meow meow meow meow, meow, Meow meow meow meow meow, Meow Meow Meow Meow Meow Meow Meow: meow meow meow meow meow meow meow Meow meow?

Meow meow Meow meow meow meow meow meow. Meow meow meow meow meow meow meow meow meow meow meow meow meow meow meow meow meow.

Meow, meow meow meow meow meow meow meow-meow meow meow. Meow meow meow, meow meow meow meow meow; meow meow meow meow meow meow meow meow meow.

Meow meow meow meow meow meow meow, meow meow meow; meow meow meow meow meow meow meow meow meow. Meow meow meow meow meow meow meow.

Meow meow meow meow meow meow meow meow meow meow, meow meow meow meow meow meow meow meow. Meow meow meow meow meow meow meow meow meow meow meow meow meow meow meow meow.

Meow meow meow meow: meow meow meow meow meow meow meow! Meow meow meow: meow meow meow meow meow meow meow meow meow meow Meow meow!

Meow meow meow meow meow meow meow meow meow
meow meow meow meow meow meow meow meow: meow
meow meow meow meow. Meow meow meow meow meow
meow meow meow meow meow meow meow.

Meow meow meow meow Meow meow meow meow meow
meow; meow meow meow meow Meow meow meow meow
meow meow. Meow meow meow meow meow meow meow
meow meow meow meow meow meow meow meow meow
meow meow, —

—Meow meow meow meow meow meow, meow meow
meow, meow meow meow, meow meow meow meow meow
meow meow meow Meow;

—Meow! Meow! Meow meow Meow! Meow Meow meow
Meow meow meow meow meow meow, meow meow meow
meow meow meow meow meow meow meow;

—Meow meow meow, meow meow, meow meow, meow
meow, meow meow meow meow meow meow meow meow
meow meow: Meow Meow meow meow!

Meow meow meow, meow meow meow — meow meow meow
meow meow meow meow meow? Meow meow meow meow
meow meow meow meow meow?

Meow meow meow meow meow meow meow, meow meow
Meow Meow, meow meow meow meow meow — meow meow
meow meow meow meow meow meow?

Meow meow'-meow meow Meow meow meow meow meow,
meow meow meow meow meow meow meow meow. Meow
meow meow Meow meow, meow meow Meow meow meow:
meow meow Meow meow meow,

—Meow meow Meow meow meow meow Meow meow meow
meow meow: Meow meow, Meow meow meow, Meow meow-
meow meow meow meow meow meow meow meow meow!"

Meow meow Meow, meow meow meow meow meow meow:
meow meow meow meow meow meow, meow meow meow
meow meow meow meow meow meow, meow meow meow meow
meow meow meow. Meow meow meow meow meow meow

meow, meow meow meow meow meow: meow meow meow meow meow meow meow meow meow meow meow meow meow.

Meow Meow

Meow meow meow meow meow meow meow meow meow meow Meow meow meow meow: meow meow meow meow meow meow meow meow meow meow meow, meow Meow'meow meow meow meow: "Meow Meow!

Meow meow meow meow meow meow meow meow, meow meow meow meow: meow, meow meow meow meow meow meow Meow Meow meow meow meow.

Meow meow meow meow meow meow: meow meow meow meow meow meow Meow? Meow meow meow meow meow meow meow meow meow. Meow meow meow meow meow meow meow meow meow meow?

Meow, meow meow meow meow meow meow meow meow meow, meow, meow, meow meow meow meow meow: meow meow meow, meow, meow meow meow Meow meow, meow, meow meow meow-"

(Meow meow meow meow. Meow Meow'meow meow, meow, meow meow meow, meow meow meow meow meow. Meow meow meow meow meow meow meow meow meow meow meow meow meow meow meow meow meow meow meow meow.)

"Meow meow meow meow," meow meow meow. "Meow meow Meow meow meow meow meow meow meow meow meow — meow meow meow meow, meow meow meow, Meow — meow Meow!

Meow meow meow meow meow meow meow-meow meow Meow. Meow meow meow meow meow meow meow meow: Meow meow meow — Meow meow meow meow meow meow meow meow!"

Meow meow meow, meow meow meow meow meow meow meow, meow meow meow meow meow meow meow meow meow,

meow meow meow, meow meow meow meow meow. "Meow meow meow," meow meow, "meow meow, Meow, meow meow meow meow meow meow meow meow meow: meow meow meow meow meow, — meow meow meow-meow meow meow. Meow meow meow meow meow meow meow."

"Meow," meow Meow, meow meow meow meow, "meow meow meow meow meow meow meow. Meow meow meow meow meow meow meow meow, meow meow meow meow meow meow meow meow, meow meow Meow meow meow:

—Meow meow meow meow meow, meow meow meow meow meow: meow meow meow meow Meow meow meow. Meow meow meow meow meow meow meow meow meow meow, meow meow meow meow meow meow meow meow, — meow meow meow meow meow meow meow meow.

Meow meow meow meow meow meow meow meow meow meow meow. Meow meow meow meow meow meow meow meow meow meow meow meow meow meow meow, meow meow meow. Meow meow Meow meow meow meow meow meow meow meow."

Meow meow meow meow meow meow meow meow meow meow, meow meow meow meow meow meow meow meow meow meow meow meow meow meow.

"Meow meow meow meow Meow!" meow meow meow: "meow meow meow meow meow meow meow meow meow meow meow meow?

Meow meow meow Meow meow meow meow meow meow meow: Meow meow meow meow!' Meow meow meow meow meow meow meow meow meow."

"Meow meow meow meow," meow Meow, "meow Meow meow. Meow meow meow meow, meow meow meow: meow meow meow, meow meow meow, meow meow meow, — meow meow meow meow meow meow!

Meow meow meow meow meow meow meow meow; Meow meow meow meow meow meow meow. Meow, meow, meow

meow meow meow meow meow meow meow meow meow
meow meow meow,—

—Meow meow meow meow meow, meow meow, meow
Meow meow' Meow, meow meow meow meow meow meow
meow meow meow, meow meow meow.

Meow meow meow meow meow meow meow; meow meow
meow meow meow meow meow, meow meow meow meow
meow:—meow meow meow, meow meow meow, meow meow
meow, meow meow meow!"—

Meow meow Meow; meow meow meow meow meow meow
meow meow meow: "Meow! Meow meow meow meow meow
meow meow meow meow meow meow meow meow meow
meow?

Meow meow, meow meow meow meow meow meow meow
meow meow, meow meow meow meow, meow meow meow
meow, meow meow meow meow."

Meow meow meow meow meow meow meow meow meow;
meow meow meow, meow meow- meow, meow Meow-Meow
meow meow meow. Meow meow meow meow meow meow
meow meow meow meow meow meow "Meow Meow" meow
meow meow-meow. Meow meow meow meow meow meow
meow meow meow Meow Meow Meow.

Meow Meow Meow

1

Meow Meow meow meow meow meow meow meow meow,
meow meow Meow meow meow meow meow, meow meow
meow: Meow meow meow meow meow-meow.

Meow meow Meow meow meow meow, Meow meow meow
meow. Meow meow meow, meow, meow-meow meow meow
meow, meow meow; meow Meow meow meow meow meow.

Meow meow meow meow, meow, meow meow meow meow
meow meow meow: meow meow Meow meow meow meow:

"Meow meow meow meow meow meow meow-meow meow meow meow meow-meow meow meow meow-meow!"

Meow meow meow, meow Meow meow meow: Meow meow meow-meow meow meow meow meow meow meow meow. Meow meow meow meow meow meow, meow meow! Meow meow, meow,meow: "Meow meow meow meow."

"Meow meow meow,"—meow meow meow meow—"meow meow meow meow meow, meow meow meow meow; meow meow meow, meow Meow—meow meow meow meow!"

Meow Meow!—Meow, meow, meow Meow meow meow. Meow meow meow, meow, meow meow meow meow meow. Meow meow meow, meow meow meow meow-meow!

2

Meow Meow!—Meow meow meow Meow meow meow! Meow meow meow, meow Meow meow meow meow meow.

Meow meow meow meow meow meow meow meow meow meow meow. Meow meow meow meow meow meow, meow meow meow meow meow meow meow—meow!

Meow meow meow meow meow, Meow meow meow? Meow meow meow: meow meow meow meow meow? Meow meow meow meow meow meow meow? Meow meow meow-meow meow meow meow meow?

Meow! Meow meow! meow meow meow! Meow meow meow meow meow meow meow meow meow. Meow meow meow: meow meow Meow meow—meow Meow meow meow.

3

Meow meow meow meow meow-meow: "Meow meow meow meow meow meow?" Meow meow meow, meow meow meow meow meow meow: "Meow meow meow meow meow Meow?"

Meow Meow, Meow meow meow meow; Meow meow meow meow meow meow meow meow meow— meow Meow meow: meow meow meow, meow meow meow, meow meow meow, meow meow meow. —

Meow meow meow, meow Meow meow meow meow meow meow meow meow meow meow meow-meow meow meow meow-meow. Meow meow meow meow meow meow meow meow meow meow meow meow meow.

Meow meow meow meow meow, meow meow meow, meow meow meow meow. Meow meow meow meow meow meow meow meow.

Meow meow meow meow meow, meow meow meow meow meow. Meow meow meow meow meow meow meow meow, meow meow meow meow meow meow.

Meow meow-meow meow meow meow meow meow meow: meow meow meow meow meow meow meow meow meow meow meow meow meow meow meow meow meow meow meow meow.

Meow meow meow meow meow meow, meow meow meow meow meow meow, meow meow meow meow-meow: — Meow meow meow meow meow meow meow meow meow meow — Meow meow! Meow! Meow!

Meow meow meow meow meow meow meow: "Meow meow meow meow meow meow meow, meow, meow meow?" Meow — meow meow meow meow meow meow-meow.

Meow meow meow meow-meow — meow meow, Meow meow meow — meow meow meow: Meow meow meow Meow'meow meow meow!

Meow, meow meow meow, meow meow meow, meow meow meow, meow meow-meow meow, meow meow-meow meow, meow meow meow, meow "meow meow meow meow meow" — !

Meow meow meow meow meow meow. Meow meow, Meow meow meow, meow meow meow meow meow-meow meow meow meow, meow meow meow! Meow meow meow Meow meow — meow!

4

Meow meow meow, Meow meow meow? Meow meow meow-meow? Meow meow meow meow meow, meow meow meow meow meow, meow meow meow meow Meow meow meow meow?

Meow meow, meow, meow meow meow meow meow, Meow meow meow meow meow-meow. Meow meow meow meow meow meow, meow Meow meow; meow meow meow meow, meow meow Meow.

Meow meow meow meow meow, meow meow meow'meow meow, — meow meow meow meow'meow meow Meow meow meow: meow meow meow. —

5

"Meow meow meow" — meow meow meow meow meow meow, meow meow meow meow. Meow, meow meow meow meow meow meow meow-meow! Meow meow meow meow meow'meow meow meow.

"Meow meow meow meow meow meow" — meow meow Meow meow. Meow meow meow meow meow meow Meow'meow meow.

Meow meow meow meow meow meow meow meow meow meow meow meow meow meow meow meow meow meow meow'meow meow. Meow, meow, meow meow meow meow meow meow meow meow Meow. —

Meow meow, meow, meow meow meow meow meow meow meow. Meow meow, meow, meow meow meow meow meow meow meow. Meow meow meow meow-meow meow: meow meow meow'meow meow meow meow meow!

6

Meow meow meow, meow meow meow Meow meow meow meow meow meow meow meow meow meow meow?

Meow meow Meow meow meow meow meow meow meow meow meow meow? Meow meow meow meow, meow, meow meow, meow meow meow meow?

Meow! Meow! Meow meow Meow! Meow meow, meow meow meow meow meow meow meow meow, — meow meow meow meow meow meow meow meow meow meow. Meow meow —

—Meow meow meow meow meow meow meow meow meow meow meow meow meow meow meow: meow meow meow meow meow!

Meow meow meow, meow meow, meow meow meow meow meow meow meow meow meow: meow meow meow meow meow meow meow meow meow, meow meow!

Meow meow meow meow meow meow meow meow! Meow meow meow meow meow, meow meow meow meow meow Meow Meow. Meow meow meow meow meow meow meow! Meow meow meow meow meow meow Meow meow meow. —

7

Meow meow meow meow meow meow meow meow meow meow meow meow meow. Meow meow meow meow meow meow meow meow: meow meow meow — meow meow meow Meow. —

Meow meow meow meow meow meow meow meow, meow meow meow meow meow. Meow meow meow meow meow meow meow meow meow Meow. —

Meow meow meow meow meow-meow meow Meow meow meow Meow, meow meow meow meow. Meow — meow Meow meow: meow meow meow meow! meow meow meow meow!

8

Meow meow meow meow meow meow meow: meow meow meow meow meow meow meow meow meow meow meow meow.

Meow meow meow meow meow meow! Meow meow meow meow meow meow meow, meow meow meow-meow meow meow-meow: —

—Meow meow meow meow meow meow meow meow, meow-meow, meow meow, meow meow meow meow meow, meow meow meow meow meow meow.

Meow meow meow meow, meow meow meow! Meow meow meow meow meow meow meow, meow meow, meow meow.

Meow meow meow-meow meow meow meow meow meow? Meow meow meow meow meow meow meow meow meow meow meow meow, meow meow meow meow meow meow meow: meow meow meow meow, meow meow meow.

9

Meow meow meow meow meow-meow meow, meow meow, meow meow meow! Meow meow- meow meow! Meow meow meow meow meow! Meow meow meow-meow meow meow meow meow meow.

Meow meow meow meow meow meow meow meow meow, meow meow — meow meow meow meow meow meow meow meow?

Meow meow meow meow-meow meow meow meow meow. Meow meow meow meow meow meow.

Meow meow meow meow meow meow meow, meow meow meow meow meow meow: "Meow meow meow meow meow meow meow?"

Meow meow meow meow meow meow meow meow! Meow meow meow, meow meow meow meow! Meow meow meow, meow meow meow meow meow meow meow meow.

Meow meow meow meow meow meow: meow meow meow meow meow meow meow meow meow meow meow meow. Meow meow meow meow!

Meow meow meow meow meow meow meow meow meow! Meow meow Meow meow meow meow meow. Meow meow meow meow, meow meow meow meow meow meow.

10

Meow meow meow meow meow meow, meow meow meow meow meow! Meow meow meow meow Meow meow; meow meow meow meow meow meow meow'meow meow meow meow!

Meow meow meow, meow, meow meow? Meow meow meow meow meow meow meow meow? Meow, meow meow! Meow meow meow meow meow meow meow meow meow meow!

Meow meow meow meow meow, meow meow meow meow meow meow: meow meow meow Meow, meow meow meow,— meow meow meow meow!

11

Meow meow meow, meow meow meow! Meow meow meow meow meow meow'meow meow meow.

Meow meow meow meow meow meow meow meow meow meow! Meow meow meow Meow meow? Meow meow meow meow "meow meow meow"—meow meow meow meow meow meow meow!

Meow, Meow meow meow, meow "meow," meow meow meow: meow meow meow meow meow meow meow meow meow meow meow "meow" meow "meow meow meow" meow "meow." Meow meow meow meow meow meow meow meow meow meow.

"Meow meow'meow meow," meow meow meow meow meow meow meow meow: meow meow meow meow "meow meow meow," meow "meow meow meow":—meow meow meow meow meow meow meow meow meow Meow meow-meow!

Meow meow meow-meow, meow meow meow, meow meow meow meow meow meow meow meow meow! Meow meow meow'meow meow meow meow meow, meow, meow meow— meow, meow meow meow meow meow meow meow meow.

Meow meow meow meow meow, meow, meow meow meow, meow meow meow meow meow meow meow! Meow meow, meow meow meow Meow "meow": meow meow meow meow meow meow meow!

12

Meow meow meow, meow meow meow! Meow meow meow meow meow meow meow; meow meow meow meow, meow, meow meow.

Meow meow: meow meow meow, meow meow meow meow meow. Meow meow meow meow meow meow meow.

Meow meow meow, meow meow meow meow meow meow. Meow meow meow meow meow meow meow meow meow.

Meow meow meow: meow, meow meow meow meow meow meow meow meow meow meow! Meow meow! Meow meow meow meow meow meow meow meow meow!

13

Meow meow meow meow meow meow! Meow meow meow meow meow meow meow meow!

Meow meow meow meow meow meow meow meow' meow meow meow meow! Meow meow meow meow meow, meow meow meow' meow meow meow meow meow meow?

Meow, meow, meow meow meow meow meow, meow meow meow meow meow meow meow meow meow meow! Meow meow meow meow meow meow meow meow, meow meow meow meow meow meow meow meow!

Meow meow meow meow meow meow meow, meow meow meow meow meow meow meow meow meow meow; meow meow meow meow meow meow meow meow meow meow?

Meow meow meow meow meow! Meow, meow, meow meow meow meow meow meow meow meow meow, meow meow meow meow meow meow meow meow meow meow meow meow meow.

Meow meow meow meow meow, meow meow meow meow meow: "Meow meow meow meow,"—Meow meow meow meow: Meow meow meow meow! meow meow meow meow meow!

Meow meow meow meow meow meow meow-meow meow meow-meow: meow meow meow meow meow! Meow Meow meow meow meow meow meow.

Meow meow meow meow meow meow meow meow meow meow — meow meow meow meow meow'meow meow. Meow meow meow meow meow meow.

Meow meow meow meow meow meow meow meow meow meow meow meow meow meow? Meow Meow meow meow meow meow meow meow — meow meow meow meow.

14

Meow, meow, meow, meow meow meow meow meow meow meow — meow, meow meow meow, meow Meow meow meow meow meow meow. Meow Meow meow meow meow meow meow.

Meow meow meow meow meow, meow meow-meow! Meow meow meow meow meow meow meow meow, meow meow meow meow meow meow! Meow meow meow meow meow meow meow meow meow meow meow meow?

Meow meow meow meow meow meow meow meow meow meow, meow meow meow meow — meow meow meow? Meow meow meow meow meow meow meow meow, meow meow meow — meow meow meow? Meow meow, meow, meow meow meow meow: meow meow! meow meow!

15

Meow meow meow meow, meow meow meow meow meow meow meow. Meow meow meow meow, meow meow meow meow — meow meow?

Meow meow meow meow; meow meow meow meow? Meow meow meow meow meow! Meow meow meow meow meow, meow meow meow meow meow!

Meow meow meow meow meow meow meow meow meow meow-meow, meow meow- meow meow! Meow meow — meow'meow Meow meow meow meow meow meow?

Meow'meow meow, meow, meow-meow meow, meow meow meow — meow meow meow meow meow meow meow meow meow meow meow?

Meow meow meow meow meow meow meow! Meow meow meow meow meow, meow meow meow meow meow! Meow meow meow, Meow, meow meow meow meow meow!

Meow meow, meow meow meow meow meow! Meow meow meow meow meow meow meow, meow, meow meow, meow meow-meow meow!

Meow meow meow meow, meow, meow meow, meow meow meow. Meow meow meow meow meow meow. Meow meow meow meow meow meow.

16

Meow meow meow meow meow meow meow meow meow meow? Meow meow meow meow meow meow meow meow meow: "Meow meow meow meow meow meow!"

Meow meow meow meow meow meow meow meow meow meow meow? Meow meow meow meow. Meow meow meow meow meow meow meow.

Meow — meow meow meow meow: meow meow meow meow meow meow meow, meow meow meow! Meow meow meow meow meow meow; meow meow meow-meow meow meow meow meow.

Meow meow meow meow meow, meow meow meow meow meow? Meow — meow meow meow meow meow meow. Meow meow meow, meow, meow meow meow. Meow meow meow meow meow.

Meow meow meow meow meow meow meow meow; meow meow meow meow meow meow meow meow meow meow meow meow. Meow meow meow meow meow Meow meow: — meow meow meow.

Meow meow meow meow meow meow meow meow meow meow! Meow meow meow meow meow meow, meow meow-

meow: meow meow meow meow meow meow meow-meow,
meow meow meow meow meow meow meow meow.

Meow meow meow meow meow meow meow meow meow
meow! Meow meow meow meow meow meow meow:—meow
meow meow meow meow meow meow. Meow meow meow
meow meow meow meow meow meow!

17

Meow meow meow meow meow meow meow meow meow
meow. Meow meow meow meow meow meow, meow meow
meow meow meow meow meow,—meow meow meow meow.

Meow meow meow meow meow meow meow meow meow
Meow Meow meow: meow meow meow meow! Meow, meow,
meow meow meow meow meow meow, meow.

Meow meow, meow meow meow Meow meow meow, meow
meow meow Meow meow meow meow, meow meow meow,
meow meow meow; Meow meow meow meow.

Meow meow meow meow meow meow meow meow meow
meow, meow meow meow meow meow meow meow meow
meow meow, meow meow, meow meow meow-meow meow.

Meow meow meow meow, meow meow, meow, meow! Meow
meow meow meow meow meow! Meow meow meow meow
meow, meow meow meow, meow meow meow, meow meow
meow meow meow meow!

18

Meow meow meow meow meow, meow meow-meow meow:
Meow meow meow meow meow meow meow, Meow meow
meow meow meow meow. Meow meow meow meow Meow
meow meow-meow meow meow meow meow.

Meow meow meow, Meow meow meow meow, meow meow
meow meow meow, meow meow meow meow, meow meow
meow meow, meow meow meow, meow meow meow-meow
meow:—

Meow meow meow, Meow meow meow-meow, meow meow meow, meow meow meow, meow meow meow meow meow meow-meow; Meow meow meow meow meow meow meow!

19

Meow meow meow meow, meow meow, meow, meow! Meow meow meow meow meow meow! Meow meow meow meow meow, meow meow meow, meow meow meow meow meow meow meow meow meow!

Meow meow meow meow meow meow meow meow meow meow, meow meow meow-meow meow meow meow meow. Meow meow meow meow meow, meow meow meow meow meow meow meow meow meow meow.

Meow, meow, meow meow meow meow meow meow meow meow meow meow, meow meow meow meow meow meow meow. Meow meow, Meow meow meow, meow meow, meow meow meow: meow meow meow meow meow meow meow meow meow, —

—Meow meow meow meow meow meow meow-meow: meow meow, Meow meow meow, meow meow meow, meow meow meow meow meow meow meow meow!

Meow meow, Meow meow meow, meow meow-meow, meow meow meow meow-meow! Meow, meow meow meow meow meow meow meow meow meow meow meow-meow! Meow meow-meow, meow, meow meow meow meow meow.

20

Meow meow meow meow meow meow meow meow meow meow meow meow-meow: meow meow meow meow meow meow meow; meow meow meow meow meow meow meow meow meow.

Meow meow meow meow meow meow, meow meow meow meow meow: — meow meow meow meow, meow meow, meow meow meow meow meow meow meow meow meow meow meow meow meow meow meow, —

—Meow meow meow meow meow-meow meow meow-meow, meow meow meow meow meow meow meow: — meow meow meow meow, meow, meow meow meow meow meow, meow meow meow meow meow meow, meow meow meow!

Meow meow meow meow meow-meow, meow meow meow meow-meow, meow meow: — meow meow meow meow meow meow meow meow, meow meow meow, meow meow meow meow meow meow meow meow meow meow meow!

Meow meow meow, meow meow meow meow meow meow meow meow meow meow meow meow meow meow meow meow meow meow meow meow — meow meow meow meow! Meow meow meow meow meow meow meow meow!

Meow meow meow meow meow meow! Meow Meow meow meow meow meow! Meow meow meow meow, meow meow meow, meow! meow! Meow meow meow meow meow meow meow!

Meow meow meow meow meow, meow meow-meow meow: meow meow meow meow meow Meow meow meow meow! Meow meow Meow meow; meow meow meow, Meow, Meow meow meow — meow meow!

Meow Meow meow Meow

1

Meow Meow meow meow meow, meow meow meow meow meow meow meow meow meow; meow meow meow meow, meow, meow meow meow meow meow meow, meow meow meow meow meow meow meow meow meow meow.

"Meow meow meow meow meow," meow meow, "Meow meow meow meow meow! Meow meow meow meow meow? Meow, meow, meow meow meow meow meow!

Meow meow, meow meow: meow meow meow, meow meow meow — meow meow meow meow Meow meow? Meow meow meow meow meow! Meow meow meow Meow meow meow meow meow Meow meow meow, meow meow."

—Meow Meow meow meow meow: "Meow meow meow, meow meow!" Meow meow, meow, meow meow meow meow meow meow meow meow meow meow meow meow, meow meow meow meow meow. Meow meow meow meow meow meow meow meow meow, meow meow meow meow meow meow meow meow meow meow. Meow meow meow meow meow meow meow meow meow meow meow meow meow meow.

2

Meow, meow, meow Meow meow meow meow meow meow meow meow meow meow, meow meow meow meow, meow meow: "Meow meow meow!

Meow meow, meow meow meow — meow meow meow meow meow meow meow meow meow meow, meow meow meow meow — meow meow meow meow meow meow meow meow meow meow meow, meow meow meow,

— Meow meow meow meow meow meow Meow meow meow meow meow: meow meow meow meow! Meow meow meow meow meow meow meow meow, meow meow meow Meow meow; meow meow meow Meow meow meow meow meow meow.

Meow meow meow meow, meow meow meow meow meow meow meow meow meow, meow meow meow meow 'meow meow meow' meow 'meow meow,' meow 'meow meow meow meow meow,' meow 'meow meow,' meow 'meow meow meow,' —

— Meow meow meow meow, meow meow meow meow Meow Meow Meow Meow, meow meow meow meow Meow meow meow, meow meow meow meow meow Meow meow meow meow meow meow meow — meow meow meow meow meow meow meow meow meow meow meow-meow meow.

Meow meow meow, meow meow meow, Meow meow meow, — Meow meow meow meow meow meow Meow meow meow meow meow meow, meow Meow: meow meow meow meow meow meow meow meow meow meow meow meow, meow,

—Meow meow meow meow meow meow meow meow meow meow, meow meow meow, meow:—Meow meow Meow, meow meow meow meow meow meow meow, meow meow meow meow meow meow meow.—

Meow meow meow Meow meow meow meow meow meow, meow meow meow meow, meow meow-meow meow: meow meow, meow meow meow, meow meow meow meow—

—Meow meow meow!—meow meow meow meow meow meow Meow, meow meow meow meow, Meow meow meow meow meow: meow meow meow, meow meow meow, meow! meow meow meow!

Meow meow meow meow, meow meow meow meow meow meow meow, meow meow meow meow meow meow; meow meow, meow meow, meow meow meow, meow meow—meow meow meow—meow meow meow meow-meow meow!"

Meow meow meow meow meow, meow meow meow meow, meow meow meow meow meow.

3

Meow meow'meow meow meow,

   Meow meow meow meow'meow meow

   Meow meow meow meow,

   Meow meow meow—

Meow meow meow-meow meow

Meow meow meow, meow meow meow'meow

meow-meow—: Meow meow meow, meow meow,

meow meow,

Meow meow meow meow

Meow meow'meow meow meow meow

meow'meow meow-meow, Meow meow meow meow

meow,

Meow meow meow meow meow-meow

Meow, meow meow meow

Meow meow meow meow meow meow,

Meow meow meow-meow, meow-meow?

"Meow Meow meow meow? Meow?"

— meow meow meow — "Meow! Meow meow!

Meow meow meow, meow, meow,

Meow meow meow meow,

Meow meow, meow, meow meow meow:

Meow meow meow,

Meow meow,

Meow-meow, meow,

Meow meow meow —

Meow — meow meow meow meow?

Meow! Meow meow! Meow meow!

Meow meow meow,

Meow meow meow meow meow meow,

Meow meow meow meow-meow,

Meow meow meow-meow,

'Meow meow meow meow,

Meow meow meow,

Meow meow meow, meow meow meow, —

Meow Meow! Meow Meow!

Meow — meow meow meow meow?

Meow meow, meow, meow meow meow,

Meow meow meow,

Meow meow meow,

Meow meow meow meow meow meow,

Meow meow Meow'meow meow meow-meow:

Meow! meow meow meow meow meow-meow,

Meow meow meow meow meow meow meow,

Meow meow meow,

Meow meow meow meow

Meow meow meow,

Meow meow meow meow-meow,

Meow-meow, meow,

Meow meow, meow meow meow,

'Meow meow meow-meow meow meow,

Meow meow, meow-meow meow meow-meow,

Meow meow meow meow,

Meow meow, meow meow, meow meow,

Meow, meow, meow — meow: —

Meow meow meow meow meow meow,

Meow meow meow meow meow,

Meow Meow meow: —

Meow, meow meow meow meow meow,

Meow, meow,

Meow meow meow meow meow! —

Meow,

Meow,

Meow meow meow,

Meow meow meow,

Meow Meow meow,

Meow meow, meow-meow,

Meow meow meow,

Meow 'meow meow meow-meow,

Meow-meow meow meow meow

Meow, meow meow, meow meow-meow,

—Meow, meow meow meow!

Meow meow,

Meow, meow,

Meow meow meow'meow meow,

Meow Meow Meow meow 'meow meow

meow meow, Meow meow! Meow meow!

Meow meow meow meow meow—

Meow Meow, meow meow—:

Meow Meow Meow Meow meow meow,

Meow meow meow meow meow,

Meow meow meow Meow—

Meow, Meow meow meow meow meow!

Meow meow meow meow meow—meow!

Meow meow meow meow meow—meow meow!—

Meow meow'meow meow meow,

Meow meow meow meow'meow meow,

Meow, 'meow meow meow-meow,

Meow meow, meow'meow meow:

—Meow meow meow meow,

Meow meow meow meow meow,

Meow meow meow-meow

Meow, meow meow'meow meow

Meow meow, meow, meow:—

Meow meow Meow meow meow meow

Meow meow meow meow-meow,

Meow meow meow meow meow-meow,

Meow meow meow, meow meow meow,

—Meow meow, meow, meow:

Meow meow meow meow

Meow meow meow meow:

—Meow meow meow, meow meow, meow meow,

Meow meow meow meow?—

Meow Meow Meow Meow Meow

Meow Meow Meow Meow!

Meow Meow! Meow Meow!

Meow

Meow meow meow meow; meow meow meow meow meow meow meow meow meow meow meow meow meow meow meow meow meow meow meow. Meow meow meow meow meow meow meow meow meow: meow meow meow meow meow meow meow meow meow meow meow meow: "Meow! Meow meow meow meow! Meow meow Meow! Meow meow meow meow meow meow meow, meow meow meow meow!

Meow meow, meow meow meow, meow meow meow, meow meow meow meow meow. Meow meow, meow meow meow meow meow meow meow meow meow meow meow meow Meow!

Meow, meow meow meow meow meow meow meow meow meow meow meow Meow meow! Meow meow meow meow meow meow meow: meow meow meow meow meow meow meow,—

—Meow meow meow meow, meow meow meow meow meow meow meow: meow meow meow meow meow meow meow meow meow meow meow meow meow meow!"

Meow meow meow meow meow; meow meow meow, meow, meow meow meow, meow meow meow, meow meow meow meow meow meow meow meow meow meow meow meow meow meow meow meow. "Meow meow!" meow meow meow meow meow, "meow meow meow meow meow-meow meow; meow meow meow meow meow meow meow meow.

Meow meow meow meow meow, meow meow meow. Meow, meow, meow meow meow meow meow meow meow meow? Meow meow meow meow meow meow meow meow meow.

"Meow meow meow," meow meow meow meow, "meow meow meow meow meow meow meow; meow meow! Meow, meow meow, meow meow Meow meow? Meow meow meow meow, meow meow meow, meow meow meow —:

Meow meow meow, meow meow meow meow meow! Meow meow meow meow meow meow meow meow meow meow meow meow meow meow meow meow meow: meow meow meow meow!

Meow meow, meow meow meow, meow meow meow meow meow meow meow meow meow meow meow meow meow meow meow meow meow meow: — meow meow meow meow meow.

Meow meow, meow meow meow meow meow meow meow meow meow Meow meow meow meow meow meow, meow meow meow meow meow meow meow meow Meow meow.

Meow Meow meow meow meow meow meow, meow meow Meow. Meow Meow meow meow Meow; meow meow meow meow Meow meow meow Meow. Meow meow meow meow meow meow meow meow meow meow —

—Meow-meow, meow meow meow, meow meow meow meow meow. Meow, meow, meow Meow meow meow meow meow meow, meow meow meow meow meow meow meow Meow Meow,

—Meow meow, meow meow, meow meow. Meow meow (meow meow meow meow meow meow — meow meow meow, meow meow meow) —

—Meow meow meow meow meow meow meow meow, meow meow Meow meow, —meow meow meow meow meow meow, meow meow, meow, meow meow meow meow meow.

Meow meow meow meow meow meow meow Meow Meow meow meow meow meow meow, meow meow meow meow meow meow meow meow meow, meow meow. Meow meow meow meow meow meow meow Meow, meow meow meow meow meow meow meow Meow.

Meow meow —meow meow meow'meow meow meow meow meow; meow meow meow meow meow, meow meow meow meow meow. Meow meow meow meow meow Meow meow, meow meow meow meow meow: Meow.

Meow meow meow meow meow —meow meow meow meow meow meow meow, meow meow meow meow meow meow meow meow meow meow meow: —Meow meow meow 'meow meow meow.'

Meow meow meow meow, meow meow meow meow, meow meow meow —meow meow, meow meow, meow meow meow Meow."—

Meow meow meow meow meow; meow Meow, meow meow meow meow meow meow meow meow meow meow meow meow meow meow meow meow meow, meow meow meow meow meow meow meow meow meow, meow meow meow meow meow "meow." "Meow!" meow meow, "meow meow Meow meow meow meow? Meow, meow meow meow meow, meow meow meow meow meow, meow meow Meow meow meow meow: meow meow meow meow meow Meow meow meow 'meow' meow meow.

Meow MEOW—meow meow meow meow meow. Meow, meow, meow meow, meow meow meow meow meow, meow meow meow —Meow meow meow meow meow meow meow meow meow meow.

Meow meow meow meow meow meow meow meow meow meow meow meow meow meow meow: meow meow meow meow meow —meow.

Meow meow, meow meow meow meow, meow meow meow, meow meow meow, meow meow'meow meow meow meow'meow meow: Meow, meow meow meow meow, meow meow meow meow — "

"Meow!" meow meow meow meow meow meow, meow meow meow meow meow, meow meow meow meow meow meow meow meow meow meow meow; meow meow, meow, meow meow meow meow meow meow meow meow. Meow meow meow meow, meow meow meow: "Meow! Meow meow meow, meow meow meow!

Meow meow Meow meow meow meow meow meow meow meow Meow meow meow meow meow meow meow, meow meow meow meow meow?

Meow meow meow meow meow meow. Meow meow meow Meow meow meow meow meow meow meow! Meow Meow meow meow meow meow meow?

Meow! Meow meow meow meow meow, meow meow meow meow! Meow meow Meow meow meow meow meow — meow meow meow! meow meow meow — :

— Meow meow meow meow meow meow meow meow meow meow meow meow; meow meow meow meow meow meow meow meow.

Meow — meow meow meow: meow meow meow meow meow meow meow meow Meow meow meow. Meow meow meow meow meow meow — meow meow meow!"

Meow meow meow meow meow, meow meow meow meow meow meow; meow meow Meow meow meow, meow meow meow meow meow meow meow meow meow meow, — meow meow meow meow meow meow meow meow meow meow meow meow meow meow meow. Meow meow meow meow meow meow meow meow meow meow meow meow meow, meow, meow meow meow meow meow meow meow meow meow meow meow meow, meow meow meow meow, — meow meow meow meow meow.

Meow Meow meow meow Meow

1

"Meow meow meow!" meow meow meow meow meow meow meow Meow'meow meow, "meow meow meow — meow meow meow meow meow meow meow meow meow meow.

Meow meow meow meow meow meow meow meow meow meow meow meow meow, meow meow! meow meow, meow meow meow meow meow meow meow meow, meow meow meow meow meow meow meow meow meow meow.

Meow meow meow meow meow meow meow meow meow meow meow meow: meow meow meow Meow meow meow meow meow meow meow meow! Meow meow meow meow meow meow meow meow, Meow meow meow meow meow meow meow meow meow meow meow meow, —

— Meow meow meow meow meow meow, meow meow meow, meow meow meow, meow meow meow, meow meow meow-meow,

— Meow meow meow meow meow meow meow meow meow meow! Meow meow meow, Meow Meow! Meow meow meow meow meow meow meow meow meow meow meow, meow meow, meow meow, meow meow meow!

Meow meow meow meow meow meow meow meow meow, meow meow meow: meow meow meow meow meow, meow meow meow meow meow meow meow!

Meow meow meow meow meow meow meow meow meow meow! Meow Meow meow meow meow meow meow meow meow meow meow meow meow meow meow meow meow?

Meow meow meow Meow meow, meow meow meow meow meow meow meow meow meow meow meow meow meow: meow meow meow meow meow meow meow meow meow meow!

Meow meow meow, — meow meow meow —, meow meow meow meow meow! Meow meow meow meow meow-meow meow, meow Meow meow meow meow meow meow meow meow meow: —

Meow meow meow meow meow meow meow, meow, Meow meow; meow meow Meow meow meow meow, meow, meow Meow-Meow!

Meow meow Meow meow meow Meow meow meow meow meow meow meow meow, meow meow meow meow meow meow meow meow.

Meow meow meow meow meow meow meow meow meow, meow meow meow meow meow, meow, meow meow meow, meow meow meow, meow meow meow, meow meow-meow —

Meow-meow meow meow, meow! meow meow meow: meow meow meow meow meow: meow meow meow meow Meow meow meow meow meow-meow meow."

Meow meow meow meow meow meow meow Meow'meow meow; meow meow meow meow meow meow, meow meow meow meow meow meow meow meow meow, meow meow meow, meow meow meow meow meow meow meow: — meow meow meow, meow, meow meow meow meow meow meow meow, meow meow meow meow meow meow meow meow meow meow. Meow meow meow meow meow meow meow meow meow meow.

2

Meow Meow Meow: Meow Meow Meow Meow

Meow Meow!

— Meow!

Meow!

Meow meow meow!

Meow meow meow!

Meow meow, meow!

Meow meow meow meow,

Meow meow meow meow meow meow-meow —

— Meow meow'meow meow meow meow,

Meow meow meow meow meow,

Meow meow meow meow meow meow,

Meow meow meow,

Meow meow Meow meow meow-meow,

Meow meow meow meow meow. Meow. Meow, meow!

Meow meow Meow meow meow,

Meow meow meow, meow meow Meow meow

Meow meow meow meow meow meow,

Meow meow meow meow meow:

Meow meow, Meow'meow meow meow

Meow meow meow meow meow —:

—Meow meow meow meow meow,

Meow meow meow meow,

Meow meow-meow meow meow meow:

Meow meow Meow meow meow,

Meow meow, meow meow — meow 'meow meow,

Meow meow meow meow meow! Meow. Meow!

Meow! meow meow meow, meow,

Meow meow meow meow meow meow'meow meow

Meow meow meow! — (meow meow meow,

Meow, meow meow meow?)

Meow meow meow meow,

Meow meow meow meow'meow

Meow meow meow meow-meow

Meow meow meow: meow meow Meow meow

 meow meow, — Meow meow meow Meow meow meow

Meow-Meow,

Meow meow'meow meow meow meow meow meow

Meow meow meow.

Meow meow Meow meow meow!

Meow!

Meow meow Meow meow meow,

Meow meow meow meow meow,

Meow meow meow meow,

Meow, meow meow, meow-meow,

Meow meow meow meow meow meow,

Meow meow meow meow meow meow, meow, Meow-

meow meow meow-meow meow meow

Meow meow: meow meow meow meow,

Meow meow meow meow meow meow meow-meow.

Meow. Meow meow meow-meow meow-meow meow,

Meow, meow-meow-meow,

Meow Meow meow meow; meow meow

Meow meow

Meow-meow meow meow-meow,

Meow meow meow meow meow, Meow, meow meow

Meow meow meow,— Meow meow meow,

Meow meow, meow

Meow-meow,

Meow meow Meow, —MEOW, meow meow meow meow

Meow meow meow meow meow:

(Meow meow, Meow Meow,

Meow meow meow-meow!)

—Meow Meow meow meow meow meow meow meow,

Meow meow, meow,

Meow meow meow meow, meow-meow, Meow meow

meow meow meow

Meow meow meow meow —

Meow meow meow meow,

Meow meow meow meow meow?

Meow meow meow meow meow meow.

Meow meow, Meow'meow meow meow meow

Meow meow: meow meow meow Meow meow meow

Meow meow Meow,

Meow meow'meow meow meow meow meow meow

Meow meow meow.

Meow meow Meow meow meow!

Meow.

Meow meow meow meow meow,

Meow meow meow-meow meow meow, Meow meow,

meow meow Meow meow Meow meow meow, meow

Meow meow meow meow,

Meow meow meow meow meow-meow meow,

Meow meow, meow meow meow-meow, meow,

Meow meow meow meow meow meow meow meow

meow, —Meow meow meow meow, meow meow

meow'meow meow meow! — Meow meow meow-meow

meow, meow meow meow meow'meow meow meow,

Meow meow, meow meow meow,

Meow, meow, meow meow Meow meow meow meow? —

Meow meow meow meow, meow meow meow'meow

meow meow, Meow Meow meow?

Meow meow Meow, meow meow,

Meow meow meow meow meow

Meow-meow

— Meow, meow meow meow —

Meow meow meow meow,

Meow meow meow meow, meow meow, Meow meow

meow meow meow meow. Meow, meow meow meow,

meow meow meow meow, Meow meow meow meow:

Meow meow, meow! Meow meow! Meow! Meow! Meow!

Meow! Meow! Meow meow meow!

Meow meow meow!

Meow meow meow!

Meow, meow meow meow meow meow meow!

Meow meow meow meow meow, meow-meow meow?

Meow meow meow?

Meow meow meow meow meow

Meow, meow, meow meow meow

Meow meow? Meow meow meow

Meow meow, meow meow —

Meow meow, meow! meow! meow meow! Meow. Meow,

meow meow meow,

Meow meow!

Meow meow meow, meow

Meow-meow meow! Meow-meow!

Meow meow-meow

Meow!

Meow meow meow meow,

Meow Meow!

Meow meow meow, Meow! Meow! Meow!

— Meow meow meow meow meow

Meow meow, meow-meow,

Meow meow meow meow?

Meow meow meow?

Meow meow meow? —

Meow! Meow meow! meow!

Meow meow! Meow meow!

Meow meow, meow,

Meow-meow meow meow!

Meow!

Meow meow meow meow,

Meow meow meow!

Meow meow meow meow

Meow meow meow meow meow meow!

— Meow meow'meow meow-meow,

Meow meow meow meow,

Meow meow meow meow

Meow meow, Meow meow-meow!

Meow meow meow Meow meow meow,

Meow Meow,

Meow meow'meow meow meow, Meow'meow meow

meow meow! Meow!

Meow Meow Meow: Meow Meow Meow Meow Meow

Meow!

Meow Meow

1

Meow meow meow meow meow meow meow meow, meow meow meow meow meow meow meow meow meow meow: meow meow meow meow meow meow meow meow, meow meow meow meow, meow meow, meow meow meow meow, meow meow meow meow meow meow meow meow meow meow Meow, meow meow meow meow meow meow. Meow meow meow meow meow meow meow meow meow. Meow meow meow meow meow meow meow meow meow meow meow meow meow.

"Meow meow meow meow meow meow?" meow meow, meow meow meow meow meow meow meow meow meow meow meow — "meow meow, meow meow meow meow meow meow meow meow meow meow!

— Meow, meow! meow meow meow meow." Meow Meow meow meow meow, meow meow meow meow meow Meow-Meow meow meow meow meow meow meow meow meow meow meow meow meow meow.

"Meow meow meow," meow meow meow, "meow meow meow? meow meow meow meow'meow meow; meow meow meow meow meow meow meow meow meow meow, meow meow meow meow Meow meow meow meow meow.

Meow meow meow meow meow! Meow meow meow meow: meow meow meow meow meow meow, meow meow meow meow meow meow meow; meow meow meow meow meow meow meow meow meow meow meow.

Meow meow meow meow meow: meow meow meow, meow meow, Meow Meow Meow Meow, meow meow meow-meow! Meow meow meow meow meow meow meow meow, meow meow meow meow meow meow!

Meow meow meow Meow Meow meow. Meow meow meow meow: meow meow meow meow meow meow, meow meow meow! Meow meow meow, meow meow meow, meow meow-meow meow, meow meow meow meow!

Meow meow meow meow meow, meow meow meow meow. Meow, meow meow meow meow meow meow meow meow meow, meow meow meow meow meow meow meow meow meow meow!"

Meow meow Meow. Meow meow meow meow meow meow meow meow meow meow meow meow meow meow meow: meow meow meow meow:

"Meow meow meow meow, meow meow meow, meow meow meow meow meow meow meow, meow meow meow meow. Meow meow meow meow meow meow meow meow: meow Meow meow meow?

Meow meow meow meow meow, meow meow meow meow meow: meow meow, Meow meow meow meow meow meow meow meow! Meow meow meow-meow, meow meow-meow: meow meow meow Meow meow.

Meow meow meow meow meow meow meow meow, meow meow meow. Meow meow meow meow, meow meow meow meow meow meow.

Meow meow meow meow meow meow meow meow meow meow, meow meow meow meow meow meow meow meow. Meow meow meow meow meow; Meow meow meow meow meow meow meow.

Meow Meow meow meow meow meow meow; meow! meow meow meow meow. Meow meow meow meow meow meow; meow meow meow meow meow; meow meow meow.

Meow meow meow meow, meow meow meow meow meow, meow meow meow meow meow, — meow meow Meow.

Meow meow Meow meow meow meow meow meow: meow meow meow. Meow meow meow meow meow meow meow meow meow, meow meow meow meow meow meow meow meow.

Meow meow Meow!" Meow meow Meow meow meow meow meow meow meow meow meow; meow meow, meow, meow meow meow meow, meow meow meow meow meow meow meow.

2

Meow meow meow meow meow, Meow'meow meow meow
meow: meow meow meow meow meow meow meow meow
meow meow meow meow, meow meow meow meow meow
meow meow; — meow meow, meow, meow meow meow-meow
meow meow meow-meow, meow meow meow meow meow-
meow.

"Meow meow? Meow meow meow meow?" meow meow
meow, meow meow meow meow meow meow, meow meow
meow meow meow meow meow meow meow meow. Meow
meow meow meow! meow meow meow meow meow meow
meow meow meow meow meow!

"Meow meow meow meow meow meow Meow meow, meow
Meow, meow meow meow!" — meow meow, meow meow meow
meow meow. Meow meow! meow meow meow meow, meow
meow meow, meow meow meow meow meow, meow meow
meow, meow meow meow, meow meow meow meow, meow
meow meow, meow meow meow meow, meow meow meow
meow — meow meow meow meow meow meow meow meow
meow meow meow meow, meow meow meow meow. Meow
meow meow meow meow meow meow meow meow meow
meow, meow meow meow meow meow meow meow meow
meow meow; meow, meow, meow meow meow meow meow,
meow! meow meow meow meow, meow meow meow meow
meow meow meow meow meow meow. Meow meow meow
meow meow:

Meow! Meow meow meow meow meow meow meow meow
meow meow meow meow meow meow meow Meow, meow
meow meow meow!

— Meow meow, meow, meow meow Meow-Meow.

Meow meow meow meow, meow meow meow meow meow
meow meow meow meow meow meow, meow meow meow meow
meow meow meow meow Meow; meow meow meow meow
meow Meow meow meow.

— Meow meow, meow, meow meow Meow-Meow.

Meow meow meow: meow meow meow meow meow Meow meow meow meow meow meow meow: meow meow meow meow meow meow. Meow meow meow meow meow meow meow: meow meow meow meow meow meow.

— Meow meow, meow, meow meow Meow-Meow.

Meow meow meow meow meow meow. Meow meow meow meow meow meow meow meow meow meow meow. Meow meow meow, meow meow meow meow meow; meow meow, meow, meow meow meow meow meow.

— Meow meow, meow, meow meow Meow-Meow.

Meow meow meow meow meow meow meow meow meow, meow meow meow meow Meow meow meow Meow! Meow meow meow meow meow meow meow meow meow meow, meow, meow meow meow meow?

— Meow meow, meow, meow meow Meow-Meow.

Meow meow meow meow meow meow; meow meow meow meow meow meow meow meow meow meow meow meow meow. Meow meow meow meow meow meow meow. Meow meow meow meow meow meow meow meow meow meow.

— Meow meow, meow, meow meow Meow-Meow.

Meow! meow meow meow meow meow meow, meow meow meow meow. Meow meow meow meow meow meow meow meow, meow meow meow meow meow meow meow meow, meow meow meow meow, Meow-Meow.

— Meow meow, meow, meow meow Meow-Meow.

Meow meow meow-meow meow meow meow, meow meow meow meow-meow. Meow meow meow meow meow meow meow meow meow meow meow. Meow meow meow meow meow meow Meow meow.

— Meow meow, meow, meow meow Meow-Meow.

Meow Meow-Meow

1

Meow meow meow meow meow meow, meow, Meow meow meow meow meow meow; meow meow meow meow Meow-Meow, meow meow meow meow meow, meow meow meow meow meow meow meow meow meow. "Meow meow meow meow, meow meow-meow meow?" meow meow, meow meow meow meow meow meow meow meow. "Meow, meow meow meow meow, meow Meow, meow meow meow:

Meow meow meow meow meow meow meow meow, meow meow meow meow meow meow, meow meow meow meow!

Meow meow meow, meow meow meow, meow meow meow meow meow meow meow, meow meow meow meow meow meow meow meow meow Meow?" —

"Meow Meow," meow meow meow, "meow meow, meow meow meow meow Meow meow meow meow meow meow meow. Meow meow meow meow meow meow meow meow meow.

Meow meow meow Meow meow, meow meow meow, meow meow meow meow meow meow! Meow meow meow meow, meow meow meow: meow meow meow meow meow meow meow meow meow meow meow meow.

Meow meow meow 'Meow meow meow Meow' — meow meow meow meow meow meow meow meow meow meow meow: meow meow meow meow meow meow meow meow meow meow!

Meow meow meow meow meow meow meow meow meow meow meow meow meow meow meow meow. Meow meow, Meow Meow, meow meow meow, meow meow-meow! — "

— "Meow meow," meow Meow meow meow meow meow meow, "meow meow meow meow meow meow meow meow meow? Meow meow meow meow meow meow meow meow?

Meow meow, meow meow meow meow meow meow meow meow meow, meow meow, meow meow!"

"Meow meow meow meow," meow meow meow meow meow, "meow meow meow: meow meow meow Meow meow

meow! Meow meow Meow meow meow, Meow Meow, meow meow meow meow meow meow.

Meow meow meow meow meow meow meow meow meow: meow meow meow meow. Meow meow meow meow meow meow meow meow meow, meow Meow Meow meow meow meow meow meow."

—"Meow meow," meow Meow, "meow meow meow meow, meow meow meow meow! Meow meow meow meow meow meow meow meow meow meow meow meow, meow Meow meow meow meow meow meow?

Meow meow meow meow meow meow meow meow; meow meow meow, meow meow meow, meow meow meow meow meow!"

"Meow Meow," meow meow meow meow, "meow meow meow, meow meow meow meow meow,—meow meow meow meow meow meow."

—"Meow meow meow," meow Meow meow meow meow meow meow, "meow, meow meow meow meow meow meow meow! Meow meow meow meow meow meow meow? Meow meow meow meow meow meow meow meow meow meow meow meow meow meow?"

"Meow meow meow meow," meow meow meow meow meow, meow meow meow meow meow meow meow, "meow meow meow meow meow meow meow meow meow meow meow.

Meow Meow meow meow meow meow Meow: meow meow meow meow, meow Meow meow meow meow meow meow meow meow meow meow meow.

Meow meow meow meow meow meow, meow meow meow meow meow meow meow meow meow: meow meow meow meow meow meow meow meow meow. Meow meow meow meow meow meow meow: Meow meow meow meow meow meow meow meow meow.

Meow meow meow meow meow meow meow meow meow meow meow meow meow meow meow. Meow meow meow, Meow Meow!

Meow meow — meow! meow meow meow meow meow meow meow meow meow meow meow.

Meow meow meow meow meow meow meow meow meow meow meow? Meow meow meow meow, Meow Meow, — Meow Meow meow!"

— "Meow meow meow, meow," meow Meow, meow meow meow meow meow meow, meow meow meow meow meow meow meow meow meow meow meow meow meow meow (meow meow meow meow meow meow meow). "Meow, meow meow, meow meow meow meow meow!

Meow meow meow meow meow, meow meow meow, meow meow meow meow meow meow meow: Meow meow meow meow?

Meow meow meow meow meow meow meow, meow meow meow meow meow meow? Meow meow? Meow meow meow meow meow meow meow meow meow meow meow?

Meow meow meow meow meow meow: meow meow meow meow? meow meow Meow meow meow? Meow meow Meow meow meow? Meow, meow meow!"

"Meow Meow," meow meow meow meow, "meow meow meow meow!

Meow Meow meow meow, meow meow meow, meow meow meow meow — meow meow meow meow meow meow meow? Meow meow meow.

Meow meow meow meow Meow meow, — meow meow meow Meow meow meow meow, Meow

Meow: meow meow meow meow meow meow meow, Meow.

'Meow meow meow meow meow meow meow meow meow' — meow meow meow meow, Meow Meow, meow meow meow, meow meow meow meow, meow meow meow, — meow meow meow meow!"

2

Meow, meow, meow meow meow meow meow meow Meow, meow meow meow meow meow meow, meow meow meow meow meow meow meow meow, meow meow meow meow meow meow, meow meow meow meow meow meow:

"Meow meow meow, meow meow meow, meow meow! Meow meow meow meow meow meow meow meow meow!

Meow meow meow meow meow meow meow meow meow meow meow meow, meow meow meow meow meow meow meow meow meow meow — meow, meow, —

— Meow meow meow meow meow meow meow meow meow — meow, meow, meow meow meow meow meow 'meow Meow'!

Meow meow meow, Meow meow meow, Meow meow, meow meow meow, meow meow-meow meow meow meow meow meow. Meow meow, meow meow, meow meow meow-meow meow meow-meow!

Meow meow meow: meow meow meow meow meow meow meow meow meow meow meow Meow meow meow meow." (Meow Meow meow meow meow meow meow.)

"Meow meow meow meow meow meow meow meow meow meow meow meow meow meow: meow meow meow meow, — Meow Meow Meow Meow Meow Meow Meow."

3

Meow meow meow meow Meow meow meow. "Meow meow meow meow," meow meow, — "meow meow meow, meow meow meow, meow meow meow meow meow meow meow, —

— Meow meow meow meow meow meow! Meow meow, meow, meow meow meow: meow meow meow meow meow meow meow meow meow meow, Meow Meow meow meow.

— Meow meow meow meow, meow meow meow meow meow-meow, meow meow meow Meow meow, meow meow meow meow meow meow meow meow.

Meow meow meow meow meow meow meow-meow, meow meow meow! Meow meow meow meow meow meow meow, meow meow Meow meow meow meow meow meow, — meow meow meow meow meow meow!

Meow meow meow meow meow meow, meow meow-meow, meow meow meow meow meow meow, meow meow meow meow meow meow meow! Meow meow meow meow meow!"

Meow meow Meow.

Meow Meow Meow

1

Meow meow meow meow meow meow meow meow meow meow meow, meow meow meow meow, meow meow; Meow meow, meow, meow meow meow meow meow meow meow, meow meow meow meow meow meow meow-meow, meow meow meow meow meow, meow meow meow meow-meow meow meow meow. Meow meow meow meow meow meow meow meow meow; meow meow meow meow meow, meow meow meow, meow meow, meow meow meow meow meow meow meow meow meow meow meow meow meow; meow meow meow meow meow, meow, meow meow meow meow meow meow meow. Meow meow Meow meow meow meow: "Meow, meow meow meow meow meow meow meow, meow meow meow!" — meow meow meow meow meow meow meow, meow meow meow meow meow meow meow meow. —

Meow, meow, meow meow meow meow meow meow meow meow meow meow meow meow: meow meow meow meow meow meow meow meow meow meow meow meow meow meow meow meow, meow meow meow meow meow meow meow meow meow, meow! meow meow meow meow meow meow meow meow meow meow meow, meow meow, meow, meow meow, meow meow meow meow meow meow meow meow meow meow.

"Meow meow, meow meow meow," meow meow meow meow, "meow meow meow? Meow meow meow meow meow

meow — Meow meow meow meow meow meow meow meow meow meow meow meow meow.

Meow meow Meow meow meow meow meow meow meow meow meow meow. Meow meow meow meow meow meow meow meow: meow meow, meow meow meow Meow, meow meow meow meow meow meow meow.

'Meow Meow — meow?' meow Meow meow meow meow. 'Meow! Meow meow!'

Meow meow, meow meow meow? Meow meow meow, meow meow, meow meow meow: 'Meow Meow — meow? Meow meow meow meow Meow, meow! Meow meow!'" —

Meow meow meow meow meow; meow meow meow, meow, meow meow meow. Meow meow meow meow meow, meow meow? Meow meow meow meow meow meow meow meow meow, meow meow meow meow meow meow meow meow meow meow meow, meow meow meow meow meow meow meow meow: meow meow meow meow meow meow Meow, meow, meow, meow meow, meow meow meow meow, meow meow meow meow meow meow; meow meow meow meow meow meow meow. Meow meow meow, meow, meow meow meow; meow meow meow meow meow, meow meow meow meow meow, meow meow meow meow meow, meow meow meow meow meow, meow meow meow meow meow. Meow meow meow meow meow meow meow meow meow meow meow: meow meow meow meow meow meow meow meow meow meow meow meow meow meow. Meow meow meow meow meow, meow meow meow meow meow; meow meow meow meow meow meow meow meow meow meow, meow meow meow meow meow meow meow meow meow meow meow meow meow meow meow meow meow. Meow meow, meow meow meow meow meow Meow meow: "Meow meow meow meow!"

2

Meow, meow, meow meow meow meow meow meow meow, Meow meow meow meow meow meow: meow meow meow, meow meow meow meow meow meow meow. Meow meow

meow meow meow meow meow meow meow Meow'meow
meow? Meow, meow, meow meow meow meow meow meow
meow meow meow meow meow meow, meow meow meow
meow "meow meow meow meow-meow," meow meow meow
meow, "'meow meow meow,

—Meow 'meow meow meow meow meow meow meow
meow meow meow." Meow, meow, meow meow meow meow
meow meow meow meow meow, meow meow meow meow
meow meow meow, meow meow meow meow meow meow
meow meow meow meow meow meow meow; meow meow
meow meow meow. Meow meow meow, meow, meow meow
meow meow meow, meow meow meow meow meow meow:
meow meow meow meow meow meow meow meow meow
meow: "Meow!"

Meow meow meow meow meow meow meow meow meow;
meow meow meow meow meow meow meow meow meow
meow meow meow meow-meow. Meow meow meow, meow
meow meow meow; meow, meow, meow meow meow meow
meow meow meow meow meow meow, meow meow meow:
"Meow! Meow! Meow Meow Meow Meow Meow Meow!"—
meow meow meow meow meow. Meow meow meow meow
meow meow meow meow meow. Meow meow meow meow
meow meow meow meow, meow meow meow, meow meow
meow, meow Meow'meow meow meow, meow meow meow
meow meow,—meow meow meow meow Meow meow meow
meow meow meow, meow meow meow meow. Meow, meow,
meow meow meow meow meow meow meow meow meow
meow, meow meow:

Meow! Meow! Meow! Meow Meow Meow Meow! Meow
Meow Meow Meow: Meow Meow Meow Meow Meow Meow!

3

Meow meow meow, meow meow meow meow meow meow:
meow meow Meow meow meow meow meow meow, meow
meow meow meow-meow meow meow meow meow meow,—

—Meow meow, meow meow, meow meow meow meow meow meow meow- meow meow meow meow meow, meow meow meow meow meow meow meow:

—Meow meow meow meow meow meow meow meow meow meow' meow — meow! meow! meow meow meow! meow meow meow meow meow meow! meow meow, meow, meow meow!

Meow! Meow! Meow meow meow meow meow meow meow meow meow meow meow meow meow meow meow; meow meow, meow meow meow meow, meow meow meow meow meow meow meow meow meow meow meow, —

—Meow meow meow meow, meow meow meow meow, meow meow meow meow meow meow, meow meow: meow! meow! meow meow meow meow! meow meow meow meow meow meow!

—Meow meow meow meow meow meow, meow, meow meow meow meow Meow, meow meow meow, meow meow?

Meow Meow, Meow Meow!

4

Meow meow meow! Meow meow meow meow? Meow Meow meow meow meow meow meow? Meow meow meow —

Meow! Meow! Meow meow meow, meow meow meow. Meow meow Meow meow, meow meow Meow meow, meow meow meow meow meow meow-meow meow meow.

Meow meow Meow meow. Meow meow meow meow. Meow, meow meow meow meow meow? Meow meow meow meow? Meow! Meow! Meow meow meow, meow meow meow —

—Meow meow meow meow Meow meow meow meow, meow meow meow meow meow meow: "Meow meow meow meow meow meow?

—Meow meow meow meow meow meow meow meow? Meow meow meow meow meow: Meow meow meow meow, meow meow meow meow meow!"

—Meow meow meow: Meow meow, meow meow meow, meow meow! meow meow meow meow meow meow, meow meow meow — Meow Meow Meow Meow'Meow Meow Meow?

5

Meow meow meow meow, meow meow meow. Meow'meow-meow! Meow'meow-meow! Meow meow meow meow meow meow meow meow?

Meow meow meow meow, meow meow meow meow. Meow! Meow! Meow meow meow meow meow meow? Meow meow meow: meow meow, meow, meow meow meow meow.

Meow meow meow, meow meow meow meow meow: meow meow meow meow, meow meow meow meow meow, meow meow meow.

Meow meow meow meow meow meow: meow meow meow meow meow: "Meow meow meow! Meow meow meow meow meow meow? Meow meow meow meow meow meow meow?"

Meow meow meow, meow meow meow, meow meow meow! Meow, meow meow meow meow meow meow? Meow meow, meow meow, meow meow, —

—Meow meow meow meow-meow, meow meow meow meow meow, meow meow meow meow meow-meow, meow meow-meow. Meow! Meow! Meow Meow Meow Meow!

6

Meow meow! Meow meow! Meow meow meow meow, meow meow, meow meow! — meow meow, meow meow meow meow meow meow meow meow, meow meow meow, meow meow meow meow meow!

Meow meow meow-meow, meow meow meow! Meow meow meow meow meow meow, meow- meow, meow'-meow, meow'-meow; meow meow meow meow meow, —

—Meow meow meow meow meow meow meow meow, meow meow meow meow —meow meow meow: Meow meow meow meow meow meow, meow meow meow meow,

—Meow meow meow meow meow meow, meow meow meow meow. Meow meow meow, meow meow meow meow meow? Meow meow meow meow meow meow,

—Meow meow meow meow meow meow, meow meow-meow, meow, meow-meow- meow meow meow meow,

—Meow meow meow-meow meow, meow meow: meow meow meow meow, Meow Meow Meow Meow Meow Meow Meow!

7

Meow meow meow! Meow meow meow! Meow meow meow meow meow meow. Meow meow meow! Meow meow meow meow meow meow meow meow?

Meow meow meow meow meow meow meow meow. Meow meow meow, meow meow, meow, meow meow! Meow meow meow meow meow?

Meow meow meow meow meow meow meow meow meow, meow meow meow, meow meow, meow meow-meow, meow meow meow meow meow meow meow meow.

Meow meow, meow meow meow meow? Meow meow meow meow meow? Meow meow meow Meow meow, meow, meow meow-meow, meow meow meow?

Meow meow, meow meow Meow? Meow Meow meow meow meow? Meow Meow meow meow meow? Meow Meow meow meow meow? Meow meow meow meow, meow meow meow meow,—

—Meow meow meow, meow meow meow meow, meow meow meow, meow meow meow Meow; meow meow meow meow:

—Meow meow, meow meow meow meow, meow meow meow, meow meow meow Meow meow Meow, meow Meow'meow-meow: Meow Meow Meow Meow.

8

Meow'meow meow meow meow, meow meow meow! Meow meow Meow'meow meow, meow meow meow! Meow meow Meow! Meow meow meow meow, —

—Meow meow-meow, meow meow-meow, meow meow meow meow, meow meow Meow meow meow meow meow, meow meow meow! Meow meow meow meow meow meow!

Meow! Meow! Meow meow! Meow meow! Meow meow! Meow meow meow meow meow meow meow meow, — meow meow meow, meow meow:

—Meow meow meow meow meow meow? Meow meow, meow meow, meow meow. Meow! Meow! meow meow meow! meow meow meow, meow meow meow meow meow, meow meow!

Meow meow meow meow meow meow, meow meow meow! meow meow meow meow meow meow? meow meow meow meow? meow meow meow?

—Meow meow meow meow meow meow, meow meow meow, meow meow, meow meow— meow meow meow meow meow. Meow meow, meow meow meow meow, Meow Meow Meow Meow Meow Meow Meow Meow.

9

Meow meow-meow! Meow meow meow meow meow? Meow Meow meow meow meow! Meow meow meow, meow meow— : meow meow meow meow meow meow meow meow?

"Meow meow meow meow, meow meow— meow meow meow!" meow meow meow. Meow, meow meow meow meow'meow meow! Meow meow meow meow meow meow: meow!

Meow meow: "Meow! Meow! Meow, meow meow!" Meow meow meow meow meow meow meow, meow meow meow meow meow meow meow meow meow,

—Meow meow meow meow, meow meow, meow meow.
"Meow meow meow," meow meow meow meow meow, "Meow
meow meow, Meow meow meow meow Meow,"—

Meow, meow, meow meow meow meow, meow meow meow
meow meow,—meow meow meow, meow meow meow, meow
meow meow, meow meow meow meow-meow-meow.

Meow meow: "Meow, meow, meow meow! Meow, meow
meow! Meow meow, meow! Meow! meow! meow meow!"
Meow! Meow meow! Meow meow meow meow: Meow Meow:
"Meow! Meow!"

10

Meow meow meow, meow meow meow? Meow Meow meow
meow? Meow meow meow? Meow meow meow? Meow meow
meow-meow? Meow meow meow-meow?

Meow meow meow meow meow? Meow meow meow meow
meow meow meow? Meow meow meow meow? Meow meow
meow meow? Meow meow meow meow meow meow meow,
meow meow meow meow- meow,—

Meow meow meow meow meow, meow meow meow meow
meow, meow meow meow meow meow,—meow meow! meow
meow meow meow meow meow meow meow meow meow
meow.

Meow meow meow Meow meow meow meow? Meow meow
meow, meow meow meow Meow meow meow Meow meow.
Meow meow meow meow, meow meow meow,—

—Meow meow meow meow meow meow meow; meow
meow meow: "Meow meow meow,

meow! Meow! Meow!" meow meow meow Meow meow
meow meow meow!

—Meow meow, meow meow, meow meow, meow meow
meow, Meow, meow meow meow Meow meow meow,—

—Meow meow meow, meow meow meow meow meow
meow meow meow: meow meow meow meow meow meow

364

meow: Meow! Meow! meow meow meow! Meow Meow Meow Meow — Meow!

11

Meow meow meow meow meow meow meow meow, meow meow meow, meow meow meow, meow meow meow meow, meow meow meow, meow meow meow-meow' meow, meow meow meow meow-meow —

—Meow meow meow meow meow! meow meow meow, meow, meow, meow meow, meow meow, meow meow meow: meow meow Meow, meow meow meow Meow, meow meow'meow meow meow meow meow, —

—Meow meow meow, meow meow meow, meow meow meow-meow, meow meow, meow meow meow, meow meow meow meow meow meow meow meow meow, meow meow meow meow, meow meow meow meow meow, —

—Meow meow meow meow meow meow meow meow meow, meow meow, meow meow, meow meow, meow meow meow, meow meow meow Meow, — meow meow meow, Meow, meow meow meow meow!

Meow meow meow, meow meow meow meow meow, meow meow, meow meow, meow meow — meow meow meow, meow meow! Meow meow, meow meow meow meow.

Meow meow meow meow meow, meow meow meow meow meow meow! Meow meow, Meow meow! Meow meow, meow meow! Meow meow meow, meow meow meow, meow meow meow meow.

—Meow meow meow meow meow Meow meow, meow Meow Meow, Meow Meow!

12

Meow meow meow meow meow meow? Meow meow meow meow meow meow meow? Meow! Meow meow! Meow meow meow, meow meow meow meow!

365

Meow meow meow meow meow, meow meow meow meow meow "Meow meow," meow meow meow meow meow "Meow meow meow!"—meow, meow meow meow, Meow'meow meow!

Meow meow! Meow meow!

Meow meow meow meow'meow meow meow?

"Meow meow meow meow—,

"Meow meow meow Meow'meow meow, meow meow:—

"Meow meow meow meow,

"Meow meow meow meow meow meow meow. "Meow

meow meow meow—,

"Meow—meow meow meow meow meow meow: "Meow

meow: Meow! Meow!

"Meow meow meow meow meow-,

"Meow meow, meow meow!"

Meow Meow

Meow meow meow, meow, meow meow meow, Meow meow meow meow meow meow, meow, meow meow meow meow, meow meow meow meow meow meow meow meow meow, meow meow meow meow meow meow meow meow meow.

"Meow meow meow," meow meow, meow meow meow meow meow meow, "meow meow meow meow meow, meow meow meow meow meow meow meow meow meow meow meow Meow meow meow meow meow!

Meow meow meow meow meow meow meow meow meow meow meow meow, meow meow meow meow meow meow meow, meow meow meow meow meow meow meow meow!

Meow! meow meow meow, meow meow meow, meow Meow meow meow: Meow meow meow meow meow meow! Meow meow meow meow Meow meow meow meow meow meow.

Meow meow meow Meow meow meow meow, meow meow meow: meow meow meow meow meow meow meow meow meow meow meow, meow meow — meow meow meow meow meow meow-meow.

Meow meow meow meow meow meow; meow meow meow meow meow meow meow meow. Meow meow meow meow Meow — meow Meow meow, meow meow meow meow meow meow."

— Meow meow Meow meow meow meow meow meow meow meow meow: meow meow meow meow meow, meow meow meow meow meow meow meow meow meow meow meow. "Meow!" meow meow meow, "meow meow meow meow meow meow meow meow. Meow meow meow meow, meow Meow meow meow.

Meow meow meow meow, meow meow meow meow meow meow. Meow meow-meow meow meow meow meow meow meow meow. Meow meow meow meow meow; Meow meow meow.

Meow meow meow Meow meow meow meow meow!" —

Meow meow Meow; meow, meow, meow meow meow meow meow meow meow meow meow meow meow meow meow meow meow meow meow meow meow, meow meow meow meow meow, — meow meow meow meow meow meow, meow, meow meow meow meow meow meow meow meow meow meow meow meow meow. Meow meow, meow meow meow meow meow meow meow meow meow meow meow meow, meow meow meow meow meow meow meow meow meow meow meow meow. Meow meow, meow meow meow meow meow meow meow meow, meow meow meow meow meow meow.

"Meow meow meow meow?" meow Meow meow meow meow meow, meow meow meow meow meow meow meow meow meow meow meow meow meow meow meow meow meow meow. Meow meow meow meow meow meow meow meow, meow meow, meow meow meow meow meow, meow meow meow meow meow, meow, meow meow meow meow meow meow meow meow: meow meow meow meow meow meow

meow meow meow meow, meow, meow meow; meow meow meow meow, meow, meow meow meow meow meow meow,—meow meow, meow meow-meow.

"Meow Meow Meow," meow Meow, meow meow meow meow meow meow meow. Meow meow meow, meow meow meow meow meow meow, meow meow meow meow, meow meow meow meow, meow meow meow meow, meow meow meow meow meow meow,—meow meow meow meow meow meow meow, meow meow meow meow meow meow meow meow meow meow. Meow meow, meow, meow meow meow meow meow meow meow meow meow meow; meow meow meow meow meow meow meow meow, meow meow meow meow meow meow meow meow meow meow.

Meow meow meow meow meow Meow meow meow meow meow: "Meow Meow Meow Meow, Meow Meow"—, meow meow meow meow meow. Meow meow, meow, meow meow, meow meow meow meow meow meow meow meow meow meow meow meow meow. Meow meow meow meow meow meow meow meow, meow meow meow meow, meow meow meow meow meow. Meow meow meow meow meow meow, meow meow meow meow meow, meow meow meow meow meow meow meow, meow meow meow meow meow meow meow meow. Meow meow meow, meow, meow meow meow meow meow meow meow Meow'meow meow, meow meow meow meow meow. Meow meow meow meow meow.—

Meow meow meow meow meow meow meow meow, meow meow meow meow: meow meow meow, meow meow Meow meow meow meow meow meow meow—. Meow, meow, meow meow meow meow meow Meow'meow meow, meow meow meow meow meow meow meow meow meow Meow, meow meow meow meow meow meow: meow meow meow meow meow meow meow meow meow meow meow meow meow. Meow, meow, meow meow meow meow meow meow meow meow meow meow meow meow meow meow meow meow, meow meow meow meow; meow meow meow meow meow meow meow Meow, meow meow meow, meow meow meow meow. Meow meow meow, meow, meow

meow meow meow meow meow, meow meow meow meow meow meow meow, meow meow meow meow meow meow meow.

Meow meow, meow, meow meow meow, meow meow meow meow, meow meow meow, meow meow meow, meow meow meow meow, meow meow, meow meow meow. "Meow meow Meow meow?" meow meow meow meow, meow, "meow meow meow meow meow meow?"

Meow meow meow meow meow meow meow meow, meow meow meow meow meow meow meow meow meow meow meow meow meow meow meow meow-meow. "Meow meow meow meow meow," meow meow, meow meow meow meow, "meow Meow meow Meow meow-meow; meow meow meow meow meow meow meow, meow meow meow Meow meow meow meow meow Meow meow meow meow, meow meow meow meow meow.

Meow meow meow meow, Meow meow meow meow meow meow meow meow meow meow meow meow meow-meow,—

—Meow meow meow meow meow meow meow meow meow meow meow: 'Meow Meow,' meow meow meow meow, 'Meow meow meow meow meow meow meow meow.'

Meow meow meow meow?" meow Meow, meow meow meow meow meow meow meow: "Meow meow meow meow meow meow meow meow meow meow?"

—Meow meow meow Meow meow meow meow meow, meow meow meow meow meow meow meow meow meow meow. Meow meow meow meow,—

"Meow-Meow! Meow-Meow Meow Meow Meow Meow!" meow meow meow, meow meow meow meow meow meow. "Meow! Meow— meow meow meow meow!

Meow meow meow meow meow-meow—meow meow meow meow! Meow Meow meow meow meow Meow? Meow meow meow meow Meow!

Meow! Meow meow meow meow meow, meow meow meow meow, Meow meow meow meow, meow meow meow meow:—

Meow meow Meow meow, Meow meow meow: Meow Meow, Meow, Meow Meow Meow!" —

Meow meow Meow meow meow meow meow, meow meow meow, meow meow meow meow meow meow meow meow meow.

www.ingramcontent.com/pod-product-compliance
Lightning Source LLC
Chambersburg PA
CBHW030353130626
46549CB00004B/1478